POLÍTICOS, LITERATOS, PROFESSORAS, INTELECTUAIS:

o debate público sobre educação em Minas Gerais

LUCIANO MENDES DE FARIA FILHO
MARCILAINE SOARES INÁCIO
(Organizadores)

POLÍTICOS, LITERATOS, PROFESSORAS, INTELECTUAIS:

o debate público sobre educação em Minas Gerais

MAZZA
edições

Obra atualizada conforme o
Acordo Ortográfico da Língua Portuguesa.

Capa: Túlio Oliveira
Revisão: Ana Emília de Carvalho
Diagramação: Elizabeth Miranda

P769 Políticos, literatos, professoras, intelectuais: o debate público sobre educação em Minas Gerais / Luciano Mendes de Faria Filho, Marcilaine Soares Inácio (Organizadores). – Belo Horizonte : Mazza Edições, 2009.

256 p. : il. – (Coleção Pensar a Educação, Pensar o Brasil. Série Estudos Históricos).

1. Educação – Minas Gerais. I. Faria Filho, Luciano Mendes de. II. Inácio, Marcilaine Soares. III. Título.

CDD 370.9815

Elaborada por Elizabeth Martins Manhã – CRB-6 nº 1526

MAZZA EDIÇÕES LTDA.
Rua Bragança, 101 – Pompeia
30280-410 Belo Horizonte – MG
Telefax: (31) 3481-0591
email: edmazza@uai.com.br • site: www.mazzaedicoes.com.br

Impressão e acabamento: Yangraf Gráfica e Editora

SUMÁRIO

APRESENTAÇÃO

Luciano Mendes de Faria Filho
Carla Simone Chamon
Marcilaine Soares Inácio

O tema central desta coletânea é a história dos intelectuais na sua interseção com a história da educação. Aqui, apresentamos ao leitor um grupo de sujeitos que, em Minas, entre o início do século XIX e meados do século XX, atuou decisivamente para colocar a questão da educação no centro das atenções do Estado e da população mineira. Foram professoras e professores, literatos, jornalistas e políticos que, atuando como intelectuais, lançando-se na esfera pública e abraçando a causa da instrução, contribuíram para a constituição da educação como uma preocupação pública de primeira grandeza.

Já não é novidade, hoje, a utilização do termo história dos intelectuais preferencialmente ao de história intelectual, como forma de indicar não só uma opção metodológica, mas o objeto mesmo de investigação. Falar de história dos intelectuais é, na verdade, uma forma de nos distanciarmos de uma história cujo interesse nuclear está nas ideias e nas correntes de pensamento, em geral desconectadas dos eventos sociais e também das subjetividades dos seus produtores, e indicarmos, de maneira mais evidente, um interesse pelo sujeito "produtor" dessas ideias e sua trajetória de vida. Mais do que o que esses sujeitos pensaram, o que se quer pôr em cena é como esses sujeitos puderam pensar o que pensaram, ou melhor, nas palavras de Jean François Sirinelli (2003, p. 236): "Como as idéias vêem aos intelectuais?". Por meio de uma abordagem social, política e cultural, essa história privilegia percursos de intelectuais, localizando esses sujeitos no interior de um ambiente social, focalizando condições de produção, circulação e recepção de suas ideias, assim como, e principalmente, as condições históricas de produção do próprio sujeito como intelectual de seu tempo.

Nesta abordagem, a localização do sujeito intelectual e seus deslocamentos no espaço social são tomados como elementos centrais na investigação. Elementos de uma mesma operação, o sujeito e o espaço social que ele ocupa são criados e recriados a todo momento, sendo o resultado do percurso, das escolhas, das experiências vividas, das relações estabelecidas e não seu ponto de partida. Não estando dados e prontos *a priori*, eles são a própria história e não a condição para o seu desenrolar.

Tomando as trajetórias dos intelectuais como ponto de partida, o que se busca são as experiências vividas no tempo socio-histórico. Experiências essas que são constitutivas desses sujeitos, que são produtoras de identidades; experiências que são também plasmadas por grupos de pertencimento, por redes de relações concretas, o que demanda do historiador a realização de uma espécie de arqueologia das redes de sociabilidade e de pertencimento nas quais esses intelectuais estão envolvidos, não apenas para captar o funcionamento e a engrenagem de um grupo, mas inventariar as "solidariedades de origem", as "genealogias de influência" (SIRINELLI, 2003).

Há pelo menos duas décadas, os estudos sobre as redes de sociabilidade têm-se ampliado e conquistado estatuto de legitimidade na historiografia (MOREL, 2005). Segundo M. Morel, a palavra sociabilidade existia há mais tempo, entretanto sem uma definição precisa, referindo-se às pessoas ou aos grupos em sociedade, incluindo diferentes laços sociais. A palavra era ainda tomada como sinônimo de socialização, de agrupamento, de civilização.

Como tema e instrumental teórico e metodológico, *as sociabilidades* entraram definitivamente no campo da pesquisa histórica acadêmica com Maurice Agulhon. O historiador francês, herdeiro da *École des Annales*, propôs, na contramão de um tratamento quase intuitivo ou impressionista, o conhecimento das sociabilidades pela densidade da existência de associações constituídas e suas mutações a partir da adoção de determinado recorte geográfico e cronológico (MOREL, 2005, p. 220).

Agulhon chamou a atenção para duas formas de sociabilidade: as formais e informais.

> As primeiras são as que se estabelecem institucionalmente de alguma maneira. E as seguintes muito mais marcantes como congregadoras, não têm a forma institucional e se desenrolam em espaços abertos, em relação de familiaridade, proximidades as mais diversas. (AGULHON, 1984).

Segundo Morel (2005), é temerário separar rigidamente as sociabilidades formais e informais, uma vez que ambas podem entrelaçar-se. Entretanto a divisão é uma maneira de garantir sua inteligibilidade, já que em geral cada uma das formas aponta para universos de ritmos próprios. Com relação a essa controvérsia, o autor afirma: "A perspectiva de classificar grupos distintos é complexa e a rigidez do modelo adotado pode mascarar as diferenças, mas ao contrário a ausência de critérios pode levar uma particularização descritiva que não contribui para a análise" (MOREL, 2005, p. 221).

No Brasil, sobretudo no campo da historiografia da educação, a quantidade de estudos sobre as sociabilidades ainda é pequena. Os historiadores têm atentado para as sociabilidades adotando-as muito mais como categoria de análise do que propriamente como objeto de estudo. A renovação nos tradicionais estudos acadêmicos sobre os intelectuais da educação é que tem constituído as bases para a utilização desse conceito no campo da historiografia da educação.

Para Jean François Sirinelli (2003), o termo sociabilidade comporta duas acepções distintas, porém complementares: a primeira refere-se à noção de rede organizacional e a outra, à de microclima. Para o historiador francês, todo grupo de intelectuais se organiza a partir de uma sensibilidade ideológica ou cultural comum de afinidades que alimentam o desejo e o gosto de conviver. Esse encontro com um tipo de estrutura organizacional (uma espécie de rede) de sociabilidade, que varia conforme as épocas e os subgrupos de intelectuais, alimenta "microclimas" em meio aos quais as atividades e os comportamentos dos intelectuais se desenvolvem, constituindo microcosmos particulares. No âmbito dessas formulações, a proposta é dar especial importância a todos os elementos que possam influenciar no funcionamento desse microcosmo, tais como demandas sociais, afetos e tradição. Segundo esse autor, as relações entre esses sujeitos se estruturam em redes, as quais são lugares mais ou menos formais de aprendizagem e de troca, de "laços que se atam", de contatos e articulações fundamentais. Ao mesmo tempo, essa noção de rede remete ao "microcosmo" particular de um grupo, no qual se estabelece vínculos afetivos e se produz uma sensibilidade que se constitui em marca desse grupo: "As 'redes' secretam, na verdade, microclimas à sombra dos quais a atividade e o comportamento dos intelectuais envolvidos freqüentemente apresentam traços específicos". (SIRINELLI, 2003, p. 252).

Flagrar o intelectual na meada de relações que o constitui, atentarmos para os modos de filiação e os lugares de sociabilidade, institucionalizados ou não, onde ocorriam os debates entre eles, auxilia-nos na percepção dos conflitos ou afinidades entre os vários intelectuais de uma determinada época. Permite-nos também compreender as condições sociais de produção do sujeito como intelectual, bem como as condições de produção e recepção de sua obra e de seus projetos, as possibilidade das leituras, dos diagnósticos e prognósticos elaborados por eles. Esclarecimento e baliza, o estudo das redes de relações dos intelectuais nos convida a tomar como problema os lugares por onde eles circularam, onde estudaram ou trabalharam, as pessoas com as quais conviveram, seus interlocutores fundamentais. Isso, por sua vez, impede-nos de tomá-los como parteiros de si mesmos, instigando-nos a remetê-los às condições sociais que os constrangem e a perceber que esses constrangimentos se impõem aos indivíduos por meio de grupos específicos. Se é inegável que "entre a esfera intelectual e o mundo que a circunda existe uma forte osmose" (SIRINELLI, 1997, p. 281), se não podemos desconsiderar as relações sociais mais amplas, esses indivíduos não podem ser pensados fora de sua rede de relações concretas.

Seguindo essas orientações, este livro é o resultado de investigações que procuram lançar luz sobre alguns desses sujeitos que, no papel de intelectuais, tiveram uma atuação importante na educação mineira na segunda metade do século XIX e nas primeiras décadas do século XX, como é o caso de Bernardo Pereira de Vasconcelos, Luiz Maria da Silva Pinto, Herculano Ferreira Penna, Bernardo Jacintho da Veiga, Fortunato Rafael Arcanjo da Fonseca, Pedro Gomes Nogueira, José Antônio Marinho, Manoel Ignacio de Mello e Souza, Antônio José Ribeiro Bhering, José Bento de Ferreira Mello, José Alcebíades Carneiro, Teófilo Ottoni, Bernardo Guimarães, Anastácio Symphronio de Abreu, Francisca Senhorinha da Motta Diniz,

Estevão de Oliveira, Maria Guilhermina Loureiro de Andrade, Delfim Moreira da Costa Ribeiro, Firmino Costa, Francisco Mendes Pimentel e o Padre Francisco Ozamis.[1]

No Brasil, o interesse dos historiadores em investigar a relação entre intelectuais e educação e, especificamente, a importância do pensamento e da atuação desses sujeitos no processo de escolarização da sociedade brasileira não é recente e se tem intensificado nos últimos anos. Entretanto, a relação entre os intelectuais, o Estado e a educação é uma das dimensões ainda pouco conhecidas da história educacional mineira. Apesar de muito se falar da relação entre os intelectuais mineiros e a educação e de sabermos da importância destes na conformação da cultura escolar brasileira, pouco se sabe sobre a atuação desses sujeitos no campo da educação. Essa ausência é perceptível, sobretudo, no que se refere ao século XIX ou no que se refere a outros intelectuais que não aqueles que atuaram em Minas e no Brasil a partir dos anos de 1930 – como Francisco Campos e Gustavo Capanema, por exemplo.

No século XIX e começo do XX, período de referência dos artigos desta coletânea, diversos sujeitos ocuparam o papel de intelectuais da educação em Minas Gerais. Provenientes de segmentos sociais diversos, eles eram detentores de um saber que, a partir de uma rede de relações sociais, foram capazes de inventar um lugar para a sua fala, para fazer circular esse saber. Na qualidade de criadores, portadores, tradutores e circuladores de ideias, esses sujeitos atuaram como intelectuais, exercendo um poder, "mediante o uso da palavra" (BOBBIO, 1997). No papel de analistas, críticos e propositores, eles se apropriaram e colocaram em circulação um conjunto de saberes que colaboraram para a configuração e para a conformação da cultura escolar no País e em Minas Gerais.

De uma maneira geral, o estudo desses diversos sujeitos tem a ver com um esforço mais geral de se pensar o intelectual e a educação. Nesse sentido, interessa investigar não só quem foram esses intelectuais e o que eles pensavam e propunham para a educação em Minas Gerais do século XIX e início do XX, mas também investigar como se constituía o intelectual

[1] Infelizmente os trabalhos sobre Delfim Moreira e sobre o Padre Francisco Osamis não ficaram prontos a tempo de figurar no presente volume.

da educação nesse período, o que permitia a esses sujeitos a sua inserção, na qualidade de intelectuais, no campo educacional e como eles articularam, em seu pensamento e atuação, as culturas escolares e urbanas. Ao transitar por diferentes tempos e espaços sociais, inscrevendo-se em determinadas redes de relações, esses intelectuais do século XIX e XX estavam imbuídos de diversas competências a partir das quais eles procuravam intervir no corpo social e, nesse papel, eles articulavam diferentes saberes e culturas.

Assim, reunimos aqui dez artigos de diferentes pesquisadores da história da educação, girando em torno do tema "intelectuais e educação". Da análise das possibilidades teóricas a serem trilhadas, passando pela construção da trajetória de intelectuais, ou ainda revisitando o pensamento desses intelectuais e a sua incidência no campo da educação brasileira, o que se pretendeu aqui foi mostrar como a relação entre intelectuais e educação vem sendo enfrentada por cada um desses pesquisadores.

Centrados em sujeitos históricos, abordando trajetórias, ideias, papéis e representações sociais de intelectuais que se inseriram no campo da educação ou dialogaram intensamente com ele no século XIX e primeira metade do século XX, os artigos deste nos convidam a compreender os intelectuais a partir de suas práticas sociais, de suas redes de pertencimento, de seus lugares de enunciação. A investigação sobre diferentes sujeitos que aqui vem reunida tem como objetivo refletir sobre quem eram, como se constituíam e como esses intelectuais atravessaram o campo educacional brasileiro, assumindo a educação como lugar privilegiado e peça-chave na construção dc seus projetos para o País.

É perceptível a intervenção, direta ou indireta, desses sujeitos no debate educacional da cidade, produzindo e/ou veiculando projetos para a educação. Para tanto, todos eles estabeleceram uma relação quase inevitável com a palavra escrita, ferramenta de intervenção social, instrumento de apresentação de projetos, de embates, de convencimento. De maneira privilegiada, mas não exclusiva, esses intelectuais escreveram livros e artigos de jornais, tendo como matéria-prima "a ordem e a desordem do mundo e das coisas" (NOVAES, 2006, p. 13). Nesses veículos, eles acompanhavam os debates políticos e sociais, produziam interpretações sobre a realidade e projetos de sociedade que, por vezes, estiveram na base das formulações e implementações de políticas públicas.

Os homens e as mulheres que aqui tomamos como objeto de atenção têm em comum, além da preocupação com a educação, a atuação na esfera pública por meio da ação jornalística. Todos, sem exceção, criaram jornais e/ou foram redatores dos mesmos, além de contribuírem com outras folhas de seus tempos. Como muitos outros literatos, políticos e intelectuais de seus tempos, abraçaram a atividade jornalística acreditando que esta poderia contribuir para a constituição de uma opinião pública favorável à causa que defendiam e, mais ainda, que esta opinião pública era força fundamental para a consecução de seus propósitos.

Nossos sujeitos tiveram, ainda, muitas outras características em comum. Homens e mulheres profundamente preocupados com as questões de seus tempos, buscaram enfrentar os desafios que se lhes apresentavam, atuando a partir de vários lugares e posições. Ao conjugar, simultaneamente ou ao longo da vida, ocupações como as da política, da docência, da justiça, da literatura, do jornalismo, da direção de escolas, entre outras, estes nossos sujeitos acabaram por se constituir em verdadeiros intelectuais que, nas condições de seus tempos, contribuíram para a constituição dos serviços públicos e do Estado Nacional.

Participantes ativos da vida pública de seus tempos, lançaram mão de recursos financeiros, de suas relações de amizade e compadrio e, por meio de um arsenal retórico e de variado léxico, expuseram a todos uma grande sensibilidade pessoal e/ou grupal, para com a causa do Estado Imperial ou da República. Nestes discursos, aqui tomados como práticas fundamentais deste grupo na consecução de seus fins, a educação e a instrução são mediadores fundamentais para a constituição não apenas do Estado nacional e da nação brasileiros, mas também da civilidade nos trópicos, das regras de urbanidade e da vida morigerada, do apreço ao trabalho e à vida cívica nos moldes propostos por uma elite que, nos quase 150 anos abrangidos pelos estudos aqui apresentados, também buscava construir a sua legitimidade como intérprete de nosso passado e propositora do futuro nacional.

Para além dessa aproximação, as diferenças entre os intelectuais analisados nos artigos desta coletânea são as mais variadas e seus percursos, plurais. Homens e mulheres de diferentes matizes e grandezas, a maior parte deles "nem homem de sombra, nem figura de proa" (SIRINELI,

2003, p. 253), eles não constituem uma categoria irrefutável ou evidente. Há, é verdade, alguns contornos (mais ou menos fixos) que os englobam, mas é preciso admitir que, por vezes, esses sujeitos só parecem ter em comum a diversidade.

A essa diversidade própria do objeto, agrega-se aqui as diferenças entre as propostas dos autores e a própria temporalidade nas quais os seus sujeitos de investigação estão imersos. E, como aponta Sirinelli, a "extrema diversidade das situações individuais impede a que se chegue a explicações globalizantes" (2003, p. 247), o que não é, de qualquer forma, a proposta deste livro. Não se pretende chegar aqui a explicações globalizantes, mas detectar, no cenário mineiro, os "campos magnéticos" em torno dos quais esses sujeitos gravitaram. Nesse sentido, este livro se pretende um painel, composto de "quadros" que se cruzam em determinados quadrantes.

Por meio de uma análise de elementos dispersos, a observação e o cotejo de itinerários distintos e plurais nos permitem uma cartografia, um mapeamento do engajamento desses intelectuais em torno de algumas questões. Permitem-nos também vislumbrar a educação como um dos "campos magnéticos" fundamentais de atração desses intelectuais. É possível mesmo dizer que a educação e a crença no seu potencial transformador, até meados do século XX, esteve no cerne do discurso e atuação dos intelectuais, sendo alçada, por esses intelectuais, à categoria de universal. Nesse campo, eles produziram prognósticos e diagnósticos, construindo algumas questões como problema: a relação escola-família-igreja, a organização material da escola, os métodos de ensino, a formação do professor, a difusão da instrução elementar, a escolarização do trabalhador. Se é possível perceber esses sujeitos reunidos na discussão desses temas, é necessário também percebê-los como produtores desses temas como problemas para o campo educacional.

Alguns dos sujeitos abordados neste livro foram contemporâneos, tendo participado das mesmas lutas políticas e culturais de seu tempo, como se poderá ver mais adiante. De todo modo, independentemente dessa contemporaneidade, nenhuma destas pessoas agiu sozinha. Todas participaram e mobilizaram intensamente uma grande rede de sociabilidade e fizeram uso de um variado repertório que ora os distanciavam ora os aproximavam, sincrônica ou diacronicamente, na defesa de suas causas.

Outra das características importantes deste livro é que ele é fruto de um trabalho coletivo de pesquisa e de uma intensa troca com vários colegas historiadores. Constituindo, ele também, como lugar de sociabilidade, o nosso grupo de pesquisa empenhou esforços no sentido de tornar coletivo, de fato, o trabalho de pesquisa. Os textos aqui apresentados resultam, pois, de dois movimentos coletivos. De uma parte, ele resulta dos esforços de um grupo constituído por pesquisadores[2] e alunos da Universidade Federal de Minas Gerais (UFMG) e do Centro Federal de Educação Tecnológica de Minas Gerais (CEFET-MG) que, abrigados no Grupo de Estudos e Pesquisas em História da Educação, sediado na Faculdade de Educação da UFMG, e financiado pelo CNPq, durante os anos de 2005 a 2008, discutiu intensamente a temática da história dos intelectuais e intentou fazer uma história de alguns políticos, literatos, professoras e professores mineiros que tiveram marcada atuação na área da educação.

Por outro lado, os textos resultam também de um outro esforço coletivo: aquele que se fez em direção à interlocução com diferentes pesquisadores que, no Brasil e no exterior, desenvolvem trabalhos com os quais dialogamos. Assim, participaram diretamente do debate conosco sobre o tema deste livro a professora Ângela Castro Gomes da Fundação Getúlio Vargas (FGV), a professora Ana Maria Rabelo Gomes (UFMG), o professor Marcos Morel da Universidade Federal Fluminense (UFF), o professor Marcos Cezar de Freitas da Universidade Federal de São Paulo (UNIFESP), o professor Carlos Eduardo Vieira da Universidade Federal do Paraná (UFPR), o professor Marcus Aurélio Taborda de Oliveira (UFPR), o professor Bruno Bontempi da Universidade de São Paulo (USP), o professor Alexandre Vaz da Universidade Federal de Santa Catarina (UFSC), o professor José Gondra Universidade do Estado do Rio de Janeiro (UERJ) e o professor Jacques Revel do Centre National de la Recherche Scientifique (CNRS), da França. Todos eles estiveram na UFMG, seja ministrando minicursos e conferências, seja participando dos nossos Colóquios de Verão, e compartilharam conosco suas ricas experiências e construções teóricas, muitas das quais foram incorporadas nos textos que apresentamos no livro.

[2] Os professores Tarcísio Mauro Vago (UFMG) e Irlen Antônio Gonçalves (CEFET-MG) foram membros atuantes e fundamentais para o sucesso do trabalho do grupo. A eles dirigimos um agradecimento especial.

O artigo *Escolarização da infância brasileira: a contribuição do bacharel Bernardo Pereira de Vasconcelos,* de Luciano Mendes de Faria Filho e Zeli Efigênia Santos de Sales, focalizou o momento imediatamente posterior a Independência, quando se produz um discurso fundador acerca da escolarização no Brasil. Eles demonstram como a construção desses discursos coincide com a instauração do império da lei no Brasil. Nesses processos sobressai o bacharel, segundo os autores, sujeito de grande importância na nossa história educativo-cultural. Os autores destacam a atuação do bacharel Bernardo Pereira de Vasconcelos, que parece se ter interessado como nenhum outro naquele momento, por todas as questões referentes à Constituição do Estado Nacional Brasileiro.

No artigo *Intelectuais, Estado e a educação em Minas Gerais (1831-1840),* de Marcilaine Soares Inácio, focaliza-se as trajetórias políticas de um grupo de intelectuais que esteve intensamente engajado nos processos de constituição do Estado Nacional brasileiro e de organização da instrução pública. A partir de sua inserção no movimento associativo mineiro, a autora demonstra como suas trajetórias se interceptam em vários pontos, dentre eles na preocupação com as formas de ordenar a população mineira no período. Entre essas formas de ordenamento social, encontram-se as leis, o trabalho e a educação, com destaque para a última, que se materializa por meio da imprensa, das escolas e das bibliotecas públicas.

O artigo *A passos lentos, com esforços redobrados: a atuação de políticos e intelectuais no processo de escolarização da província mineira (1830-1840)*, de Fabiana da Silva Viana, como o título sugere, aborda a organização do serviço de instrução pública em Minas, destacando a atuação de um grupo de quatro indivíduos que desempenharam funções e ocuparam cargos ligados a esse ramo da administração pública. A autora demonstra que, mesmo com limitações, esses agentes e representantes do governo dedicaram-se ao debate sobre os benefícios da instrução pública primária, à criação e provimento das escolas e à produção e distribuição de materiais escolares.

No artigo *Bernardo Guimarães e a educação,* Luciano Mendes de Faria Filho, agora em parceria com Matheus Cruz e Zica, debruça-se sobre as relações entre o jornalismo, a literatura e a educação estabelecidas pelo referido escritor mineiro em seus escritos. Eles demonstram, por meio da análise do jornal a *Actualidade*, como se configura o interesse de Bernardo

Guimarães pela educação escolar e principalmente pela reforma da instrução pública na província de Minas Gerais na decada de 1850. Abordam também as questões de gênero, discutindo algumas representações da educação de homens/moços/meninos e mulheres/moças/meninas presentes na produção literária de Guimarães.

Marileide Lopes dos Santos, no artigo *Dr. Anastácio Symphronio de Abreu: olhares de um médico oitocentista,* reconstitui a trajetória pessoal e profissional desse médico. A autora interroga as relações entre suas sensilidades, que teriam origem na medicina, as redes de sociabilidades criadas na cidade de Sabará e as formas de intervenção social elaboradas por ele. A partir desse esquema analitico, ela demonstra o envolvimento de Anastácio com as atividades da Câmara Municipal da cidade, com a criação de um estabelecimento de ensino e de uma instituição de abrigo para os expostos em Sabará.

O artigo *Francisca Senhorinha da Motta Diniz: movimento feminista no magistério e na imprensa* de Cecília Vieira do Nascimento, apresenta a trajetória dessa escritora, redatora e professora, que, inserida em diferentes espaços geográficos e de sociabilidades e em conjunto com outras mulheres de seu tempo, conseguiu acesso à circulação da palavra impressa, porta-voz de seus interesses, posicionamentos e visões de mundo. Num processo multifacetado, Francisca Senhorinha rompeu com o padrão de formação e de educação da mulher por meio de sua valorização no desempenho do papel materno e no reconhecimento de sua intervenção moralizadora no seio da sociedade.

No artigo *Produção da escrita e produção de um lugar: a trajetória de uma professora em fins do século XIX e início do século XX,* Carla Chamon problematiza a trajetória de Maria Guilhermina Loureiro de Andrade, professora, escritora e tradutora que atuou no Rio de Janeiro, São Paulo e Minas Gerais entre 1869 e 1913. Por meio da análise da literatura pedagógica produzida por Guilhermina, a autora explora duas questões: como essa escrita deu visibilidade e colocou em circulação no Brasil alguns saberes do repertório pedagógico norte-americano; e como a trajetória e a produção escrita dessa professora permitiu que ela fosse entendida como intelectual da educação.

Em outro artigo intitulado *Estevão de Oliveira: o intelectuais e suas biografias,* Carla Chamon analisa as narrativas biográficas escritas sobre Estevão de Oliveira (1853-1926) – escritor, jornalista, professor e inspetor técnico de ensino em Minas Gerais –, buscando lançar luz sobre as representações socialmente construídas em torno dele. Ela busca compreender e demonstrar como, e por meio de quais estratégias discursivas, Estevão de Oliveira foi constituído por seus biógrafos como um intelectual da República e da educação no início do século XX.

O artigo *A vida há de ser uma educação permanente. A educação entretecida na vida do educador Firmino Costa,* de Juliana Cesário Hamdan e Jardel da Costa Pereira, trata do processo de constituição desse indivíduo como educador e autor de obras educacionais e linguísticas. Os autores dedicaram-se ao estudo das concepções educacionais de Firmino Costa (1907 – 1937) e seus modos de configuração na produção escrita. Nesse movimento, buscaram compreender a obra escrita do educador a partir do lugar de produção, de suas atividades educacionais e das interlocuções com a ambiência cultural do período.

No artigo *A educação na trajetória de Francisco Mendes Pimentel*, Carolina Mostaro Neves da Silva traça, em linhas gerais, o percurso desse intelectual durante quarenta anos de vida pública em Minas Gerais. Com uma carreira assinalada, logo no início, pelo envolvimento em quatro atividades distintas – advogado, professor, jornalista e deputado – Mendes Pimentel deixou, nesses espaços, os registros de suas posições veementes em favor da república que viu nascer. Na abordagem, essas ações são entrelaçadas, buscando aproximar o intelectual à sua dimensão humanizada e, portanto, contraditória. Assim, se de um lado, Mendes Pimentel protagonizou algumas desistências – abandonou o mandato de deputado federal, desistiu do jornalismo profissional, demitiu-se do cargo de reitor da Universidade de Minas Gerais – de outro, fez da educação e da docência, o tema e o campo da permanência em sua trajetória.

Partindo de diversas premissas e trabalhando com jornais, livros, relatórios, leis, correspondências e outras fontes importantes para a escrita da história da educação[3], esses trabalhos explicitam as diferentes possibilida-

[3] À exceção dos artigos *Intelectuais, Estado e a educação em Minas Gerais (1831-1840)* – *A passos lentos, com esforços redobrados: a atuação de políticos e intelectuais no processo de escolarização da província mineira (1830-1840)* e *Dr. Anastácio Symphronio de Abreu: olhares de um médico oitocentista,* os trechos das fontes transcritas nesta coletânea foram atualizados ortograficamente por seus au-

des de aproximação com o tema, colaborando para dar visibilidade e densidade analítica à participação dos intelectuais na conformação da cultura escolar mineira e brasileira no século XIX e na primeira metade do século XX. Esperamos, pois, que os leitores encontrem neste livro a possibilidade de dialogar com sujeitos e tradições que ousaram trazer para a esfera pública projetos e discussões que lograram tornar a escola e a instrução públicas dimensões fundamentais da sociedade brasileira contemporânea. Este passado, do qual todos nós somos herdeiros, deve ser compreendido, seja como componente fundamental de nossa memória coletiva, seja como estratégia para construirmos, hoje, uma escola pública de qualidade para todos.

REFERÊNCIAS BIBLIOGRÁFICAS

AGULHON, Maurice. *Penitents et francs-maçons de l'ancienne Provence*: essai sur la sociabilité meridionale. nouv. ed. Paris: Fayard, 1984.

BASTOS, E. R.; RÊGO, W. D. L. (Org.). *Intelectuais e politica: a moralidade do compromisso.* São Paulo: Olho d'Água, 1999.

BOBBIO, N. *Os intelectuais e o poder.* Dúvidas e opções dos homens de cultura na sociedade contemporânea. São Paulo: UNESP, 1997.

BOURDIEU, P. A ilusão biográfica. In: AMADO, J.; FERREIRA, M. (Org.). *Usos e abusos da história oral.* Rio de Janeiro: Fundação Getúlio Vargas, 1996, p. 183-191.

CHAMON, Carla Simone. *Escolas em reforma, saberes em trânsito:* a trajetória de Maria Guilhermina Loureiro de Andrade. 1. ed. Belo Horizonte: Autêntica, 2008.

LOPES, M. A. Pena e espada: sobre o nascimento dos intelectuais. In: LOPES, Marcos A. (Org.). *Grandes nomes da história intelectual.* São Paulo: Contexto, 2003, p. 39-48.

MARLETTI, C. Intelectuais. In: BOBBIO, N. *Dicionário de política.* Brasília: Ed. UnB, 1977; v. 1.

tores, eliminando-se arcaísmos gráficos e fonéticos, sem comprometer o sentido do texto. Foram preservadas a paragrafação e a pontuação originais.

NOVAES, Adauto. Intelectuais em tempos de incerteza. In: NOVAES, A. (Org.). *O Silêncio dos intelectuais.* São Paulo: Cia. das Letras, 2006, p. 7-18.

SILVA, Helenice Rodrigues da. A História Intelectual em questão. In: LOPES, Marcos A. (Org.). *Grandes nomes da história intelectual.* São Paulo: Contexto, 2003, p. 15-25.

SIRINELLI, Jean François. Les Élites Culturelles. *In:* SIRINELLI, J.; RIOUX, J. P. (Org.). *Pour une histoire culturelle.* Paris: Seuil, 1997.

SIRINELLI, Jean François. Os intelectuais. In: REMOND, R. (Org.). *Por uma história política.* Rio de Janeiro: Fundação Getúlio Vargas, 2003. p. 231-269.

ESCOLARIZAÇÃO DA INFÂNCIA BRASILEIRA: A CONTRIBUIÇÃO DO BACHAREL BERNARDO PEREIRA DE VASCONCELOS[4]

Luciano Mendes de Faria Filho
Zeli Efigênia Santos de Sales

CRIANÇA E ESCOLARIZAÇÃO

Os estudos sobre a história da infância no mundo ocidental (ARIÉS, 1978; GÉLIS, 1991; NARODOWSK, 2001) e, mais particularmente, no Brasil (FREITAS, 2001; DEL PRIORI, 1992; KUHLMANN JÚNIOR, 2000) têm demonstrado que tal noção é produzida no e pelos discursos e nas e pelas práticas que buscam conhecer e lidar com as novas gerações na modernidade. Dentro desse contexto, tais estudos têm chamado a atenção, também, para a íntima relação existente entre os processos de escolarização e a produção da moderna concepção de infância nas sociedades modernas.

Assim, os sujeitos responsáveis pela institucionalização da escola e pelo desenvolvimento de processos de escolarização nas sociedades ocidentais não apenas produziram discursos e instituições, mas, sobretudo, acabaram por produzir a própria infância como fenômeno social. Decorre desta constatação que uma das faces fundamentais de estudo da história da

[4] Este texto é fruto do trabalho de pesquisa que temos realizado junto ao Grupo de Estudo e Pesquisas em História da Educação, da Faculdade de Educação da UFMG, com o apoio da Fundação de Amparo à Pesquisa do Estado de Minas Gerais (FAPEMIG) e do Conselho Nacional de Desenvolvimento Científico e Tecnológico (CNPq). Ele foi publicado no livro *Os Intelectuais na história da infância*, organizado por Marcos Cezar de Freitas e Moysés Kuhlmann Júnior (Cortez Editora, 2002) e é republicado aqui, com a autorização da editora, a quem agradecemos.

infância é o estudo da história dos discursos e das instituições que dela se ocupam, particularmente da escola.

Tal perspectiva de análise nos possibilita pensar a história da escola como estando relacionada, portanto, tanto com a constituição de mecanismos internos e de uma materialidade própria à escola, quanto com a produção da própria noção de educabilidade da infância e, ainda, com o deslocamento operado nas formas anteriores de educar e instruir as novas gerações. A escola, ao constituir-se como agência responsável pela educação e instrução das novas gerações, o faz não de forma pacífica e consensual, mas de forma conflituosa, buscando agressivamente resgatar a infância de outros espaços-tempos de formação, notadamente a família, a religião e o trabalho.

Há grandes evidências, hoje, de que tais processos ocorreram de maneira bastante diferenciada nos diversos países do mundo ocidental. Mas os estudos mostram, também, que, nos três últimos séculos, este fenômeno sofreu um impulso jamais visto e acabou por legar-nos toda uma tradição e cultura no trato da infância, escolarizada ou não. No Brasil, não resta dúvida de que, mesmo considerando a existência de instituições escolares anteriores ao início do século XIX e que a marca da cultura letrada se faz presente desde o momento inicial de nossa história após 1500, foi no período pós-independência que o processo de escolarização foi grandemente impulsionado.

Esse fato, no entanto, não quer dizer que a influência da instituição escolar não se tenha feito sentir, ao longo de nossa história, lá onde ela não existia ou por aqueles que não a frequentaram. Pelo contrário, a ação escolar fez-se sentir além de seus "muros", irradiando para o conjunto da sociedade, constituindo-se em referência importante para a definição de identidades pessoais e coletivas, públicas e privadas, políticas e profissionais, entre outras.

Por isso mesmo, é preciso que se diga, de início, que o termo escolarização será utilizado neste texto em um duplo sentido, os quais estão intimamente relacionados. Num primeiro, escolarização pretende designar o estabelecimento de processos e políticas concernentes à "organização" de uma rede, ou redes, de instituições mais ou menos formais, responsáveis seja pelo ensino elementar da leitura, da escrita, do cálculo e, no mais das vezes, da moral e da religião, seja pelo atendimento em níveis posteriores e mais aprofundados.

Em outra acepção, estamos entendendo por escolarização o processo e a paulatina produção de referências sociais tendo a escola, ou a forma escolar de socialização e transmissão de conhecimentos, como eixo articulador de seus sentidos e significados. Neste caso, nossa atenção está voltada para o que temos chamado de "consequências" sociais, culturais e políticas da escolarização, abrangendo questões relacionadas ao letramento, ao reconhecimento ou não de competências culturais e políticas dos diversos sujeitos sociais e à emergência da profissão docente.

O fenômeno da escolarização, entendido no seu sentido mais amplo, somente pode ser plenamente dimensionado e razoavelmente entendido se levarmos em conta um tempo relativamente longo, como, por exemplo, os últimos dois séculos na sociedade brasileira. É nesse tempo mais longo que podemos perceber com mais precisão, com mais clareza, os múltiplos significados e os diversos fatores intervenientes da radical mudança em nossa sociedade no que diz respeito à escola: de uma sociedade sem escolas no início do século XIX, chegamos ao início do século XXI com a quase totalidade de nossas crianças na escola. Nunca é demais lembrar, por exemplo, que os professores públicos em Minas Gerais eram pouco mais de uma centena no início dos oitocentos, em torno de 2.000 no início do século seguinte e mais de 200.000 no final do mesmo século. O mesmo poder-se-ia dizer do alunado. Como não considerar uma mudança de tal magnitude?

Assim, parafraseando E. P. Thompson (1984, p. 271), podemos dizer que, na transição de uma sociedade não escolarizada para uma escolarizada, a tensão desta recai sobre a totalidade do social, não deixando intocada nenhuma de suas diversas dimensões. Tal tensão pode ser percebida não apenas naquilo que toca diretamente à escola e ao seu *em torno*, mas naquilo que de mais profundo há na cultura e nos processos sociais como um todo: das formas de comunicação às formas de constituição dos sujeitos, passando pelas inevitáveis dimensões materiais garantidoras da vida humana e de sua reprodução, tudo isso se modifica, mesmo que lentamente, sob o impacto da escolarização.

O reconhecimento do fato de que a escola produz a sociedade, de que a escolarização tem um impacto direto ou indireto no conjunto da vida social, ou, tal como o faz A. Chervel (1990), que a cultura escolar é uma autêntica e original cultura produzida pela escola, nada disso nos pode levar, no entanto, ao entendimento de que a escola o faz independentemente da sociedade na qual está inserida. A escola é tanto produtora quanto produto da sociedade como um todo. O que importa estudar, em última instância, é como este fenômeno se dá em suas múltiplas facetas em tempos e espaços determinados.

O DISCURSO FUNDADOR E O LUGAR DOS BACHARÉIS

Dizíamos, anteriormente, da importância do período imediatamente posterior à independência para a história do processo de escolarização da infância no Brasil. Isto se deve, a meu ver, a dois motivos fundamentais: o primeiro, porque é neste momento que se produz um discurso fundador acerca da escolarização no Brasil, cujas características retrataremos mais à frente; em segundo lugar, porque, na produção deste discurso, sobressai um sujeito de grande importância em nossa história educativo-cultural, o bacharel. Comecemos por este segundo aspecto.

Em trabalho anterior, Faria Filho defendeu a necessidade de uma mudança em nossa forma de conceber a legislação como objeto e como fonte para a pesquisa histórico-educacional (FARIA FILHO, 1998). Fruto de nossa cultura política e jurídica e de um forte viés ideológico na compreensão dos fenômenos histórico-sociais, tal visão não nos possibilita, penso eu, compreender a importância da legislação e da ação legislativa na configuração do campo pedagógico no Brasil.

A necessidade de uma revisão das formas de compreensão da legislação e do aparato jurídico foi, também, abraçada por Sérgio Adorno, pois, de acordo com ele, num período muito recente de nossa história:

> Questões a propósito dos fundamentos sociais que presidem a jurisprudência normativa, ou a respeito das forças de transformação e conservação que atuam sobre o Direito não pareciam seduzir a mentalidade de nossos principais cientistas sociais. Salvo raras exceções muitos aceitavam, sem grandes reservas, que a função do aparelho judiciário era fundamentalmente repressora, que os profissionais da lei, enquanto categoria social, mantinham irrefutáveis compromissos com as estruturas de apropriação econômica e de dominação política, e finalmente, se aceitavam que a ordem jurídica estava formalmente organizada sob inspirações de princípios

> liberais, seus fins concretos estavam voltados para a 'legalização' dos interesses das classes dominantes. (ADORNO, 1988, p. 20).

Voltar o olhar para o século XIX e nele descobrir a singular importância da legislação como estratégia de conformação da realidade social, implica, a meu ver, deter-se na figura do bacharel. Sejam formados em Coimbra ou no Brasil,[5] tais sujeitos acabaram por ocupar a cena política brasileira ao longo de nossa história, sobretudo no período pós-independência. Quanto a isso, alerta-nos Sérgio Adorno,

> De fato, o liberalismo brasileiro foi, durante longo tempo, quase privilégio de uma categoria de homens: o bacharel, que se converteu em político profissional e procurou ascender ao poder por intermédio do partido. Bacharel que fez da política vocação, lutou pelo êxito das causas e que se apaixonou e transformou a política em atividade ética, em verdadeira cruzada civilizatória. No entanto, contraditoriamente ao que ocorreu no mundo europeu ocidental, na sociedade brasileira a profissionalização da política não foi acompanhada da democratização da sociedade. No meu entender, a natureza quase exclusivamente juridicista do liberalismo brasileiro e as características da vida acadêmica, no século passado, respondem pela formação desses intelectuais, pelo processo particular de profissionalização da política e pelo dilema democrático dessa sociedade. (ADORNO, 1988, p.75).

Assim colocado, o bacharel será o responsável por toda uma forma de compreender e produzir, no Brasil, o ideário liberal e iluminista e as possibilidades de constituição da Nação brasileira. Para analisar a realidade plasmada neste momento inicial, lanço mão de uma noção de grande alcance, sobretudo para os estudos sobre o processo de escolarização da infância brasileira. Trata-se da ideia de *discurso fundador*. Segundo Eni P. Orlandi, o que caracteriza um discurso como fundador

> é que ele cria uma nova tradição, ele re-significa o que veio antes e institui aí uma memória outra. É um momento de significação importante, diferenciado.

[5] José Murilo de Carvalho (1996) chama a atenção para a diferença existente para a formação oferecida em Coimbra e aquela das Faculdades de Direito brasileiras oitocentistas. Considero, no entanto, que para o que estamos argumentando aqui estas diferenças não são relevantes.

> O sentido anterior é desautorizado. Instala-se outra "tradição" de sentidos que produz os outros sentidos nesse lugar. Instala-se uma nova "filiação". Esse dizer irrompe no processo significativo de tal modo que pelo seu próprio surgir produz sua "memória". (ORLANDI, 1993, p. 13).

Ainda segundo ORLANDI (1993, p. 12-14), os discursos fundadores

> são enunciados que ecoam [...] e reverberam efeitos de nossa história em nosso dia-a-dia, em nossa reconstrução cotidiana de nossos laços sociais, em nossa identidade histórica. [...]
> Essa é também uma das características do discurso fundador: a sua relação particular com a "filiação". Cria tradição de sentidos projetando-se para frente e para trás, trazendo o novo para o efeito do permanente. Instala-se irrevogavelmente. É talvez esse efeito que o identifica como fundador: a eficácia em produzir o efeito do novo que se arraiga no entanto na memória permanente (sem limite). Produz desse modo o efeito do familiar, do evidente, do que só pode ser assim. (ORLANDI, 1993, p. 13-14).

Portanto, tais noções nos ajudam a mostrar que, no momento imediatamente posterior à Proclamação da Independência do Brasil, articulam-se discursos sobre a escolarização da população brasileira, e da infância em particular, que terão grande importância ao longo de nossa história educacional e, mais ainda, que um dos produtores/portadores de tais discursos são os bacharéis, convertidos em políticos, formadores/fundadores do Brasil e educadores do povo. Tais discursos, ao conceberem que o problema da escolarização das *camadas inferiores* da sociedade era um problema que deveria ser atacado, em primeiro lugar, pelo artifício formal da produção de leis, acabam por atualizar, no Brasil, toda uma tradição ibérica no diz respeito ao ato legislativo. No entanto, nosso sujeitos pretendem fazê-lo fundando um nova tradição, no momento mesmo em que pretendem fundar o Brasil e propor o caminho único para a ordem, o progresso e a civilização: a educação do povo.

NO BRASIL RECÉM-INDEPENDENTE: O IMPÉRIO DA LEI

Logo depois da Independência, a afirmação do Estado e a construção da Nação estavam intimamente relacionadas à capacidade de fazer valer, no

Império brasileiro, o império da lei. Na perspectiva iluminista abraçada por intelectuais e políticos mineiros, esta questão estava diretamente relacionada à instrução. Assim no Legislativo, na imprensa e em diversas outras instâncias sociais, discutia-se a necessidade de educar e instruir o povo para garantir a ordem social. Tal perspectiva de intervenção social na e pela educação não colidia com os princípios liberais abraçados por esses intelectuais pois, conforme José Silvério Baía Horta,

> [...] é preciso salientar que a intervenção do Estado em educação era aceita, e mesmo defendida pelos pensadores liberais clássicos do liberalismo. A educação, com efeito, se situa ao nível das atividades que são consideradas como sendo de interesse geral; e a intervenção em educação é vista como um direito, e mesmo um dever do Estado. [...] Esta intervenção, para os liberais, deve se concretizar pela utilização de dois mecanismos fundamentais: a criação e a manutenção de escolas por parte do Estado e a promulgação de uma legislação específica para a educação. (HORTA, 1983, p. 205).

A importância da instrução do povo preocupou, inicialmente, os próprios constituintes de 1823. Nela, várias eram as proposições acerca do tema; quase todas, no entanto, denunciavam o caráter elitista e autoritário dos constituintes e, por que não, da nação que se queria construir. Assim, desde a Constituinte de 1823, de acordo com Chizzotti:

> Os constituintes, predominantemente bacharéis coimbrãos, desincumbiram-se de sua tarefa constitucional professando uma confiança exaltada na eficiência das leis que propuseram, e criam poderem, pela via legislativa, construir a nação independente. Os bacharéis-legisladores constituíam, assim, uma elite convicta do vigor radical da lei. Confiavam construir um sistema jurídico novo para o país como meio eficaz para a edificação de uma nova nação, igual aos países dos quais extraíam inspiração para seus projetos de lei. Para eles, um programa jurídico-político "brasileiro" significava prescindir das leis e dos regulamentos da ex-metrópole e dotar o país de normas dos "países ilustrados", traduzir as intenções e as instituições em fórmulas jurídicas similares aos dos "povos mais adiantados" de governo. (CHIZZOTTI, 1996, p. 34).

No entanto, a educação do povo não era obra reservada apenas à escola. A imprensa foi, sem dúvida, uma das principais estratégias utilizadas pelos intelectuais para difundir os seus discursos civilizatórios e legalistas. Em Minas, até então a província de maior população do Império, o Jornal *O Universal* (1825-1842)[6] foi, naquele momento, o principal divulgador de tal ideário. No entanto, em suas páginas, qual era o diagnóstico feito a respeito da educação brasileira? Diziam, numa clara disposição de romper discursivamente com o passado:

> O sistema de educação elementar, que se tem seguido no Brasil, desde o seu descobrimento, tem sido mui dispendioso, e mui delimitado; ainda sem notar outros defeitos, que de tempos a tempos se tem conhecido, e se tem tentado remediar com algumas providencias oportunas. (18 de Julho de 1825).

Animados que estavam com a recém-conquistada independência, diziam que "se a cultura do espírito aumenta a felicidade dos homens, não pode deixar de ser grande serviço a humanidade inventar meios, pelos quais essa cultura se generalize". Para tanto, propõe-se um projeto de instrução que: 1° abrevie o tempo necessário para a educação das crianças; 2° diminua as despesas das escolas; 3° generalize a instrução necessária às classes inferiores da sociedade (27 de julho de 1825). Tal escola seria organizada de acordo com o método mútuo de ensino, cujos defensores diziam tornar possível a instrução de um número de até 1.000 alunos para cada professor. Tal possibilidade animava aqueles que, no Brasil e na América Latina, defendiam a incorporação de um número maior de sujeitos à instituição escolar.[7]

No entanto, apenas estabelecida a necessidade, o lugar das *classes inferiores* na sociedade impunha-se e aparecia a seguinte ressalva:

> Não queremos dizer, que todos os homens devam ou possam ser médicos, matemáticos, jurisconsultos, &c., porém asseveramos, que se deve dar a todos os homens a maior massa de conhecimento possível, sem interromper as ocupações ordinárias da vida a que cada indivíduo se destina. [...]

[6] Este foi, sem dúvida, o principal jornal mineiro da primeira metade do século XIX. Além disso, para o que nos interessa aqui, são muitos os relatos e evidências que ligam o periódico a Bernardo Pereira de Vasconcelos.

[7] Para maiores informações sobre a divulgação do método mútuo em alguns países como Brasil, Argentina, Portugal e França, ver Bastos e Faria Filho, 1999.

> Por este princípio se não deve ocupar a mocidade de um homem, destinado pelas circunstâncias a um ofício mecânico, no estudo das ciências abstratas, que não tem relação com o trabalho manual, em que tal indivíduo se deve empregar. Mas há certos ramos de instrução, que são compatíveis com todos os empregos no que se distingue o homem da criação bruta; e no que se interessa tanto a felicidade dos indivíduos em particular, como a do Estado em geral. (18 de Julho de 1825).

O caráter autoritário e excludente da nação que se queria construir acabava por deixar claros os limites da inclusão. Ela seria positiva desde que não colocasse em risco as formas tradicionais de submetimento da maioria ao jugo e à exploração da elite imperial. Daí, a defesa de que o tempo da escola não deveria comprometer o tempo do trabalho, ou de que a escola deveria instruir nas artes mecânicas, desnudando assim, na prática, a falácia da proposta de educação iluminista defendida por muitos.

> O problema, pois, que há para resolver é: Como se poderá generalizar uma boa educação elementar, sem grandes despesas do Governo, e sem que se tire às classes trabalhadoras o tempo, que é necessário que empreguem nos diferentes ramos de suas respectivas ocupações? (18 de Julho de 1825).

Para reforçar a necessidade da instrução elementar do povo, buscam o exemplo em outros países que, como no Brasil, ela não existe e afirmam:

> Em tais países, o Governo não tem outro meio de manter a ordem pública se não o rigor dos castigos, ou as imposturas de alguma superstição, cujos mistérios são conhecidos unicamente dos poucos que governam, os quais com o andar dos tempos vem ficar tão sujeitos aos erros dessas superstições como os povos para cuja ilusão elas haviam sido inventadas. A mais leve observação, comparando o estado de educação de duas nações quaisquer, mostra evidentemente estas verdades. Assim a vara de um meirinho em Inglaterra obtém mais obediência entre o povo, do que o alfanje de um Janisaro pode alcançar em Constantinopla. (18 de Julho de 1825).

Vê-se, pois, que a referência a outros países, estratégia tão comum no Brasil e em outros países da América Latina, tem aqui um caráter pedagógico e de persuasão. Ela não é, neste sentido, retórica vazia: pretende demonstrar sentido do próprio processo civilizatório vivido pelas sociedades humanas.

Se a alguns pobres era permitida a liberdade, se a perspectiva iluminista era aquela que parecia animar o autor de tal projeto, não poderia passar despercebido que a liberdade sem educação era perigosa. Referindo-se às escolas de Londres, afirmava:

> Destas escolas menores estabelecidas nos distritos, se tem seguido em Londres um benefício da primeira magnitude, além da instrução, que a geração futura não deixará de reconhecer com gratidão. As classes mais pobres da sociedade, como são obreiros, trabalhadores, serventes dos ofícios mecânicos, &c.; e que não tem meios de pôr seus filhos nas escolas, nem acham emprego próprio para as suas tenras idades, são obrigados a deixá-los andar vadios pelas ruas, aonde, em uma cidade tão populosa como Londres, contraem as crianças mil hábitos viciosos, acostumam-se à ociosidade, associam com pessoas depravadas, que os induzem a cometer crimes; e vem por fim, a serem vítimas do rigor das leis, quando se descobrem suas práticas. Estas escolas, portanto, ocupando utilmente o tempo destes meninos pobres, não somente lhes dá a instrução em ler, escrever e contar, que tão proveitosa é aos mesmos indivíduos; mas impede que eles se habituem à ociosidade, e tira-lhes a oportunidade de associar pelas ruas, com quem lhes deprave os costumes; porque as horas vagas, que restam da escola, são aquelas em que seus pais têm voltado de seus respectivos empregos, e que estando em casa, podem ter seus filhos debaixo de seus olhos. (18 de Julho de 1825).

Assim, como bem observa Sérgio Adorno, "sob as fórmulas abstratas e universalizantes da soberania popular, da liberdade de manifestações, da igualdade jurídica e da exigência de um governo representativo, se ocultavam modos diversos de se conceber a prática do ideário liberal" (ADORNO, 1988, p. 34) A aplicação ampliada ou restritiva de tal ideário, tão caro aos "fundadores do império", estava na dependência de quem tomava a palavra ou a quem se dirigiam as ações propostas.

> Para os proprietários rurais e negociantes, a alternativa para restabelecer a tranquilidade pública consistia em recuperar ferozmente o império da lei. Reivindicação liberal dos estratos sociais dominantes – ao

> que parece, nunca dos dominados – o respeito jurídico à ordem social estabelecida configurou expressão ideológica presente em movimentos regionais, mesmo quando o protesto contra a espoliação econômica, freqüentemente patrocinada pela política tributário-confiscatória do governo central, se revestiu de reivindicações em torno da autonomia política. (ADORNO, 1988, p. 49).

Dentre os políticos e intelectuais brasileiros naquele momento, todas estas questões interessaram, como a nenhum outro, ao bacharel Bernardo Pereira de Vasconcelos, recém-chegado de seus estudos em Coimbra. É à sua atuação que nos dedicaremos a seguir, esclarecendo que se trata de um estudo inicial que estamos realizando sobre os intelectuais mineiros do século XIX que, de forma direta ou indireta, trataram da temática da educação.[8]

BERNARDO PEREIRA VASCONCELOS E A INSTITUCIONALIZAÇÃO DA ESCOLA PRIMÁRIA NO BRASIL

> *É um pedagogo estadista*
> *Bernardo de Vasconcelos*
> *Quem com os louros da conquista*
> *Traduz de novo os anelos*
> *Quem dispõe com mão segura*
> *As bases da educação,*
> *E, dest'arte, nos augura*
> *A mais bela evolução.* [9]

Bernardo Pereira de Vasconcelos nasceu na antiga Vila Rica, atual cidade de Ouro Preto, em 27 de agosto de 1795. Foram seus pais o Dr.

[8] Nosso estudo enfoca, além da atuação de Bernardo Pereira de Vasconcelos, a obra de Bernardo Guimarães (1825-1884) e pretende discutir, para ambos os casos, a influência da formação em direito em suas produções posteriores. Esta questão, no entanto, não é trabalhada neste texto.

[9] Estrofe do Hino do 1º Centenário do Ensino Primário (letra de Nestor dos Santos Lima e música de Luigi M. Guido), apresentado em Belo Horizonte em 15/10/1927 por ocasião das comemorações dos 100 anos da Lei de 15 de outubro de 1827.

Diogo Pereira de Vasconcelos, advogado formado em Coimbra, e D. Maria do Carmo Barradas, também filha de advogado formado em Coimbra. Seus avós maternos – Dr. João de Souza Barradas e D. Jacintha Maria da Fonseca e Silva – era portugueses, inclusive dos seus tios maternos, um foi ministro em Portugal e o outro foi reitor da Universidade de Coimbra, embora fossem brasileiros. Já seus avós paternos, o Coronel Jeronymo Pereira de Vasconcellos e D. Anna Jacintha da Natividade, eram naturais da cidade do Porto (Portugal).

Seguindo a tradição familiar, Bernardo Pereira de Vasconcelos formou-se em Direito na Universidade de Coimbra no dia 6 de julho do ano de 1819, passando ainda alguns meses em Lisboa para completar os seus conhecimentos jurídicos no escritório de advocacia dos tios, o Conselheiro de Estado Fernando Luiz de Souza Barradas Cardoso e Silva e o Dr. Bernardo de Souza Barradas.

Seu regresso ao Brasil se deu em 1820, aos 25 anos de idade, começando a trabalhar já nesse ano como Juiz de Fora em Guaratinguetá/SP. Foi eleito deputado geral por Minas Gerais em 1824, por onde começou a delinear a sua carreira política. Em 18 de julho de 1825, começou a editar a publicação do Jornal *O Universal*, em Ouro Preto, iniciando sua carreira jornalística. Em 1826, o deputado mineiro foi levado à Assembleia Geral, acumulando-se o mandato com o do Conselho do Governo. Atuou também nos ministérios, foi Vice-Presidente da Província de Minas Gerais, Senador do Império e Conselheiro de Estado.

A Bernardo Pereira de Vasconcelos é atribuída uma profissão de fé profundamente reveladora de sua trajetória política e intelectual. Vejamos:

> Fui liberal; então a liberdade era nova no país, estava nas aspirações de todos, mas não nas leis, não nas ideias práticas, o poder era tudo: fui liberal.
>
> Hoje, porém, é diverso o aspecto da sociedade; os princípios democráticos tudo ganharam e muito comprometeram; a sociedade que então corria risco pelo poder, corre agora risco pela desordem e pela anarquia. Como então quis, quero hoje servi-la, quero salvá-la, e por isso sou regressista. Não sou trânsfuga, não abono a causa que defendi, no dia do seu perigo, de sua fraqueza: deixo-a no dia em que tão seguro é o seu triunfo que até o excesso a compromete. [...] Os perigos da sociedade

> variam, o vento das tempestades nem sempre é o mesmo: como há de o político, cego e imutável, servir seu país?[10]

Mente inquieta, político tão respeitado quanto temido por seus aliados e adversários, Vasconcelos ocupou-se das mais variadas questões ao longo de sua carreira política: legislou sobre a instrução, as prisões, a organização de todos os poderes do Império e das relações entre eles, a questão da escravidão, a Constituição do Império, entre muitos outros assuntos.

Polêmico e engajado, suas posições nem sempre podem ser facilmente compreendidas. Veja-se, por exemplo, suas posições a respeito da questão da abolição. Em discurso de 3 de julho de 1827, ele clama em favor da abolição, apoiando o tratado que o Império Brasileiro havia assinado com a Inglaterra comprometendo-se com a cessação do comércio de escravos em 1829. Dizia ele:

> O nosso interesse na maior produção que oferece o trabalho por escravo, menos pode coonestar esta injustiça: o útil e o justo devem ser sempre inseparáveis.
>
> Só não tem força e robustez o brasileiro que foge ao trabalho. De mais, o homem livre produz mais que o escravo, segundo os cálculos dos economistas; os escravos, senhores, não têm o estímulo da recompensa, nem segurança em seu estado, e o temor do castigo não pode suprir estas faltas. (VASCONCELOS, 1999, p. 53-54).

No entanto, dois anos depois, em discurso em 6 de dezembro de 1828, sua posição é diametralmente oposta àquela. Senão, vejamos:

> Senhores, Venho ocupar hoje vossa atenção com um objeto da mais ala importância para nossa Província, sobre o comércio da Escravatura. Bem sabeis, que pelo tratado de 23 de novembro de 1826, celebrado pelo nosso governo com o da Grã Bretanha foi estipulada a extinção deste comércio no curto espaço de três anos, que hão de findar no de 1829, e ninguém há que deixe de prever os males, e que semelhante tratado há de acarretar sobre nossa Pátria. [...]

[10] José Murilo de Carvalho (1999, p.9), referindo-se a esta "profissão de fé", afirma: "Embora ninguém tenha conseguido provar a sua autenticidade, ela tem todas as condições de plausibilidade".

> Representar ao Poder Executivo e à Assembleia Geral a necessidade de se prorrogar o prazo estipulado para a cessação do comércio da Escravatura é o remédio em minha opinião mais acertado e mais profícuo; o nosso governo pode tratar com o governo Inglês sobre a mencionada prorrogação.
> Embora clamem contra a injustiça deste comércio; imputem-lhe a imoralidade de algumas nações que o tem admitido, embora o demonstrem prejudicial à riqueza pública, procurando persuadir-se-nos que é mais caro o trabalho do escravo, que o do homem livre. Estas razões podem persuadir a lenta cessação desse comércio, males arraigados não se extirpam subitamente, sem que outros, mais funestos lhe sucedam.
> Nem é demonstrado que a escravatura desmoraliza as nações tanto como se exagera; a comparação do Brasil com algumas nações, em que não há escravos, como o nosso, sobra à tirar toda a dúvida.
> E é verdade incontestável que grande parte do trabalho, principalmente agrícola, é mais produtivo desempenhado por escravos do que por homens livres. (*Atas* do Conselho Geral da Província de Minas Gerais).

Algumas outras proposições de fundamental relevância foram na esfera do Judiciário, defendendo a criação do Juizado de Paz, escrevendo até mesmo um livro dedicado aos novos juízes. Foi dele ainda a proposta de acabar com o Desembargo do Paço e substituí-lo pelo Tribunal Superior de Justiça. De sua autoria também o projeto do Código Criminal, aprovado em 1830 e a fundação do Arquivo Histórico Nacional, além de leis sobre navegação, reformas financeiras, remodelação do Banco do Brasil e medidas sobre relações diplomáticas.

Vê-se, pois, que se trata de um espírito irrequieto, mas sempre pronto a abraçar a causa da legalidade e da ordem. Em sua trajetória, segundo Vasconcellos (1953, p. 15), a instrução pública foi o primeiro problema a que Bernardo Pereira de Vasconcelos dedicou sua atenção desde a sessão inaugural do Conselho em 1825. Abordando esse mesmo assunto sob todas as faces e nos menores detalhes, não descansou enquanto não organizou e ofereceu à população da Província de Minas Gerais o seu *Plano Geral do Ensino*, no qual consubstanciou tudo quanto de melhor e mais eficiente em "benefício do povo" parecia-lhe poder fazer em época tão remota e dentro do exíguo subsídio literário do momento.

Preocupava-o inicialmente, sobremaneira, a importância das luzes da instrução na configuração de novas relações políticas. Ao enfocar a questão, demostrava ter clarividência dos traços que marcavam, ainda, as relações entre os donos do poder e os outros e denunciava:

> Os presidentes não gostam muito dessa difusão de luzes: eles sabem muito bem [que] quanto mais luzes, menos mando absoluto, e mais quem note os seus erros e comportamento. Se eles não querem aulas de primeiras letras, como hão de querer cadeiras de ciências maiores? E quais serão os mestres que se hão de propor a criar cadeiras no sertão? Ninguém. E que emulação pode haver nessas terras pequenas? (VASCONCELOS, 1999, p. 43/1826).

Noutra ocasião, ao discursar sobre a localização dos cursos jurídicos no Brasil, ele defendia que os mesmos deveriam localizar-se na Côrte pois:

> Há também aqui uma proteção muito mais decidida do que nas províncias, onde ainda não pôde raiar a liberdade, e onde o despotismo está em maior furor que aqui. Quem é que se atreverá a explicar a Constituição em qualquer das nossas províncias? Um presidente com maior facilidade manda agarrar um cidadão, e manda-o para aqui, dizendo que é demagogo e revolucionário; isto é o que todos nós temos visto, e estamos a ver (VASCONCELOS, 1999, p. 42/1826).

A partir de tal diagnóstico, Vasconcelos vai eleger a imprensa e a instrução como as duas principais estratégias civilizadoras da sociedade. Considerava que a imprensa era um dos mais proveitosos meios de disseminar a instrução pelos membros de uma sociedade, defendendo a *liberdade de imprensa*, pois era o instrumento mais propício para se disseminar os conhecimentos úteis. Segundo Vasconcellos (1953, p. 10), ele foi colaborador frequente, quase redator-chefe do Jornal *O Universal* desde a sua primeira publicação em 1825, na cidade de Ouro Preto. Era corriqueiro o jornalismo ser utilizado como um instrumento formador de futuros estadistas do Império, como também o fato de se utilizar o jornal como um recurso propagador de ideias. No entanto, conforme já salientamos, a liberdade sem a instrução poderia ser perigosa; era preciso, desde cedo, conjugar as duas.

Assim, em seu mais famoso texto, a *Carta aos senhores eleitores da província de Minas Gerais,* escrito em dezembro de 1827, no qual apresenta um balanço e uma prestação de contas a respeito de seu primeiro mandato na Assembleia Geral, ele afirma:

> Legislando sobre a instrução pública, o principal cuidado da Assembleia Geral foi sua vulgarização o quanto fosse possível; é deste modo que se poderão nivelar pouco mais ou menos as faculdades morais dos brasileiro e que se aniquilará essa dependência real que as luzes de uma classe exerciam sobre a cega ignorância da totalidade; dependência que tanto contribuía para a consolidação do cetro de ferro que por três séculos nos oprimiu.
>
> Um dos profícuos meios de disseminar a instrução pelos membros de uma sociedade é a liberdade de imprensa; a experiência das nações cultas demonstra com evidência esta verdade. Como poderia uma nação chegar ao conhecimento do bom ou mau procedimento de seus servidores, se não houvesse liberdade de o publicar pela imprensa? As informações raras vezes são exatas, quando os informantes não temem a pública censura. E como se obteria o conhecimento dos fatos, de que se pede informação, se a imprensa os não publicasse? Demais, é pela imprensa que se propagam os conhecimentos úteis. Eis a razão por que me pareceu que em um só capítulo devia tratar das leis sobre escolas públicas e das que respeitam aos abusos da liberdade de imprensa.

Também o Ato Adicional à Constituição, promulgado em 1834, contou com a efetiva participação de Bernardo Pereira de Vasconcelos, que em sua proposição buscava evidenciar a necessidade da descentralização do ensino, uma vez que o mesmo transferia às províncias a competência a respeito do ensino primário e secundário, com exceção do ensino do município neutro. Isto porque, até aquele momento, cabia apenas à Assembleia Geral "fazer leis, interpretá-las, suspendê-las, revogá-las", mas a descentralização foi um marco para a intensa ação legislativa que se configurou a partir daí até o final do Império.

Quando deputado da Assembleia Geral, em suas duas primeiras sessões, Bernardo Pereira de Vasconcelos trabalhou pelo que se pode intitular de "propagação e aumento das luzes". Legislando sobre a instrução pública, o principal cuidado era com a vulgarização quanto mais fosse possível, considerando que apenas desse modo poderia nivelar um pouco ou pelo menos as faculdades morais dos brasileiros, pois somente desse modo se poderia aniquilar a dependência real que as luzes de uma classe exerciam sobre a cega ignorância da totalidade, dependência esta que tanto contribuía para a consolidação do cetro de ferro que por três séculos oprimia o País. Chamava também a atenção para a necessidade de se expandir a instrução pela província, pois "...ler, escrever, contar e gramática da língua pátria deve ser o primeiro estudo de todos os membros de uma nação; esta aplicação é a mais essencial". Ficavam assim autorizados os Conselhos dos Governos Provinciais, com anuência das Câmaras, a criarem as escolas de Primeiras Letras que fossem necessárias e também escolas de meninas nas cidades e vilas mais povoadas, pois ele afirmava que a educação do *belo sexo* contribuía muito para a civilização dos Estados.

Em Minas, ainda em 1832, época em que a legislação do ensino começava a buscar uma sistematização por meio de decretos-leis, foi de sua autoria o *Regulamento de Ensino* da Província de Minas Gerais, por ele mesmo referendado já como vice-presidente, trabalho que veio padronizando a partir daí todas as reformas da instrução pública na província durante o Império. E também participou ativamente das discussões que visavam à elaboração da Lei nº 13, que primeiro organizou a instrução pública em Minas Gerais, em 1835.

Neste texto legal, retoma-se a ideia da obrigatoriedade escolar, aspecto dos mais importantes para o estudo do processo de escolarização e para o entendimento das relações estabelecidas entre a família e o Estado (a escola pública estatal) no âmbito da educação das novas gerações. Aqui, mesmo considerando a dificuldade do estabelecimento da obrigatoriedade escolar no Brasil, é preciso evidenciar a produção de representações que favorecem o desenvolvimento e a legitimação da escolarização e, por outro lado, a construção de dispositivos legais que mais e mais vão autorizando o Estado a interferir nos negócios do privado, no mundo familiar, quando o que está em jogo é a educação da infância. A este respeito, determinava a legislação:

> Art. 12º "Os pais de família serão obrigados a dar a seus filhos a instrução primária do 1º grau ou nas escolas públicas, ou particulares, ou em suas próprias casas, e não os poderão tirar delas enquanto não souberem as matérias do mesmo grau.

> A infração deste artigo será punida com multa de dez a vinte mil reis, uma vez que aos infratores se tenham feita três intimações no espaço de seis meses, e não tenham eles apresentados razões que justifiquem o seu procedimento, ou as apresentado tenham sido julgadas inatendíveis pelo governo, e a vista da informação de delegado, nas reincidências a continuação da falta dois meses depois da condenação.
> Art. 13º A obrigação imposta no artigo precedente aos pais começa aos oitos anos de idade dos meninos, mas estende-se ao que atualmente tiverem quatorze anos de idade.

Bernardo Pereira de Vasconcelos criticava a lei geral do ensino datada de 15 de outubro de 1827 pelo fato de pouco proveito ser percebido das escolas públicas, não tanto por serem a maior parte delas criadas em lugares pouco populosos, como por ser muito insignificantes os ordenados dos mestres, o que não convidava para o magistério público os que tinham para ele a necessária aptidão. Ficava, então, resolvido pela Assembleia Geral que se criassem escolas nos lugares mais populosos e que aos mestres se assinasse um ordenado de 200 a 500 réis, atendendo-se à população e carestia dos lugares; e que se concedesse uma gratificação anual, que não excedesse à terça parte do ordenado do mestre que, por mais de doze anos de não interrompido serviço, se tiver distinguindo por sua prudência, desvelos, grande número e aproveitamento dos discípulos. Os mestres que não cumprissem exatamente os seus deveres poderiam ser suspensos pelos presidentes em Conselho, sendo preciso, no entanto, serem perante eles e o público examinados. Buscava-se dessa forma acabar com os empregos distribuídos por meio do poder econômico, do favor e da intriga. Decorrente de toda essa situação, surgiu a necessidade da formação de professores primários, o que concorreu para a criação em 1835 da primeira Escola Normal de Minas Gerais, pela da Lei nº 13.

Aqui, é preciso salientar, como o demonstra Walquíria M. Rosa (2001), que a Escola Normal constitui-se, a partir de sua criação, como um importante lugar de articulação de diversos discursos que pretendiam anunciar o *novo* para a educação brasileira. Na verdade, as escolas normais já nascem como produtora e divulgadora da representação, reiteradamente retomada em nossa história educacional, acerca da falta de formação dos professores. Nascida para qualificar o professorado, uma das condições de possibilidade para o fortalecimento das escolas normais é a estabilização do discurso fundado na desqualificação dos mestres de Primeiras Letras, o que será conseguido já nas primeiras décadas de funcionamento das mesmas.

Referindo-se às principais disposições da Lei de 15 de outubro de 1827, cujos artigos 2º, 7º, 8º, 9º, 14º e 15º foram posteriormente ampliados às escolas de Gramática Latina pela Resolução de 15 de novembro de 1827, chamava a atenção do Conselho sobre a questão do conhecimento da língua latina, afirmando que o mesmo conspirava apenas a fazer conhecer alguns *homens de gênio* da antiguidade, cujas obras já se podiam ler em línguas vivas, em que foram traduzidas, e que o estudo desta língua era verdadeiramente de luxo, pois a principal obrigação do Governo era a de ministrar com preferência aos povos os meios da instrução necessária, e estes estavam faltando.

No plano do ensino secundário, o antigo Seminário de São Joaquim, do Rio de Janeiro, foi convertido no Colégio Pedro II, como estabelecimento imperial. O mesmo foi criado em 2 de dezembro de 1837 por decreto expedido por Bernardo Pereira de Vasconcelos, regente interino naquele momento. Este estabelecimento se destacou como um centro de cultura e de formação básicas, com um ensino enciclopédico, distinguindo-se como um colégio de educação aristocrática, destinada à formação de elites do País. (VASCONCELLOS, 1953, p. 25).

O Ministro do Império Bernardo Pereira de Vasconcelos discursou por ocasião da inauguração das aulas em 25 de março de 1838, entregando o regime e o regulamento do Colégio Pedro II, no qual advertia ao reitor:

> Devo, porém, advertir a V. Excia. que as regras consagradas nesse Regulamento não são teorias inexpertas; elas foram importadas de países esclarecidos, têm o cunho da observação, têm o abono da prática e deram o resultado de transcendente utilidade. Não nos assuste, pois a sua literal observância: a mocidade Brasileira não é menos talentosa, nem menos capaz de morigerar-se que a desses países onde elas têm muito aproveitado. E notará V. Excia. que a mor parte de suas disposições respeitam mais aos Professores e Inspetores, do que aos alunos; pendendo deles a moralidade conduta e aproveitamento nos estudos dos Colegiais; e sendo o principal intuito do Governo prevenir para não ter ocasião de punir, a severidade da disciplina deveria pesar mais sobre esses empregados, do que sobre os alunos, fáceis de conduzir quando a vigilância e o respeito lhes assinala a estrada

> O saber é força: e é V. Excia. que vai ser o modelador desta força irresistível, desta condição vital da sociedade moderna.

Objetivando, de certo modo, o Ato Adicional de 1834 no âmbito da educação, o caráter modelar do Colégio Pedro II, tanto no plano da legislação que assim o instituía quanto das representações que sobre ele se construiu, é uma marco fundamental da história da organização de nosso sistema de ensino. Desta dimensão exemplar do Pedro II, Bernardo Pereira de Vasconcelos teve lúcida visão ao propor o regulamento inicial do Colégio. Tal dimensão é produto e produtora de uma organização bastante diferenciada dos sistemas provinciais de ensino, do caráter profundamente elitista de nossa educação secundária e superior até bem entrado o século XX e, porque não, de uma crescente desobrigação de nosso governo central para com a educação elementar.

Bernardo Pereira de Vasconcelos esteve enfermo desde os tempos de Guaratinguetá, mas a doença nunca o impediu de trabalhar. Já a partir de 1827, veio a sofrer de uma doença da coluna, que lhe deu uma aparência de um homem mais velho desde 1828. Sua morte ocorreu em 1850, causada pela primeira epidemia de febre amarela no Rio de Janeiro.

CONSIDERAÇÕES FINAIS

Formado pela Universidade de Coimbra, com a qual mantinha uma relação mais de ódio do que de amor,[11] Vasconcelos converteu-se num dos mais proeminentes intelectuais e políticos de seu tempo. Pode-se dizer, com razoável segurança, que nada do que interessasse à constituição do Estado brasileiro tenha ficado fora do seu raio de atenção e atuação. Assim foi, também, no âmbito da educação. Legislou acerca da instrução primária,

[11] Falando sobre a realidade da escola brasileira, ele afirma: "[...] os mestres entregam-se inteiramente ao ócio e os alunos fazem o mesmo à espera que se encha o tempo para obterem as cartas; pois é bem sabido que, quando o mestre dorme, os meninos brincam. Isto é justamente o que acontecia na Universidade de Coimbra no meu tempo; nenhuma emulação, nenhum estímulo se notava ali e por isso nenhum progresso nas letras. [...] Estudei direito público naquela universidade e por fim saí um bárbaro: foi-me preciso até desaprender." (VASCONCELOS, 1999, p. 43-44/1826)

secundária e brigou pela instalação de um curso jurídico nas Minas Gerais. Nem tanto por ser o primeiro a dizer e mais pela forma como o fez e os articulou e à autoridade que lhes transmitiu, seus discursos têm um marcante caráter fundador e, como tal, reverbera ao longo de nossa história educacional.

Uma síntese da atuação de Bernardo Pereira de Vasconcelos, como bacharel e político, no âmbito da educação deveria indicar pelos menos os seguintes aspectos: em primeiro lugar, a clara noção da educação e da instrução como estratégia de constituição do Estado nacional e da Nação brasileira. Em seguida, a compreensão de que qualquer projeto civilizatório para o Brasil deveria comportar, como elemento fundante, a questão da instrução pública primária ou elementar. Em terceiro lugar, a perspectiva de que tal instrução deveria, primeiro, ser plasmada na legislação para depois ser derramada sobre o povo. Decorre daí, outro aspecto: a crença otimista na educabilidade do sujeito humano e, sobretudo, na legislação como estratégia de conformação da realidade.

Em seu tempo, seja direta ou indiretamente, Bernardo Pereira de Vasconcelos contribuiu, também, para a constituição de uma cultura escolar em que as reformas educativas emanadas desde os centros de poder querem, sempre e sempre, instituir o novo pela superação do velho. Tais reformas, por sua vez, articulam-se, sempre e sempre, em torno de três eixos: a reforma dos "programas de ensino", a reforma do professor e a centralidade do método na educação escolar. Nestas reformas, os novos conhecimentos escolarizados são, quase sempre, os velhos travestidos e com ares de modernidade e o professor reformado, quase sempre, é o professor que tenha passado por uma escola normal fundada e, sempre e sempre, reformada para ensinar o professor, ou o futuro professor, a ensinar segundo um novo método.

A respeito da questão metodológica, é preciso considerar a hipótese de que seria em torno das discussões a respeito do método mútuo, as quais, por sinal, interessaram de muito perto a Vasconcelos, que se articulou a passagem de uma instrução desenvolvida em torno da casa e da vida doméstica para uma instrução elementar escolarizada. Tal hipótese se mostra particularmente rica para explicar o porquê do fato de que, não por acaso, a institucionalização da escola elementar e do processo de escolarização no Brasil são, sobremaneira, reforçados no mesmo momento e no interior da mesma discussão que estabelece, de uma vez por todas, o primado do método também na organização escolar. Não me parece restar dúvida de que se produz, entre os anos 20 e 40 do século XIX, uma clareza muito grande de que o método individual é próprio ao ensino doméstico e que, se se queria instruir um número maior de pessoas por meio da escola, era preciso inventar uma nova maneira, a qual foi representada como sendo ora o método mútuo, ora o método simultâneo, ora o método misto.

Tais elementos, articulados discursivamente desde muito cedo em nossa história educacional, é um fundamental legado dos debates travados nos anos 20 e 30 do século XIX, momento em que, não por acaso, a educação escolar da infância passa a ser objeto de crescente atenção por parte da sociedade como um todo, e dos legisladores em particular, inaugurando um tempo de submetimento e constituição de novos sujeitos, dentre eles o nosso conhecido aluno. É preciso também considerar que o nosso próprio entendimento do que seja a profissão docente e, mesmo, da noção de criança e de aluno deve muito às discussões do período enfocado.

O que observamos é que, no Brasil, entre os anos 30 e 40 do século XIX e o início do século XX há uma acentuada mudança acerca da capacidade de aprender reconhecida às crianças e a relação desta capacidade com a idade, por exemplo. Assim, se na década de 30 dos oitocentos era muito usual que a criança, lá pelos seus 10 ou 11 anos, em média, deixasse a "escola elementar", onde havia aprendido pouco mais que ler, escrever e contar, e se matriculasse no curso secundário, para aprender Gramática Latina, Grego, História, Geografia, Filosofia, já no início do século XX, uma criança com essa idade, bem provavelmente, não seria considerada preparada, em termos de conteúdos escolares e de "maturidade intelectual", para tal empreitada.

Neste aspecto, seria interessante a realização de estudos que aprofundassem as possíveis relações entre fenômenos como a diminuição da idade média do alunado ao longo do século XIX, o fortalecimento da instituição escolar e a emergência da profissão docente no Brasil. Temos algumas evidências de que tanto a legislação quanto outros mecanismos de ordenamento do sistema de instrução primária foram favorecendo ou, algumas vezes, impondo a entrada precoce das crianças na escola, ao mesmo tempo em que deslegitimava a presença de adolescentes e jovens nas mesmas turmas ou escolas que aquelas. Este parece ser, sem dúvida, um dos fatores que favorecerem e legitimam a crescente presença das mulheres no magistério.

REFERÊNCIAS BIBLIOGRÁFICAS

ADORNO, Sérgio. *Os Aprendizes do Poder*. Rio de Janeiro: Paz e Terra, 1988.

ARIÉS, Philippe. *História social da infância e da família*. Rio de Janeiro: Zahar, 1978.

CARVALHO, José Murilo de. (Org.). Bernardo Pereira de Vasconcelos. São Paulo: Editora 34, 1999.

CARVALHO, José Murilo de. *A construção da ordem*/Teatro de sombras. Rio de Janeiro: Ed. UFRJ/Relume Dumará, 1996.

BASTOS, Maria H. Câmara.; FARIA FILHO, Luciano M. (Org.). *A escola elementar no século XIX*. Passo Fundo: EdUPF, 1999.

CHERVEL, André. História das disciplinas escolares: reflexões sobre um campo de pesquisa. *Teoria e Educação*, 2, p. 177-229, Porto Alegre, 1990.

CHIZZOTTI, Antônio. A constituinte de 1823 e a educação. In: FÁVERO, Osmar.(Org.) *A educação nas constituintes brasileiras - 1823-1988*. Campinas: Autores Associados, 1996, p. 31-54.

DEL PRIORI. Mary. (Org.). *História da criança no Brasil*. São Paulo: Contexto, 1992.

FARIA FILHO, Luciano M. (Org.). *Educação, modernidade e civilização*. Belo Horizonte: Autêntica, 1998.

FREITAS, Marcos Cesar de. (Org.). *História social da infância no Brasil*. São Paulo: Cortez/EdUSF, 2001, 3. ed.

GÉLIS, Jacques. A individualização da criança. *História da vida privada*. São Paulo: Companhia das Letras, 1991, v. 3.

HORTA, José Silvério Baía. Planejamento educacional. In: MENDES, Durmeval Trigueiro. (Coord.). *Filosofia da educação brasileira*. Rio de Janeiro: Civilização Brasileira, 1983.

KUHLMANN JÚNIOR, Moysés. Educando a infância brasileira. In: LOPES, Eliane M. T.; FARIA FILHO, Luciano M.; VEIGA, Cynthia G. (Org.). *500 anos de educação no Brasil*. 2. ed. Belo Horizonte: Autêntica, 2000, p. 469-496.

NARODOWSKI, Mariano. *Infância e poder*. Bragança Paulista, SP: Universidade São Francisco, 2001.

ORLANDI, Eni Puccinelli. Vão surgindo os sentidos. In: ______ (Org.). *Discurso fundador:* a formação do país e a construção da identidade nacional. Campinas, SP: Pontes, 1993, p.11-26.

SOUZA, Octavio Tarquinio de. *Bernardo Pereira de Vasconcellos e seu tempo.* Rio de janeiro: José Olynpio Editora, 1937. (Documentos Brasileiros, 3).

THOMPSON. E. P. *Tradición, revuelta y consciencia de clase.* 2. ed. Barcelona: Ed. Crítica, 1984.

VASCONCELOS, Bernardo Pereira de. *Manifesto Político e Exposição de Princípios.* Brasília: Ed. Universidade de Brasília, 1978.

VASCONCELOS, Salomão de. *Bernardo Pereira de Vasconcellos.* Belo Horizonte: (s.n.), 1953.

INTELECTUAIS, ESTADO E A EDUCAÇÃO EM MINAS GERAIS (1831-1840)[12]

Marcilaine Soares Inácio

As investigações sobre a história da educação, de diferentes modos, têm revelado nos últimos anos intersecções entre o processo de constituição do aparato estatal e a organização da instrução pública em Minas Gerais na primeira metade do século XIX. As pesquisas demonstram que o serviço de instrução é um importante modo de constituição do Estado. Tal intersecção nos tem permitido refinar o olhar no que se refere às relações entre os intelectuais, o Estado e a educação sob vários aspectos. Um deles refere-se ao fato de que há, em Minas, um grupo relativamente pequeno[13] de homens[14] intensamente engajados nesses processos. Outro diz respeito à certa onipresença desses sujeitos que ocupam, ao mesmo tempo, cargos políticos e funções públicas importantes como vereador, juiz de paz, conselheiro, vice-presidente e presidente da província, delegados de círculos literários, professor público, entre outros, e ainda redigem e editam jornais, promovem festas públicas, são membros de irmandades de misericórdia e de agremiações políticas.

---

[12] Este artigo apresenta os resultados parciais de minha pesquisa de Doutorado, realizada com o apoio da Fundação de Amparo à Pesquisa do Estado de Minas Gerais (FAPEMIG) e do Conselho Nacional de Desenvolvimento Científico e Tecnológico (CNPq).

[13] Não temos elementos para dizer se o fato de encontrarmos os mesmos sujeitos atuando de forma tão ampla se deve ao seu engajamento na tarefa de estruturação do Estado, ao fato de que naquele momento havia mesmo um número restrito de sujeitos capazes de fazê-lo ou às duas coisas.

[14] Embora não esteja em nosso horizonte fazermos análises mais específicas sobre as questões de gêneros, não há como ignorar sua relevância, perceptível por meio, inclusive, do predomínio de homens nessa tarefa.

Assim, no período posterior à independência, surpreendemos esses sujeitos atuando nas mais diversas frentes que de diferentes maneiras convergem na formação do Estado no século XIX. No âmbito dessas percepções, o envolvimento desses homens com o movimento associativo verificado em Minas Gerais no período regencial nos chamou a atenção. As sociedades criadas em Minas são espaços de sociabilidades que se organizam, no dizer de Sirinelli (2003, p. 248), "a partir de uma sensibilidade ideológica ou cultural comum de afinidades, que alimentam o desejo e o gosto de conviver". E para nós, uma dessas sensibilidades é relativa à instrução pública.

Uma questão impõe-se de imediato. Podemos chamar esses sujeitos de intelectuais? A pesquisadora Ângela Alonso, ao estudar o movimento reformista da geração de 1870, observa que o pressuposto da autonomia do campo intelectual para o Brasil da segunda metade do século XIX é duvidosa. Segundo ela, observando a trajetória individual e o conjunto de obras publicadas pelos membros da geração de 1870, é impossível distinguir intelectuais de políticos (ALONSO, 2002). Para o grupo investigado, "a existência de uma única carreira pública centralizada no Estado, incluindo de empregos no ensino a candidaturas no parlamento fazia da sobreposição de elites políticas a regra antes que a exceção". A partir das formulações de Ângela Alonso, parece-nos possível expandir o raciocínio para trás, o que nos autorizaria a chamar os nossos sujeitos de intelectuais.

Uma observação de Pierre Bourdieu sobre o campo intelectual também nos autoriza a fazê-lo. Para o sociólogo francês, as delimitações do campo intelectual não estão determinadas, o que torna difícil definir "quem é intelectual e quem não é, quem são os verdadeiros intelectuais, aqueles que verdadeiramente realizam a essência do intelectual" (BOURDIEU, 1990, p.173-176).

Outro autor cujas proposições parecem respaldar-nos é Jean-François Sirinelli. A definição de intelectual apresentada por ele comporta duas acepções complementares: uma, ampla e sociocultural, englobando criadores e os mediadores culturais; outra, mais estreita, baseada na noção de engajamento. No primeiro caso abrangem tanto o jornalista como o escritor, o professor secundário como o erudito (SIRINELLI, 2003,

p. 242). Outra acepção se baseia "na noção de engajamento na vida da cidade como ator; segundo modalidades específicas, como por exemplo, a assinatura de manifestos; testemunha ou consciência" (SIRINELLI, 2003, p. 243).

TRAJETÓRIAS INTELECTUAIS

Diversos políticos e intelectuais envolvidos com a organização do Estado e da instrução pública, no período regencial, buscaram potencializar suas ações congregando-se em sociedades. Algumas dessas formas de sociabilidades, tais como as sociedades literárias, religiosas, maçônicas e filantrópicas, existiam desde a Colônia. Já as agremiações políticas aparecem pela primeira vez no Brasil, de acordo com Morel (2005), durante as Regências, dada a intensidade das transformações dos espaços públicos e da implementação da modernidade política acentuada naquele momento. A indefinição e a instabilidade política provocada pela abdicação do Imperador D. Pedro I parece ter dado grande impulso ao movimento associativo mineiro. Entre 1831 e 1838, foram criadas 37 sociedades em diversas localidades da Província que agregaram importantes políticos e intelectuais mineiros envolvidos tanto com a organização do Estado quanto com a instrução pública.

A *Sociedade Promotora da Instrucção Pública* de Ouro Preto foi a primeira a instalar-se em Minas. Fundada na capital da província mineira, em 27 de março de 1831, e presidida pelo Desembargador Manoel Ignacio de Mello e Souza, teve entre seus membros Bernardo Pereira de Vasconcelos, Herculano Ferreira Penna, José Bento Leite Ferreira de Mello e Luiz Maria da Silva Pinto. Sua capacidade de congregar políticos e intelectuais de diferentes localidades mineiras parece se dever ao fato de que estava instalada na capital e sede administrativa da província. Manoel Ignacio de Mello e Souza era à época da criação da *Promotora* de Ouro Preto, presidente da província mineira. Muitos de seus sócios foram contemporâneos no exercício de cargos no Legislativo e Executivo e suas trajetórias são marcadas por uma intensa atuação política no âmbito municipal, provincial e imperial. Essa assertiva é aplicável aos membros de diversas sociedades criadas em outras localidades da província.

A *Sociedade Pacificadora, Philantropica, e Defensora da Liberdade e Constituição* de Sabará foi criada em 1831; dentre o grupo que se associou para a sua fundação, destacava-se o Coronel Pedro Gomes Nogueira.[15] Em Mariana, o Padre Antônio José Ribeiro Bhering, Fortunato Rafael Arcanjo da Fonseca e Manoel Bernardo Acursio Nunan fundaram a *Sociedade Patriótica Marianense.* José Alcebíades Carneiro e Martiniano Severo de Barros criaram em São João del-Rei uma sucursal da *Sociedade Defensora da Liberdade e Independencia Nacional.* Na Vila do Príncipe (Serro), foi organizada em 2 de fevereiro de 1832, a *Sociedade Promotora do Bem Público,* por iniciativa de Theóphilo Ottoni. Mais ao norte, em Januária, o Padre José Antônio Marinho instituiu a *Sociedade Promotora da União e Defensora do Centro.* Ao sul da Província, na vila de Campanha, os irmãos Bernardo Jacintho da Veiga e Lourenço Xavier da Veiga criaram a *Sociedade Philantropica*[16] e uma filial da *Sociedade Defensora da Liberdade e Independencia Nacional.*[17] Outra filial da *Defensora* foi instituída em Pouso Alegre pelo Padre José Bento de Ferreira Mello.

Antônio José Ribeiro Bhering nasceu em Ouro Preto e faleceu em Mariana em 1856. Foi chantre da Sé em Mariana (VEIGA, 1998, p. 155) e professor de Retórica no seminário da vila, de onde foi demitido em 1830 por "ensinar doutrinas contrarias à religião e à constituição" (*O Universal*, n. 398, 1º fev. 1830). Foi Diretor e Vice-Diretor Geral de Instrução Pública na década de 1850. Foi membro do Conselho Geral da Província de 1830 até 1834, onde esteve intensamente envolvido com propostas relativas à instrução pública. Foi deputado da assembleia legislativa provincial na primeira (1835-1837), sexta (1846-1847), sétima (1848-1849), oitava (1850-1851) e nona (1852-1853) legislatura e da assembleia nacional de 1834 a 1837 (terceira legislatura) (*Revista do APM,* 1896, ano I, fasc. I). Colaborou na redação de vários jornais e redigiu, em Mariana, o *Homem Social,* publicado no ano de 1833 (VEIGA, 1998, p. 155) e manteve um gabinete de leitura em sua própria casa, onde disponibilizava os periódicos de São

[15] Para mais detalhes sobre a atuação desse importante político sabarense, ver Santos (2007).

[16] "1º Adiantar a instrucção do Paiz por meio de estabelecimento de aulas, emissão gratuita de periódicos e por todos os outros, que para o futuro estiverem ao alcance da Sociedade. 2º Socorrer a miséria e a indigência." (SP PP 1/7, cx. 01, pac. 05).

[17] SP PP 1/7 cx. 02 pac. 07.

Paulo, Rio de Janeiro e Minas para quem os quisesse ler, gratuitamente (*O Universal*, n. 398, 1º fev. 1830).

No ano de 1823, José Alcibíades Carneiro era morador de Itabira do Campo (atual Itabirito) onde exercia a função de professor público de Gramática Latina. Transferiu-se para Baependi e posteriormente para São João del-Rei onde também exerceu a advocacia e integrou-se à política. Foi vereador da Câmara Municipal de São João del-Rei nos anos de 1833, 1834 e 1835 e, em sessão da Câmara de 21 de maio de 1833, foi nomeado promotor público (JINZENJI, 2008, p. 90). Foi deputado provincial na primeira (1835-1837), segunda (1838-1839) e imperial na terceira legislatura (1834-1837) e nos anos de 1838 e 1839 (*Revista do APM*, 1896, ano I, fasc. I). Foi editor do periódico *Mentor das Brasileiras*, por meio do qual implementou um verdadeiro projeto de educação política e moral de mulheres,[18] e colaborou como redator do *Astro de Minas* (JINZENJI, 2008, p. 93).

José Antônio Marinho nasceu em 1803 na freguesia de Brejo Salgado, no norte de Minas, próxima ao São Francisco e faleceu em 1853, na capital do Império. De origem humilde, filho de roceiros mulatos, estudou graças a um padrinho rico que o matriculou no Seminário de Olinda e no Caraça. Nesse último foi professor de Filosofia devido ao bom desempenho nos estudos. Lecionou essa disciplina também em Congonhas, São João del-Rei e Ouro Preto. Foi Juiz de Paz na capital da província em 1834 e vereador em São João del-Rei (VALADÃO, 1955, p. 107). Foi deputado da assembleia provincial na primeira (1835-1837) e segunda (1838-1839) legislatura (*Revista do APM*, 1896, ano I, fasc. I). Foi redator do *Jornal da Sociedade Promotora da Instrucção Pública* de Ouro Preto (*Jornal da Sociedade Promotora da Instrucção Pública*, 15 dez. 1832, n. 27, p. 85).

José Bento de Ferreira Mello nasceu em Campanha em 1785 e faleceu em Pouso Alegre, em 1844. Recebeu formação eclesiástica em São Paulo e foi ordenado padre em 1809, tornando-se pároco de Pouso Alegre. Padre Bento envolveu-se intensamente com a política. Em sua cidade natal, foi vereador. Fez parte da Câmara Legislativa do Império, cumprindo mandato na primeira (1826-1829) e segunda (1830-1833) legislatura e

[18] Para mais detalhes, ver (JINZENJI, 2008).

não cumpriu a terceira porque foi nomeado senador em 1834. Foi membro do Conselho Geral da Província entre 1830 e 1833 (*Revista do APM*, 1896, ano I, fasc. II, p. 391). Estabeleceu uma oficina tipográfica, em Pouso Alegre, em 1830, de onde saíram o *Pregoeiro Constitucional,* órgão da sua *Defensora*, primeiro jornal do Sul de Minas editado durante 1831 e 1832, e o *Recompilador Mineiro,* entre 1833 e 1836, e também a Constituição de Pouso Alegre. Promoveu a instrução primária e secundária subvencionando professores de Francês e Latim às suas próprias expensas (VALADÃO, 1955, p. 414-447).

Manoel Ignacio de Mello e Souza (Barão de Pontal) nasceu em Valdez, Portugal, em 1781, e faleceu em Ponte Nova, Minas Gerais, em 20 de maio de 1859. Magistrado formado em Direito pela Universidade de Coimbra, foi Juiz de Fora em Goiás Velho, Desembargador Casa da Suplicação na Corte e Ouvidor da Comarca de São João del-Rey.[19] Membro da Junta Governativa Mineira de 1821-1823 e do Conselho Geral da Província mineira de 1826 a 1834. Foi Deputado à Assembleia Legislativa Provincial de Minas Gerais na primeira legislatura (1835-1837), na segunda legislatura (1838-1839) e na quarta legislatura (1842-1843). Membro da Câmara dos deputados do Império de 1826 a 1829, Presidente de Província em 1831, 1832 e 1833 e Senador do Império, de 1836 a 1859 .

Pedro Gomes Nogueira foi um importante político sabarense, ocupando o cargo de vereador na mesma vila durante vários anos (SANTOS, 2007). Foi eleitor paroquial da Primeira Junta do Governo Provisório de Minas Gerais (*Revista do APM*). Exerceu o cargo de Juiz de Fora e Juiz de Direito (*O Vigilante*, n. 79, 6 fev. 1833, p. 2). Pedro Gomes Nogueira era um dos homens fortes da *Sociedade Pacificadora* de Sabará e redator do jornal da sociedade *O Vigilante.* Após o encerramento das atividades dessa sociedade, adquiriu sua tipografia dando-lhe o nome de *Tipografia de Nogueira.* Político influente, usava os debates da Câmara sabarense para expressar suas ideias fortemente marcadas pelos pressupostos da *Sociedade Pacificadora.* (SANTOS, 2007).

Theóphilo Ottoni nasceu na Vila do Príncipe, atual cidade do Serro, em 1807, e morreu no Rio de Janeiro, em 1869. Formou-se na Academia

[19] Disponível em: www.senado.gov.br/sf/senadores/senadores_biografia. Acesso em 26 jun. 2009.

de Marinha do Rio de Janeiro. Voltou à cidade natal, em 1830, onde se estabeleceu como comerciante. Fundou uma tipografia e redigiu o periódico *Sentinella do Serro* até 1832. Foi Deputado Provincial na primeira (1835-1837), segunda (1838-1839) e quarta legislaturas (1842-1843), Deputado Imperial na quarta legislatura (1838-1841) e Senador de 1864 a 1869.

A partir das informações acima, podemos afirmar que os intelectuais mineiros atuaram ativamente no processo de estruturação do Estado no período regencial. Suas trajetórias convergem, entre outras coisas, porque estiveram intensamente engajados nos processos de constituição do Estado e organização da instrução pública, mas se interceptam em vários outros pontos. As informações, a data e o local de nascimento desses políticos e intelectuais nos permitem dizer que eles nasceram na última década do século XVIII ou primeira do século XIX e quase todos,[20] em Minas.[21] Todos possuem formação escolar completa. A maior parte é bacharel, três são padres e um é militar. Todos fizeram carreira política, a maioria no Legislativo.

Pedro Gomes e Manoel Ignacio iniciaram sua trajetória política ainda na regência do Príncipe Pedro. O nome de ambos consta na lista de eleitores paroquiais responsáveis pela eleição da primeira e da segunda Junta Governativa que administrou a província de Minas Gerais, respectivamente, entre 21 de setembro de 1821 e 23 de maio de 1822 e 23 de maio de 1822 e 29 de fevereiro de 1824.

Mello e Souza, Vasconcellos, Padre Bento, Alcebíades, Padre Bhering e Batista Caetano fizeram parte do Conselho Geral da Província de 1830 a 1833. Os dois últimos estiveram juntos novamente na Assembleia Legislativa Provincial de 1835 a 1837. Na segunda legislatura (1838-1839), Jacintho da Veiga, Silva Pinto, Ottoni e Padre Marinho se juntaram a eles. E alguns deles se encontraram novamente em legislaturas posteriores. Mello e Souza, Vasconcelos e Padre Bento também se encontraram na Câmara dos Deputados do Império na primeira legislatura (1826-1829). Batista

---

20 Não apresentarmos a biografia de Bernardo Pereira de Vasconcelos, Luiz Maria da Silva Pinto, Herculano Ferreira Penna e Bernardo Jacintho de Veiga, visto que se encontram em outros artigos deste livro.

21 Bernardo Jacintho da Veiga nasceu no Rio de Janeiro em 20 de junho de 1802 e morreu na mesma cidade, em 1845.

Caetano esteve com Vasconcelos e Mello e Souza na legislatura seguinte. Na terceira legislatura somaram-se a eles o Padre Bhering e Alcebíades.

A trajetória pessoal de Bhering, Marinho e de Alcebíades tem como ponto comum a docência no ensino público. Por sua vez, a de Pedro Gomes Nogueira se assemelha à de Vasconcelos, de Padre Bento e de Mello e Souza, visto que contribuíram com o desenvolvimento da instrução pública como membros do aparato estatal. O primeiro como vereador da Câmara de Sabará e o último como Presidente da Província, o segundo como Vice-Presidente e como membro do Conselho Provincial e o último pelo financiamento particular da instrução pública.

A trajetória de todos os membros do grupo converge na redação de periódicos. Assim nos parece que os caminhos de ambos se cruzam pelo interesse que manifestam pela instrução pública. Eles atuaram juntos não apenas nas associações, mas também em outros espaços de sociabilidades, como as câmaras municipais, o Conselho Geral da Província, a Assembleia Legislativa Provincial, as tipografias, por meio dos quais esses intelectuais mineiros constituíram, individual e coletivamente, mecanismos da ação política em prol da causa da instrução pública. Esses sujeitos uniram ao poder da palavra impressa as formas de sociabilidades institucionalizadas. Foram homens de letras que articularam suas práticas políticas no âmbito municipal, provincial e imperial e partilhavam uma arguta sensibilidade no que se refere ao poder da educação como um dos modos de construir um império ordeiro e civilizado.

ESTADO

Desde a Independência, a organização do Estado se colocou como um desafio para os intelectuais e políticos e caracterizou-se pela disputa de projetos político-culturais. O período regencial foi decisivo na definição do Estado nacional brasileiro. Essa fase da história brasileira se destaca pelo debate de diversos projetos de construção do Estado e pela participação social nas decisões políticas. O quadro histórico complexo compôs-se pelas controvérsias em torno da proeminência do Legislativo ou do Executivo, do papel político do imperador, da opção pelo federalismo ou pela centralização, somadas à indefinição em relação aos níveis de participação popular, às revoltas provinciais e à preocupação com o haitianismo. Grosso modo, foram essas as questões fundamentais que ocuparam as elites políticas e sociais (SILVA, 2002).

Nesse quadro encontramos as diversas questões com que lidaram os políticos e intelectuais e, por conseguinte, as associações em que se encontravam inseridos. Entre elas, a que nos parece mais aguda, se refere às revoltas provinciais e à insurreição de escravos, tal como ocorreu no Haiti, em 1794, o que impunha a necessidade de manutenção da ordem ou mesmo a criação de uma determinada ordem. Era preciso evitar que o movimento político de 7 de abril se transformasse em revolução social que comprometeria, entre outras coisas, a integridade do Império e a hierarquia social. O clima de insegurança era gerado, principalmente, pela desproporção entre uma minoria da população branca e proprietária em relação à uma maioria constituídas de escravos e de uma massa de pobres brancos, negros ou mestiços, livres ou libertos. Haviam um temor generalizado em relação às possibilidades de levantes dessa parcela da população. Em 21 de outubro de 1831, Alcebíades Carneiro, por meio de seu periódico O *Mentor das Brasileiras,* dizia o seguinte, a respeito:

> Temos notícias de que do Rio de Janeiro se tem mandado vários emissários para diversos pontos desta, e mais províncias do Império, os quaes vem encarregados de pregar as doutrinas sediosas e anarchicas. Hum ex-Estudante de São Paulo dizem se acha para as partes de S. Rita da Ibitipoca lendo aos povos a história do Hayti, como que para induzi-los à insurreição [...] (*Mentor das Brasileiras*, 21 out. 1831).

No bojo das lutas políticas características do período, essa parcela foi muitas vezes incitada ao levante pelos restauradores. A agitação que tomou conta da Vila de Mariana é indicativa disso.

> A pacifica Cidade de Marianna acha-se redusida áo estado mais lamentável! [...]. Os Cidadãos mais bem conceituados são insultados por magotes de homens armados que percorrem de noite pelas ruas sem algum respeito ás Leis! Brasileiros adoptivos que só devião promover a união com seus Concidadãos açulão a populaça, repartem nas suas tabernas bebidas espirituosas com os de sua facção; armão seos escravos, espalhão

> boatos alterradores; e ousão perturbar o socego daquelles, que são taxados Republicanos; O Povo assustado vio nesta noite os mais decisivos simptomas de uma *guerra civil*; [...]. (*O Universal*, n. 580, 11 abr. 1831).

Os intelectuais e os políticos congregados nas sociedades estavam engajados na tarefa de evitar a "anarquia" e "a guerra civil". Para tanto, o Alcebiádes Carneiro afirmava que "as *Sociedades Defensoras da Liberdade e Independencia Nacional* podem vigiar sobre esses agentes anarchistas, fazendo tolher seus planos, e se for possível denunciando às Autoridades públicas para que sejão punidos" (*O Mentor das Brasileiras*, 21 out. 1831).

Em 1831, a Câmara Municipal de Sabará recebeu um ofício da presidência da província alertando sobre a existência de partido que objetivava libertar os escravos. Tendo em vista a possibilidade de uma insurreição de escravos, uma das medidas tomadas pela Câmara sabarense foi a de orientar os Juízes de Paz dos distritos para a manutenção enérgica do sossego público. Pedro Gomes Nogueira solicitou que os funcionários municipais observassem as posturas municipais, no sentido de coibir todo tipo de manifestação, especialmente de escravos. Para isso era preciso evitar a aglomeração de pessoas em espaços públicos, como nas ruas e tabernas (SANTOS, 2007).

Melhor do que combater essas agitações, era evitá-las. Para isso os intelectuais e os políticos voltados para a estruturação do Estado Nacional brasileiro desenvolveram estratégias ou mobilizaram as já existentes de modo mais eficiente. Trata-se das leis, do trabalho e da educação como formas de ordenamento social. Como bem nos lembra Sérgio Adorno, diante de toda a sorte de inconformismos enfrentados pela sociedade brasileira entre os anos de 1831 e 1849, a alternativa dos proprietários rurais e negociantes para reestabelecer a tranquilidade pública consistia em recuperar ferozmente o império da lei (ADORNO, 1988, p. 49).

Pelo fato de ocuparem cadeiras nas instâncias do Legislativo, tais como as Câmaras Municipais, o Conselho Geral da Província, a Assembleia Legislativa Provincial e Imperial, os nossos intelectuais estavam intensamente envolvidos no processo de constituição de um aparato legal. Para garantir o império da lei, era preciso não apenas elaborá-las, mas também divulgar seu conteúdo. A tarefa se completava com o ato constante de publicar leis e decretos nas páginas dos jornais e imprimir "a Constituição do Imperio, e os Actos Legislativos mais importantes á Provincia, para os fazeres distribuir gratuitamente pela mocidade pobre, que frequentar as Escollas de primeiras Letras, e de Gramatica Latina" (*O Universal*, n. 634, 17 ago. 1831). A empreitada parece ter sido bem-sucedida, conforme nos revela a memória do mineiro Francisco Ferreira de Rezende:

> [...] Nasci e me criei no tempo da Regência; e que nesse tempo o Brasil vivia, por assim dizer, muito mais na praça pública do que no lar doméstico; ou, em outros termos, vivia em uma atmosfera tão essencialmente política que o menino, que em casa muito depressa aprendia a falar liberdade e pátria, quando ia para escola, apenas sabia soletrar a doutrina cristã, começava logo a ler e escrever a constituição política do império. (RESENDE, 1988, p. 53).

Entre a elite dirigente e proprietária e os escravos existia um grupo intermediário constituído de pessoas livres ou libertas com a qual os políticos e intelectuais se mostravam extremamente preocupados pela sua propensão a toda sorte de crimes, à vadiagem e aos deslocamentos constantes.

No dia 16 de dezembro de 1831, o Conselheiro José Ignacio do Couto Moreno, membro da *Sociedade Promotora da Instrucção Pública* de Ouro Preto, apresentou ao Conselho Geral uma proposta de repressão à vadiagem por meio do trabalho. A proposta consistia em orientar os Juízes de Paz a fazerem um levantamento das pessoas de ambos os sexos com idade entre 10 e 50 anos "que não sendo proprietários ou não vivendo de outra profícua, conhecida e licita indústria ou ofício, estão sem amo ou se não ocupam proveitosa e continuadamente" e encaminhá-los ao trabalho na terra ou aos ofícios mecânicos (VEIGA, 1998, p. 1.060). A proposta se justificava pelo fato de que "mais da metade da população habitante desses vastíssimos e pingue sertões vive em perfeita ociosidade e inação [...] esses homens podendo e devendo ser venturosos e utéis a si e seus concidadãos se tornam seu flagelo; por isso mesmo que não se prestando a estipêndio algum, para os necessários misteres da agricultura, comércio e artes, eles são facílimos em cometer e auxiliar todo gênero de atentados (Idem, p. 1.059).

EDUCAÇÃO

No conjunto de estratégias mobilizadas pelos intelectuais e políticos, a educação num sentido amplo, de reforma dos costumes e do espírito, não como prerrogativa única e exclusiva da escola, aparece com destaque. Nesse sentido, a imprensa, as bibliotecas e a escola foram meios de educar o povo impedindo que ele se desviasse dos caminhos pretendidos.

Imprensa

A dimensão educativa da imprensa, a crença no poder da palavra impressa no aprimoramento da sociedade, por meio da circulação de ideias, consolidou-se no final do período colonial. Esse potencial educador é consequência da adoção do jornalismo, pelo Iluminismo, como instrumento para mudar as ideias e as maneiras das pessoas comuns. Assim o jornal tinha o poder de influenciar os costumes e a moral pública, discutindo questões sociais e políticas e atingindo até mesmo aqueles que não sabiam ler, visto que a leitura coletiva e em voz alta era comum na época. A imprensa constituiu-se como estratégia importante na construção da direção intelectual e moral da sociedade[22] num momento em que o alcance da instrução pública era pequeno.

Imbuídas de uma tarefa pedagógica, filantrópica e civilizadora, as associações tinham intenção de editar jornais (SP PP1/42 cx.01, pac. 41) e distribuí-los gratuitamente (SP PP 1/7 cx. 01 pac. 02). Várias associações criaram seu próprio periódico, conforme noticiou *O Universal*:

> O jornalismo vai ser augmentado na nossa Provincia com mais quatro Periodicos. Em Marianna consta que está para sahir a luz um Jornal protegido por uma Sociedade de Patriotas, que se cotisarão para o fim de comprar uma Tipografia, e alli estabellecerem o seu Periodico. Na Campanha havia de apparecer no dia 25 de Março um novo Jornal politico. No Sabará brevemente se hade publicar o Jornal da Sociedade Filantropica, que a expensas de seus Membros mandou vir uma Tipografia da Corte, e já partio para aquella Villa. Em a nossa Cidade se diz que apparecerá tambem o Jornal da Sociedade Promotora da Instrucção

[22] Wlamir Silva (2002) afirma que, entre 1830 e 1837, em Minas Gerais, essa direção foi determinada pela elite liberal-moderada.

Publica em o dia 25 de Março, anniversario da sua installação (*O Universal*, n. 726, 21 mar. 1832).

A *Sociedade Promotora da Instrucção Publica* de Ouro Preto criou o *Jornal da Sociedade Promotora da Instrucção Publica; O Vigilante* era o órgão da *Sociedade Pacificadora, Philantropica e Defensora da Liberdade e da Constituição* de Sabará; a *Sociedade Defensora da Liberdade e da Independencia Nacional* de Campanha se expressava por meio do *Opinião Campanhense*; o periódico *Sentinela do Serro* esteve vinculado à *Sociedade Promotora do Bem Público* (VEIGA, 1898); e o *Pregoeiro Constitucional* à *Sociedade Defensora da Liberdade e Independencia Nacional* de Pouso Alegre (PASCOAL, 2007). Além desses, outros jornais não vinculados diretamente às associações foram criados.[23] Eles foram a estratégia de convencimento mais importante na disputa política que caracterizou o período regencial principalmente nos primeiros anos.

Conforme Moreira (2006), a produção das tipografias mineiras, em suas diversas formas[24] e conteúdos, permite perceber a "inserção dos impressos como uma força ativa na vida política do Império do Brasil" e, por que não dizermos, como agente cultural, mobilizador de opiniões e propagador de ideias. Diante do exposto, podemos pensar na dimensão educativa da imprensa à medida que é possível conceber os impressos que circularam na província mineira, considerando as questões atinentes à sociedade, ao Estado em construção, como estratégia de formação de ideias, ideais e comportamentos.

Escolas

As ações dos políticos e intelectuais, congregados em sociedades, deram-se no sentido de organizar o serviço de instrução pública,[25] visto

[23] Xavier da Veiga (1898) informa que entre 1831 e 1840 foram criados onze jornais em Minas.

[24] Além de jornais, as tipografias das sociedades ou outras a elas ligadas imprimiam folhetos, tabelas e compêndios (SP PP 1/42 e SP IP 3/2) como os da Constituição do Império e das Leis Mineiras distribuídos para a população e para as escolas para serem usados como material didático (CMOP 1/10, cx.01, pac. 59).

[25] Aqui, utilizamos esse termo no sentido correlato ao do termo escolarização, entendido como: "Estabelecimento de processos e políticas concernentes à 'organização' de uma rede – ou redes – de

que era tida como das vias de estruturação do Estado. Tal organização foi marcada pela busca do ordenamento legal e pelos investimentos financeiros no sentido da ampliação do acesso da população pobre e livre às escolas. As câmaras municipais, os Juizes de Paz e as associações também foram importantes agentes desse processo.

A despeito da importância da escola naquele momento, escolarizar a população não era tarefa fácil,[26] além de trabalhoso, era, sobretudo, dispendioso. As dificuldades enfrentadas no processo de expansão da escola pública são recorrentes nas atas e correspondências das câmaras, em relatório de presidentes da presidência e de delegados de círculos literários e em ofícios de professores. Além dos altos custos da instrução, o governo ainda enfrentava a pobreza das famílias que não mandavam seus filhos à escola por não terem como vesti-los adequadamente; dar-lhes papel, pena e tinta; e ainda por terem que se valer do trabalho deles para garantir-lhes o sustento.

Diante desse quadro, a escolarização ainda era incipiente. Devido à precariedade do serviço de instrução pública e sua importância para a formação do Estado, as sociedades buscaram contribuir para seu desenvolvimento. A *Sociedade Pacificadora, Philantropica, Defensora da Liberdade e da Constituição* de Sabará pretendia "promover estabelecimentos de Instrução Pública e velar sobre a economia interior destes" (SP PP 1/7 cx. 01 pac. 03). A *Sociedade Philantropica* de Campanha aspirava "adiantar a instrução do País por meio de estabelecimento de aulas" (SP PP 1/7 cx. 01 pac. 02).

As associações também doaram impressos às escolas públicas e materiais aos alunos pobres que as frequentavam. A *Sociedade Promotora da Instrucção Publica* de Ouro Preto ofereceu à Câmara Municipal 50 exemplares do folhetinho *Sciencia do bom homem Ricardo,* "utilíssima à mocidade brasileira" para serem distribuídos pelas escolas de Primeiras Letras da

---

instituições mais ou menos formais, responsáveis seja pelo ensino elementar da leitura, da escrita, do cálculo e, no mais das vezes, da moral e da religião, seja pelo atendimento em níveis posteriores e mais aprofundados." (FARIA FILHO, 2002, p. 16).

[26] Ampliar o acesso à escola significava abrir escolas, provê-las de materiais e mantê-las funcionando, contratar, habilitar e pagar professores, estabelecer métodos de ensino e conteúdo curricular, definir as condições de acesso e garantir a permanência do aluno na escola.

cidade (CMOP 1/10, cx. 01, pac. 52). Enviou também "nove coleções de tabelas da Constituição Política do Império" para o mesmo fim (CMOP 1/10, cx. 01, pac. 59). A doação de folhetos e tabelas pode parecer algo sem importância se ignorarmos o fato de que muitas escolas não funcionavam por falta desses materiais, sobretudo as tabelas do método mútuo, que eram muito caras.

Ainda no sentido de coadjuvar no desenvolvimento da instrução pública, a *Sociedade Promotora da Instrucção Publica* enviou uma "carta dirigida aos Srs. Representantes da província de Minas Gerais" pedindo a destinação de recursos do orçamento provincial à compra daqueles materiais para alunos pobres (*O Universal* n. 1146, 18 fev. 1835) e foi atendida [Lei nº 80, de 1837; *O Universal* n. 59, 26 jun. 1837].

Bibliotecas

A pequena quantidade de Escolas de Primeiras Letras levou à criação de outros espaços de acesso à cultura escrita, como as bibliotecas, os gabinetes de estudo e as sociedades literárias. Eram espaços de sociabilidades estabelecidos a partir do desejo de implantar no Brasil o modelo de civilização europeia e da necessidade de difundir a cultura política liberal que permitiram a ampliação do acesso à cultura escrita.

Na primeira metade do século XIX, o analfabetismo no Brasil atingia índices superiores a 60% da população e mesmo entre aqueles alfabetizados, os níveis de domínio das habilidades de leitura e escrita eram variáveis. Tal situação foi consequência da condição colonial e pós-colonial e também reflexo do modelo elitista de alfabetização ibérico (MORAIS, 2002; VILLALTA, 1997). A despeito do reservado domínio das habilidades de leitura e escrita e da posse restrita de livros, na capitania de Minas Gerais a propriedade de livros se disseminou mais que em outras capitanias favorecida pela constituição de uma civilização urbana e do expressivo setor de serviço (VILLALTA, 1997, p. 362). No entanto Minas Gerais não dispunha de gabinetes de leitura nem de livrarias públicas, já bem entrado o primeiro reinado.[27]

[27] "Entre 1823 e 1825 funcionou na capital da província a Sociedade Literária que se dedicou à formação de uma biblioteca, numa clara perspectiva de difusão das *Luzes*" (MOREIRA, 2006,

No período regencial foram criadas duas bibliotecas públicas em Minas Gerais: A Biblioteca Pública de Ouro Preto e a de Mariana. A de Ouro Preto foi fundada pela *Sociedade Promotora da Instrucção Pública* (*O Universal*, n. 576, 28 mar. 1831) e a de Mariana, pela *Sociedade Patriótica Mariannense* (SP PP 1/7 cx.01 pac.19).

> Annuncios
> Hoje ás 5 horas da tarde se hade abrir a Bibliotheca Pública da Imperial cidade do Ouro-preto na caza N. 11 da Rua do Ouvidor.
> [...] As pessoas que quiserem assistir á abertura sâo convidadas para comparecer na sobredita caza ás horas indicadas. (*O Universal*, n. 575, 25 mar. 1831).

Assim era anunciada a 25 de maio de 1831, na capital da província mineira, a inauguração da Biblioteca Pública de Ouro Preto, segunda de Minas Gerais e quarta do Brasil.

"Nesse mesmo dia 25 ao anoitecer se abriu a Biblioteca Pública, como havia sido anunciado" (*O Universal*, n. 576, 28 mar. 1831). A data não foi escolhida por acaso. Naquele dia comemorou-se o sétimo aniversário da "Constituição Política do Império do Brasil". Ao amanhecer houve uma salva de artilharia, depois um cortejo. "A noite toda a cidade se illuminou", no que se destacou a câmara, o quartel da cavalaria e a infantaria, iluminados desde o dia anterior, e ainda a casa de alguns cidadãos (*O Universal*, n. 576, 28 mar. 1831).

A abertura da biblioteca foi produzida pelos intelectuais e políticos envolvidos no empreendimento, como um evento social importante na cidade de Ouro Preto:

> Houve um grande concurso de pessoas assistentes; e se bem que ela não oferece ainda todas aquelas vantagens, que a instrucção publica pode colher de tão util estabelecimento, esperamos, todavia que para o futuro chegue áquele grau de perfeição que se deseja. (*O Universal*, n. 576, 28 mar. 1831).

---

p. 144). Em 19 de agosto de 1827, foi inaugurada a Livraria Pública de São João del-Rei, criada por iniciativa de Batista Caetano de Almeida (MORAIS, 2002, p. 68-77).

Na solenidade de abertura, o sócio fundador e secretário da *Sociedade Promotora da Instrucção Publica*, Francisco de Paula Santos, proferiu um discurso, marcadamente político, em que enfatizou a alegria de viver em um império livre do despotismo. Defendeu a difusão dos conhecimentos a todas as pessoas, mas de maneira diferenciada, conforme a origem social e o talento de cada um *(O Universal*, n. 576, 30 mar. 1831).

A Biblioteca Pública de Ouro Preto funcionava na casa n. 11 da Rua do Ouvidor, e permanecia aberta cinco horas por dia. Nela poderiam "ler gratuitamente todas as pessoas, que quiserem, uma vez que guardem as regras policiais estabelecidas pela Administração" (Estatuto da Sociedade Promotora da Instrucção Publica,[28] § 1º do Artigo 5º; SPPP 1/42 cx 01 pac.41, *O Universal*, n. 634, 17 ago. 1831). No estabelecimento encontravam-se à disposição da população de Ouro Preto, "além dos livros que nela existem, os Periodicos dessa Provincia, com mui poucas excepções, a maior parte dos do Rio de Janeiro, e alguns da outras Provincias" (*O Universal*, n. 576, 28 mar. 1831). A leitura poderia ser individual e silenciosa, mas havia também a possibilidade da leitura pública, coletiva e em voz alta, em especial de periódicos (*O Universal*, n. 583, 18 abr. 1831).

O acervo da Biblioteca Pública de Ouro Preto foi constituído por meio de compras, doações e empréstimos.[29] Na década seguinte o Presidente da Província, Quintiliano José da Silva, em seu relatório, dava a seguinte notícia sobre o acervo:

> Existe n'esta capital huma porção de livros, pertencentes á Biblioteca aqui fundada pela extinta Sociedade Promotora da Instrução Publica. Esta biblioteca depois de ter passado por diversas crises, teve afinal a mesma sorte da Sociedade que com tanto desvelo e patriotismo a tenha fundado. Tomando conta da Administração da Provincia, achei estes livros (entre os quaes se vêem muitas obras interessantes) atirados na Capella do Palacio do Governo, servindo de pasto ás traças e estragando-se completamente.

---

[28] Algumas vezes designaremos a Sociedade Promotora da Instrução Publica de Ouro Preto pela sigla SPIP.

[29] Sobre o acervo de periódicos, em especial o mais importante jornal mineiro *O Universal*, Luciano Moreira (2006) afirma que os exemplares cuidadosamente guardados pela Sociedade Literária, que existiu em Minas entre 1823 e 1825 foram repassados à Biblioteca Pública de Ouro Preto, em 1831.

> Não querendo que elles se perdessem de todo mandei-os transferir para a caza do cidadão Bernardo Xavier Pinto de Souza que se obrigou gratuitamente de te-los em boa guarda, conserva-los e mesmo franquear sua leitura com as devidas cautelas, a quem os procurasse (Falla dirigida á Assembléa Legislativa Provincial de Minas Geraes, pelo presidente da provincia Quintiliano José da Silva, 1846.).

O último registro histórico sobre o acervo da Biblioteca Pública de Ouro Preto que encontramos nos foi oferecido por Xavier da Veiga (1896), que nos informa que os volumes de jornais enviados ao Arquivo Público Mineiro, na ocasião da formação de seu acervo, foram recolhidos da Biblioteca da antiga capital da Província. Assim a Biblioteca Pública de Ouro Preto, fundada pela Sociedade Promotora da Instrucção Publica, contribuiu decisivamente para a formação do acervo do Arquivo Público Mineiro, criado em 1895, que

> conservou a versão manuscrira e impressa dos "Actos contitucionaes, legislativos e governativos concernentes ao Estado e ás antigas Provincia e Capitania, mas também outros titulos historicos de nossa existencia [...]" (VEIGA, 1896, p. III).

CONSIDERAÇÕES FINAIS

A partir do que discutimos, percebemos o importante papel desempenhado pelas sociedades no processo de construção do Estado imperial, com destaques para as diferentes estratégias de atuação sobre a população. Nelas reuniram-se, em torno de projetos comuns, políticos e intelectuais de destaque no período imperial, tais como Bernardo Pereira de Vasconcelos, Teóphilo Ottoni, Manoel Ignacio de Mello e Souza, Bernardo Jacintho da Veiga, Luiz Maria da Silva Pinto, Batista Caetano de Almeida, José Ribeiro Bhering, entre outros.

Esses políticos e intelectuais, em virtude de sua tarefa de construção do Estado, foram agentes privilegiados no pensar e direcionar os rumos da educação em Minas Gerais. Detentores de diversos saberes, como o jurídico, o jornalístico e o pedagógico, a partir de uma rede de relações sociais, foram capazes de inventar um lugar para a sua fala, para fazer circular esses saberes. Na qualidade de criadores, portadores e circuladores de ideias, eles contribuíram para a configuração e para a conformação do Estado imperial brasileiro e da educação.

REFERÊNCIAS:

Fontes

MINAS GERAIS. Instrução pública. *Correspondências recebidas pela presidência da Província* (1823-1852). SP PP 1/42, caixas 1-14. Arquivo Público Mineiro (APM).

MINAS GERAIS. *Instrução pública.* SP IP3/2, caixas 1, 2 e 3. APM.

MINAS GERAIS. Sociedades Políticas, literárias e musicais. *Correspondências recebidas pela presidência da Província* (1823-1852). SP PP 1/7, caixas 1-2. APM.

MINAS GERAIS. *Correspondências recebidas pela* Câmara Municipal de Ouro Preto. CMOP 1/10, cx. 01. APM.

JORNAL DA SOCIEDADE PROMOTORA DA INSTRUÇÃO PÚBLICA. Ouro Preto, MG, 1832-1834. Fundação Biblioteca Nacional.

O MENTOR DAS BRASILEIRAS. São João del-Rei, Fundação Biblioteca Nacional.

O UNIVERSAL. Ouro Preto. 1825-1842. Hemeroteca Pública Assis Chateaubriand. Disponível em: http://www.siaapm.cultura.mg.gov.br/modules/jornaisdocs.

O VIGILANTE. Sabará, 1833-1835. Fundação Biblioteca Nacional – FAFICH/UFMG.

Relatórios e falas dos presidentes de província mineira do período. Falas e relatórios. Disponíveis em: http://www.crl.edu/content/brazil/mina.htm.

REZENDE, Francisco de Paula Pereira. *Minhas recordações*. Belo Horizonte: Itatiaia; São Paulo: Ed. da Universidade de São Paulo, 1988.

VALADÃO, Alfredo. Vultos nacionais. Rio de Janeiro: José Olympio, 1955.

VEIGA, José Pedro Xavier da. A imprensa em Minas Gerais. *Revista do Arquivo Público Mineiro,* Belo Horizonte: Imprensa Oficial, 1898, Ano III, p. 169-250,

VEIGA, José Pedro Xavier da. Ephemérides Mineiras (1664-1897). Belo Horizonte: Centro de Estudos Históricos Culturais, Fundação João Pinheiro, 1998.

VEIGA, José Pedro Xavier da. Palavras Preliminares. Revista do Arquivo Público Mineiro, Belo Horizonte: Imprensa Oficial, 1896a, ano I, fasc. I, p. I-VI.

VEIGA, José Pedro Xavier da. Primeiras Administrações em Minas Gerais. Revista do Arquivo Público Mineiro, Belo Horizonte: Imprensa Oficial, 1896b, ano I, fasc. I, p. 97-117.

VEIGA, José Pedro Xavier da. Primeiras Administrações em Minas Gerais Conselho Geral da Província. Revista do Arquivo Público Mineiro, 1896c, ano I, fasc. II, p. 391-397.

VEIGA, José Pedro Xavier da. Representantes de Minas Gerais eleitos entre 1821-1896. Revista do Arquivo Público Mineiro, Belo Horizonte: Imprensa Oficial, 1896d, Ano I, fasc. I, p. 2-97.

BIBLIOGRAFIA:

ADORNO, Sérgio. *Os aprendizes do poder*. Rio de Janeiro: Paz e Terra, 1988.

ALONSO, Ângela. *Idéias em movimento*: A geração 1870 na crise do Brasil-Império. São Paulo: Paz e Terra, 2002.

BOURDIEU, Pierre. *Coisas ditas*. São Paulo: Brasiliense, 1990.

JINZENJI, Mônica Yumi. *Cultura Impressa e Educação da Mulher*: Lições de política e moral no periódico mineiro O Mentor das Brasileiras (1829-1832). 2008. Tese (Doutorado em Educação) – Faculdade de Educação, Universidade Federal de Minas Gerais (UFMG), Belo Horizonte, 2008.

MORAIS, Christianni Cardoso. *Para o aumento da instrução da mocidade da nossa pátria*: estratégias de difusão do letramento na Vila de São João Del Rey (1824-1831). 2002. 198f. Dissertação (Mestrado em Educação) – Faculdade de Educação da UFMG, Belo Horizonte, 2002.

MOREIRA, Luciano Silva. *Imprensa e política*. 2006, 271 f. Dissertação (Mestrado em História) – Faculdade de Filosofia e Ciências Humanas da UFMG, Belo Horizonte, 2006.

MOREL, Marco. *As transformações dos espaços públicos*. Imprensa, Atores Políticos e Sociabilidade na Cidade Imperial (1820-1840). São Paulo: Hucitec, 2005.

PASCOAL, Isaías. José Bento Leite Ferreira de Melo, padre e político: o Liberalismo moderado no extremo sul de Minas Gerais. *Varia História*, Belo Horizonte, v. 23, n. 37, p. 208-222, jan./jun. 2007.

SIRINELLI, Jean François. Os intelectuais. In: REMOND, R. (Org.). *Por uma história política.* Rio de Janeiro: Fundação Getúlio Vargas, 2003. p. 231-269.

SANTOS, Marileide Lopes dos Santos. *Educação, assistência e sociabilidade*: o governo dos pobres em Sabará/MG (1832-1860). 2007. (Mestrado em Educação) – Faculdade de Educação da UFMG, Belo Horizonte, 2007.

SILVA, Wlamir. Liberais e povo: a construção da hegemonia liberal-moderada na província de Minas Gerais. 2002. Tese (doutorado) – Instituto de Filosofia e Ciências Sociais da Universidade Federal do Rio de Janeiro, Rio de janeiro, 2002.

VILLALTA, Luiz Carlos. O que se fala e o que se lê: língua, instrução e leitura. In: SOUZA, Laura de Mello e. (Org.). *História da vida privada no Brasil:* cotidiano e vida privada na América Portuguesa. São Paulo: Companhia das Letras, 1997. v. 1, p. 331-386.

"A PASSOS LENTOS, COM ESFORÇOS REDOBRADOS": A ATUAÇÃO DE POLÍTICOS E INTELECTUAIS NO PROCESSO DE ESCOLARIZAÇÃO DA PROVÍNCIA MINEIRA (1830-1840)

Fabiana da Silva Viana

Nas décadas que se seguiram à Proclamação da Independência do Brasil, a instrução pública foi tema amplamente discutido em periódicos e nas sessões das Assembleias Legislativas Provinciais (VIANA, 2006; MATTOS, 1994). Como tantas outras medidas e estratégias adotadas pelos dirigentes das províncias (mapeamento do território e da população, estabelecimento de leis, nomeação de funcionários, etc.), a organização do serviço de instrução pública foi componente do processo de formação do Estado imperial brasileiro. Da forma como foi pensada pelas elites políticas e intelectuais, a instrução pública serviria à formação dos cidadãos e à difusão de civilidades. Fundamentando-se na crença de que a escolarização era a única forma de constituir uma nação civilizada ao moldes europeus, essas elites se empenharam, então, na defesa da escola e na divulgação dos saberes elementares pelo interior das províncias.

Em Minas Gerais, a partir de 1834,[30] o governo provincial se dedicou à elaboração de uma legislação específica para o ensino, determinando os conteúdos escolares, a obrigatoriedade da instrução primária para

[30] Em 1834, na Regência Trina Permanente, foi promulgado o Ato Adicional à Constituição de 1824. Neste dispositivo legal, o governo imperial determinava que a organização político-administrativa das províncias seria responsabilidade das Assembleias Legislativas Provinciais.

meninos entre 8 e 14 anos de idade e a nomeação de delegados literários e visitadores parciais para a fiscalização das aulas de Primeiras Letras.[31] Para dar regularidade ao serviço de instrução pública, esses fiscais deveriam corresponder-se constantemente com a presidência da província, enviando informações circunstanciadas a respeito das escolas, dos professores e dos alunos. Procurei dar mais atenção a essa documentação, tanto pela riqueza de detalhes quanto pela maneira como os delegados literários apresentavam a dinâmica tensa e conflituosa que envolvia professores, autoridades locais, alunos e pais de família.

No processo de pesquisa, foi possível identificar o envolvimento de muitos desses funcionários com as discussões em defesa da escolarização das populações pobres e com as medidas adotadas pelo governo provincial para o controle da "inquieta e heterogênea"[32] população mineira. É importante pontuar também a existência, junto das correspondências dos delegados, de ofícios de professores, visitadores parciais, párocos e vigários, juízes de paz e pais de família, que, lidos dentro de uma organização serial, permitem verificar o debate realizado acerca da instrução pública reverberando em diferentes vilas e povoados da província de Minas Gerais.

OS DELEGADOS DOS CÍRCULOS LITERÁRIOS

Em decorrência da Lei Mineira n. 13 de 1835, os distritos e vilas foram divididos em quinze Círculos Literários, cada um sendo representado por um delegado.[33] A nomeação desses funcionários acontecia segundo a percepção de que as elites políticas, econômicas e intelectuais possuíam a missão de civilizar a sociedade e segundo a sua inserção em redes clientelísticas. Em sua maioria, esses funcionários possuíam diversas outras ocupações, como fazendeiros, membros da Guarda Nacional, deputados provinciais e vereadores; daí o envolvimento deles com as disputas políticas que movimentaram o período das Regências e sua participação nas tentativas de controle e ordenamento da população e do território mineiro.

---

[31] MINAS GERAIS. Lei Mineira nº 13 de 29 de março de 1835.

[32] DUARTE, 1995, p. 43.

[33] VIANA, 2006.

Richard Graham (1996, p. 18), analisando as correspondências particulares de proprietários de terra que compunham o quadro da elite política nacional, revela a importância das relações entre "clientes" e "patrões" na modelação da política interna do País. No Brasil, a presença de um agudo senso de hierarquia social e a prática corrente de prestar favores em troca de lealdade estimularam a constituição de relações pautadas em formas políticas clientelísticas. O clientelismo "significava tanto o preenchimento de cargos governamentais quanto a proteção de pessoas humildes mesmo trabalhadores agrícolas sem terra".

Regina Horta Duarte (1995), analisando periódicos e relatórios de presidentes da província de Minas Gerais, encontrou resultados semelhantes aos de Richard Graham e indicou, ainda, para a maneira como essas relações de dependência influenciavam as ações dos agentes do governo. Segundo a autora, no trabalho de qualificação e quantificação do território e da população mineira, tais agentes se mantinham fiéis ao grupo político do qual provinham e nem sempre obedeciam aos preceitos estabelecidos a partir do modelo burocrático. Todavia, mesmo que houvesse o fortalecimento do clientelismo, estas relações políticas coexistiam com as aspirações de um governo impessoal e pautado nos interesses da nação. Nas falas presidenciais e nos documentos legais, foi possível verificar que as décadas de 1820 e 1830 se caracterizaram, não só pelas manifestações políticas e sociais, mas também pelo estabelecimento de diretrizes para o governo das populações. Como identificou Duarte, "entre a eficácia pretendida pelos discursos governamentais e a real implantação dessas medidas há uma série de problemas. Entretanto, acreditamos que tais discursos não são simplesmente falsos, mas trazem as intenções e as estratégias dos agentes envolvidos nesse processo histórico".[34]

Adotando esta perspectiva, proponho o exame da trajetória de quatro indivíduos: Luiz Maria da Silva Pinto, Bernardo Jacintho da Veiga, Fortunato Rafael Arcanjo da Fonseca e Herculano Ferreira Penna. A princípio eles foram identificados no conjunto de correspondências de delegados literários; na medida em que outras fontes foram sendo incorporadas à pesquisa, encontrei vários outros registros recorrentes a respeito da presen-

[34] DUARTE, 1995, p. 77.

ça e atuação desses indivíduos por diferentes espaços e funções públicas. Referenciando-me nas reflexões de Bruno Bomtempi, no texto "Roldão Lopes de Barros: um intelectual?", compreendo que esses indivíduos eram "homens do político e do cultural", produtores e consumidores, criadores e mediadores de ideologia. Suas manifestações públicas revelam o significado que, na posição de intelectuais, eles atribuíram às "produções culturais" com as quais estiveram envolvidos.

Luiz Maria da Silva Pinto era proprietário da Typographia de Silva, localizada em Ouro Preto, onde poderiam ser encontrados materiais impressos próprios às aulas de instrução elementar. Em setembro de 1837, o delegado Fortunato Rafael Arcanjo da Fonseca enviava à presidência uma relação de materiais para serem comprados e distribuídos entre as escolas públicas primárias do 2º Círculo Literário. Nessa relação o delegado indicava o preço a ser despendido "*para comprar na Tipografia de Silva Pinto* compendios de Doutrina Christã, taboadas impressas, e alguns folhetos."[35]

Em sua tipografia, também poderia ser encontrado o "Compendio Explicativo sobre o methodo do Ensino mutuo" (1828), escrito pelo professor Jose Carlos Marink, e a "Lista de Castigos Lancasterianos – Em consequencia da Resolução do Exmo. Conselho do Governo da Provincia de Minas Gerais, mandado executar pelos Mestres de primeiras letras e de gramatica latina" (1829). A respeito da publicação desses escritos, Inácio (2003) diz fazer parte de um conjunto de estratégias voltadas para a implantação na província do método de ensino Lancasteriano. Tal método propunha não apenas novas maneiras de organizar o espaço e o tempo escolar, mas um sistema de recompensas e punições eficazes ao ponto de substituírem os castigos físicos adotados pelos mestres de Primeiras Letras.

Em janeiro de 1835, Luiz informava ao Presidente da Província que, segundo resolução do "Conselho", ele havia publicado os "Compendios Elementares, pelos quaes a Mocidade fosse uniformemente instruida nas Escollas do Ensino Mutuo, e individual". Sem dispêndio ou adiantamento

[35] CORRESPONDÊNCIAS... Mariana, 9 de setembro de 1837 (SP PP 1/42, caixa 09, pacotilha 10) (grifo meu).

da Fazenda Pública, dizia ele ter impresso o número de exemplares correspondentes às escolas da província e ter levado "áo prelo um Diccionario portatil da Lingua Nacional, e a Grammatica Latina, compendiada por um Mineiro, no intuito de coadjuvar a Arte de escrever". O proprietário da tipografia lembrava ao presidente seu empenho, mas argumentava também a favor de suas publicações, ressaltando que a maior parte dos professores "não faziam uso da Ortoghafia, adiantando-se ate alguns a adoptarem a Grammatica de differentes Authores".[36]

Em janeiro de 1835, Luiz foi nomeado Delegado do 1º Círculo Literário, permanecendo nesse cargo por apenas dois meses. Durante esse tempo, elaborou um extenso relatório a respeito da "actual pratica de ensino" da escola de ensino mútuo de Ouro Preto. Nesse documento, o delegado indicava os problemas com o método de ensino e fazia algumas sugestões para seu melhoramento. Defendia, ainda, o fornecimento periódico de tabelas, traslados, compêndios e outros materiais às escolas primárias, argumentando sobre a raridade de livros e materiais impressos.

> Essas Tabelas, Traslados, e Compendios impressos e estampados, são igualmente precisos nas Escollas do Ensino individual, ainda particulares, para acautelar a penuria ocurente; e sem duvida os Pais, e Educadores se prestarão á tenue despesa, logo que existão disponiveis; resultando a vantagem de uma instrucção unisona, sobre extractos designados pelo Governo, e relativos aos deveres da sociedade [...][37]

Como podemos observar no Quadro 1, Luiz fora Major na Guarda Nacional, Deputado Provincial por onze anos e voluntário no mapeamento e na elaboração de estatísticas provinciais.

QUADRO I

[36] CORRESPONDÊNCIAS... Ouro Preto, 14 de janeiro de 1835 (SP PP 1/42, caixa 02, pacotilha 16).

[37] CORRESPONDÊNCIAS... Ouro Preto, 22 de junho de 1835 (SP PP 1/42, caixa 02, pacotilha 63).

Major Luiz Maria da Silva Pinto

ANO	OCUPAÇÕES
1835	NOMEADO DELEGADO DO 1º CÍRCULO LITERÁRIO
1838-1849	DEPUTADO DA ASSEMBLEIA LEGISLATIVA PROVINCIAL
1842	MEMBRO DA COMISSÃO DE MAPEAMENTO DA PROVÍNCIA
1853-1854	ATUA NA ELABORAÇÃO DE ESTATÍSTICAS

Fontes: REVISTA... 1896; FALLA... 1842; HALFELD e TSCHUDI (1998); CORRESPONDÊNCIAS... 1835 (SP PP 1/42, caixa 02).

Embora seja possível afirmar que sua preocupação com a uniformização do ensino se relacionava ao interesse em ampliar o número de impressões de sua tipografia, é relevante considerar sua participação nas discussões favoráveis à extensão do serviço de instrução pública, à melhoria do trabalho nas aulas e à divulgação e uniformização dos conteúdos escolares.

Bernardo Jacintho da Veiga, como apresentamos no Quadro 2, foi eleito Deputado na Assembleia Legislativa Provincial, nomeado Delegado do 11º Círculo Literário e Presidente da Província, por duas vezes.

QUADRO 2
Bernardo Jacintho da Veiga

ANO	OCUPAÇÕES
1835	DEPUTADO DA ASSEMBLEIA LEGISLATIVA PROVINCIAL E MEMBRO DA COMISSÃO ELEITA PARA ASSUNTOS DE INSTRUÇÃO PÚBLICA
1835-1837	DELEGADO DO 11º CÍRCULO LITERÁRIO E AGENTE DO CORREIO
1838-1840	PRESIDENTE DA PROVÍNCIA
1842	PRESIDENTE DA PROVÍNCIA
1843-1844	DEPUTADO DA CÂMARA DE DEPUTADOS DO IMPÉRIO

Fonte: REVISTA... 1896; SALES (2005); CORRESPONDÊNCIAS... (SP PP 1/42, caixas 1 a 10).

Francisco de Paula F. Resende, no livro *Recordações*, fala que Bernardo participava ativamente da vida política na vila de Campanha, era membro do Partido Conservador, amigo de Bernardo Pereira de Vasconcelos e irmão de Evaristo da Veiga. Estes dois últimos eram importantes lideranças políticas e, por isso, poderiam acolher pessoas, abrindo-lhes espaço na vida pública por meio de indicação para cargos públicos.[38] Evaristo da Veiga era deputado do Império, redator do periódico *Aurora Fluminense* – impresso na cidade do Rio de Janeiro – e membro da Sociedade Defensora da Liberdade e da Independência Nacional. Bernardo Pereira de Vasconcelos, por sua vez, entre outras ocupações, era Deputado do Império (1825-1838)[39] e chefe do Gabinete conservador, durante a regência de Araújo Lima.

Marco Morel (2005) diz que a família de Evaristo e Bernardo Jacintho da Veiga não pertencia à elite econômica. Esses dois irmãos compunham o grupo de políticos provenientes de setores intermediários da hierarquia social. Como diz Carrato (1968), o pai deles, Luiz Saturnino da Veiga, era mestre de Primeiras Letras e ele próprio ensinou aos filhos a leitura e a escrita. Baseando-se, provavelmente, na experiência do pai, Bernardo desempenharia o oficio de mestre, assumindo a cadeira de Instrução Pública da vila de Campanha.[40]

No cargo de Presidente da Província (1840), ele teve o cuidado de assinalar, diante da Assembleia Legislativa Provincial, o grande obstáculo representado pela "falta de pessoas revestidas das qualificações necessarias para ocuparem todas as Cadeiras da Provincia". Segundo ele, esta seria uma das causas para o pouco progresso da instrução pública.

> Não basta, Srs., como vos perfeitamente sabeis, que um Mestre seja exacto em leccionar por todo o espaço de tempo, que os Regulamentos marcão; não basta que elle ensine todas as materias que a Lei designa: deveres mais sublimes e de maior importancia tem a cumprir aquelle, a quem esta confiada a educação moral e religiosa da mocidade, aquelle que tem de dirigir o desenvolvimento de sua intelligencia, de communicar-lhe as primeiras noçoes do bem, e do mal, do justo e do injusto, de

[38] MOREL, 2005, p. 185.

[39] REVISTA... 1896.

[40] RESENDE, 1988.

> indicar-lhe finalmente a estrada, que pode condusir o homem á verdadeira felicidade.

Ele apresentaria, então, aos deputados provinciais o texto redigido pelo Professor Francisco de Assis Peregrino, sobre o método de ensino a ser divulgado entre os professores da província. Designado pelo governo mineiro para ir à França aprender sobre o método de ensino adotado, esse professor acompanhou o trabalho realizado nas escolas primárias francesas e, quando voltou ao Brasil, procurou aliar suas observações à realidade da instrução primária na província, produzindo o documento "Memória" (1839). Depois de apresentar o texto do Professor Peregrino, Bernardo finalizaria a discussão sobre instrução pública, informando ter "particular cuidado em fazer distribuir, como e possivel, pelas Escolas algum papel, pennas, e outros objectos indispensaveis para o ensino".[41]

Fortunato Rafael Arcanjo da Fonseca, de acordo com Lewkowicz (1992, p. 58), possuía uma das maiores fortunas da cidade de Mariana. No texto "Vida em família: caminhos da igualdade em Minas Gerais", a autora fala sobre a composição de seu domicílio e informa que, no Censo de 1831, ele foi arrolado entre os quatro proprietários com mais de 25 escravos, possuindo ainda chácaras e lavras. Para a autora, Fortunato era figura de proeminência social e atuante politicamente, participando, antes da Independência, da Câmara de Vereadores e apoiando os promotores do Fico, em 1822.

QUADRO 3

Tenente Coronel Fortunato Rafael Arcanjo da Fonseca

ANO	OCUPAÇÕES
1814 E 1821	VEREADOR DA CÂMARA DE MARIANA
1835 – 1845 (?)	DELEGADO DO 2º CÍRCULO LITERÁRIO
1844-1845	DEPUTADO DA ASSEMBLEIA LEGISLATIVA PROVINCIAL

Fonte: REVISTA... 1896; LEWKOWICZ (1992); CORRESPONDÊNCIAS... (SP PP 1/42, caixas 1 a 14).

[41] FALLA... 1840. Para as duas citações, ver, respectivamente, as páginas XXXV-XXXVI e XLVI.

Nomeado Delegado do 2º Círculo Literário, Fortunato destacou-se dos outros delegados pelo detalhamento de seus relatórios e pelas visitas às escolas sob sua responsabilidade. Ele enviava ao governo informações sobre os professores, a frequência dos alunos, a necessidade de materiais escolares e os progressos que se obtinha em cada escola. Junto de seus ofícios, encontramos atestados de visitadores parciais, párocos e vigários, juizes de paz e cirurgiões. Além desses atestados, o delegado literário encaminhava ao Presidente da Província escritas e exames de alunos e alunas da instrução pública primária e vários mapas com o registro do número de escolas de seu Círculo, a data de seu provimento e a frequência de alunos.

Um tema recorrente em sua documentação era a compra e o envio de objetos para as escolas primárias. Em agosto de 1837, ele informava à presidência a existência de muitos alunos pobres e a necessidade de enviar às aulas públicas alguns objetos.

> Escolhido pelo Ex$^{mo.}$ Governo da Provincia para exercer as funções de Delegado do 2º Circulo Literario, se não tenho desempenhado com perfeição, ao menos tenho mostrado com as vesitas as Escollas os desejos de bem servir – He por isso q. conhecedor das necessid^{es} de grande numero de Alumnos pobrissimos tenho dispendido não pequena quantia em compendios de doctrina Christan, penas de lapis, de escrever, e em quaderninhos de Maximas p$^{a.}$ Meninos, e Meninas das Escollas da Instrucção primaria, compostas pelo Deputado João Candido de Deos e Silva; mas Ex$^{mo.}$ S$^{or.}$ o pequeno brinde q. faço as Escollas nem corresponde aos meos desejos, nem as necessid^{es} q. observo em algumas de 60 e mais Alumnos, devendo accrescer aos objectos apontados a dispesa p$^{a.}$ tinta; e porq. no anno financeiro q. começou ao 1º de Julho do corrente apenas á custa da F$^{zda.}$ Nacional tenho feito remessa de hum livro, e huma resma de papel p$^{a.}$ a nova Escolla da Passagem, e dispendido a importancia dos vidros q. vierão do Rio p$^{a.}$ os traslados, e brevemente o Carpinteiro dará conta da tarefa – Vou solicitar de V. Ex. Authorização da quantia q lhe parecer disponível p$^{a.}$ as Escollas do meo Circulo, tendo consideração á ser o maior da Provincia em Numero e dos Alumnos afim de que possa mandar vir do Rio de Janeiro com mais comodidade de preços, os objectos q. se hão de dar.[42]

[42] CORRESPONDÊNCIAS... Mariana, 14 de agosto de 1837 (SP PP 1/42, caixa 08, pacotilha 67).

Em seu ofício, Fortunato não só falava da responsabilidade do governo da província pelo envio de materiais às escolas, mas ele mesmo se encarregava dessa tarefa, fazendo doações de papel, penas, compêndios e folhetos. Em maio de 1837, ele encaminhou ao Presidente da Província algumas cartas que recebera dos alunos da escola situada no distrito de Furquim e comunicava que: "Agradecendo os Elogios q. me tecerão enviei alguns folhetos instructivos, e prometi ir brevemente tornar á visitalos".[43]

Em meio a um conjunto de documentos manuscritos, essas cartas se destacam por se tratarem de escritas de alunos – o que é muito raro – e por serem coloridas. Embora tenha sido possível localizar outras escritas de alunos dispersas na documentação, não foi encontrado nenhum outro registro sobre práticas semelhantes às da escola de Furquim. Além de terem sido dirigidas diretamente ao delegado, essas cartas apresentam um conjunto de desenhos; são flores de diferentes tamanhos em tons de vermelho, azul, verde, amarelo e laranja, margeando todo o texto escrito. No exemplar que apresento a seguir, mesmo que o documento tenha sido reproduzido em preto e branco, é possível observar a singularidade dessas escritas.

[43] CORRESPONDÊNCIAS... Mariana, 19 de maio de 1837 (SP PP 1/42 caixa 08 pacotilha 09).

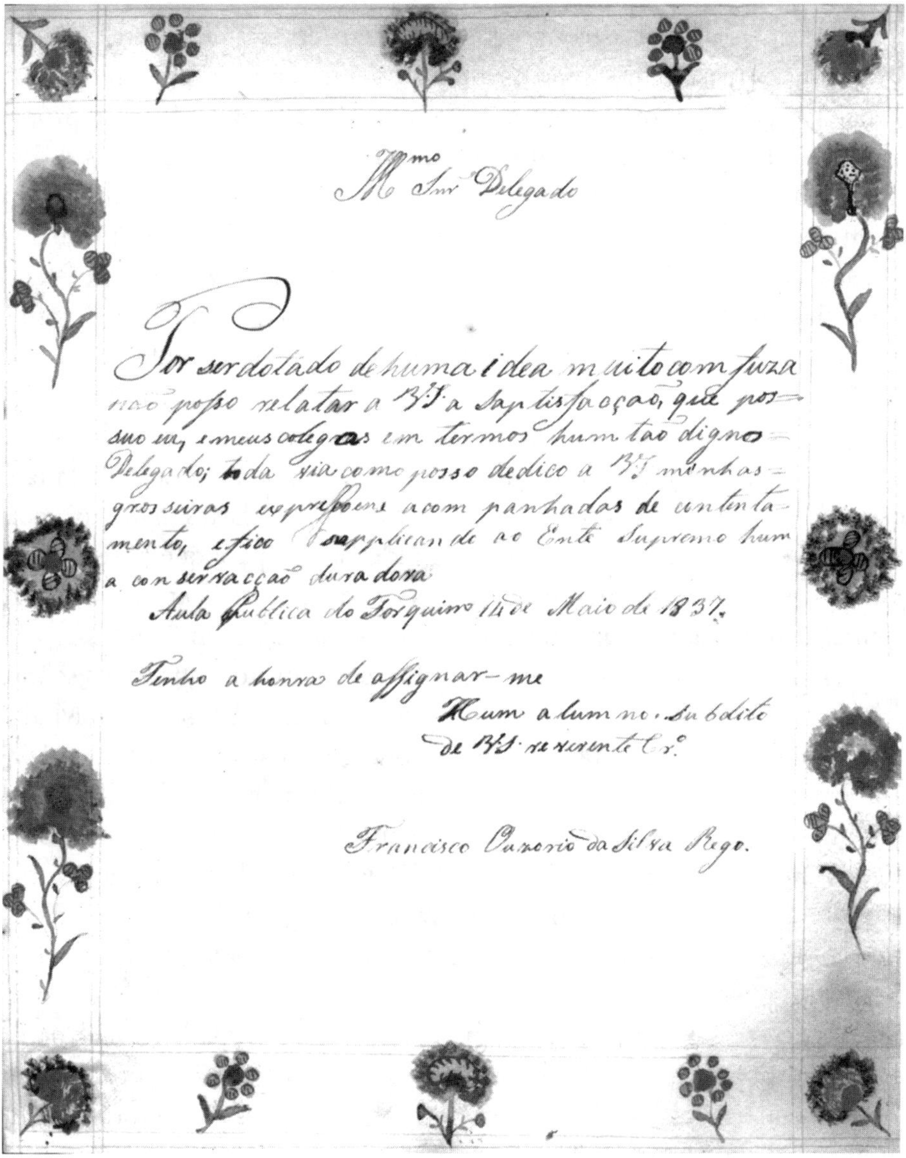

Illmo Snr. Delegado

Por ser dotado de huma idea muito comfuza não posso relatar a V.S. a saptisfacção, que possuo eu, e meus colegas em termos hum tão digno Delegado; toda via como posso dedico a V.S. minhas grosseiras expressoens acompanhadas de contentamento, e fico supplicante ao Ente Supremo huma conservação duradoura

Aula Publica do Forquim 14 de Maio de 1837.

Tenho a honra de assignar-me

Hum alunno subdito de V.S. reverente Cro.

Francisco Ouzorio da Silva Rego.

44

[44] "Illmo. Snr. Delegado/ Por ser dotado de huma idea muito comfuza não posso relatar a V. S. a saptisfacção, que possuo eu, e meus colegas em termos hum tão digno Delegado; toda via como posso dedico a V.S. minhas grosseiras expressoens acompanhadas de contentamento, e fico supplicante ao Ente Supremo huma conservação duradoura/ Aula Publica de Forquim 14 de Maio de 1837. Tenho a honra de assignar-me/ Hum alunno subdito de V. S. reverente Cro./ Francisco Ouzorio da Silva Rego."

As aulas primárias contemplavam, além da escrita, leitura e cálculo, atividades de desenho? Como os alunos tiveram acesso a esse tipo de material? Essas cartas foram escritas pelos alunos ou formuladas pelo próprio professor? Em outra direção, importa questionar o envio das cartas ao Presidente da Província: que motivações fundamentavam a ação do delegado literário? Havia o interesse em mostrar os resultados de seu trabalho? Ou sua intenção era simplesmente sensibilizar o Presidente para a falta de papel nas escolas? Em suas cartas, os alunos da escola pública congratulavam o delegado do 2º Círculo Literário por seus "feitos indeléveis" e por sua "imparcialidade", "solicitude e desvello" para com a instrução pública. Aproveitando-se da ocasião, houve aqueles que justificaram as "engaratujadas letras" assumindo a pouca frequência à aula ou apontando a falta de papel. Como dizia o aluno Antonio Alves de Sousa: "Estes malfeitos rabiscos meus, e dos meus Collegas vão dirigidos a V.S. para que observando o estado do nosso atrazamento se digne socorrer-nos mais amiudadas vezes com algum papel; pois que pela mor parte nossa somos indigentes".

Juntamente com esses delegados literários, outros indivíduos se interessaram pelo progresso da instrução pública. Manoel Ignacio de Mello e Souza, por exemplo, doara às escolas públicas primárias, em abril de 1837, 160 coleções de traslados para serem distribuídos entre as "escolas da nação". Em seu oficio, dizia que, apesar do considerável melhoramento do serviço de instrução pública na província, havia ainda "algum atrasamento na escripta".[45] Membro do Conselho Geral da Província (1828), sócio da Sociedade Promotora da Instrução (1831) e Presidente da Província (1833),[46] Manoel Ignacio de Mello e Souza e os delegados literários assemelhavam-se em suas trajetórias: ou por serem membros da Guarda Nacional, ou por serem políticos atuantes, ou por intervirem no serviço de instrução pública, doando materiais às escolas e traçando novas diretrizes para a formação dos professores primários.

[45] CORRESPONDÊNCIAS... Ouro Preto, 4 de abril de 1837 (SP PP 1/42, caixa 07, pacotilha 50).

[46] CORRESPONDÊNCIAS... Ouro Preto, 3 de abril de 1831 (SP PP 1/42, caixa 01, pacotilha 41); SALES (2005); REVISTA... 1896.

A CRIAÇÃO E AMPLIAÇÃO DO NÚMERO DE ESCOLAS PÚBLICAS PRIMÁRIAS

Ao longo da pesquisa, chamou-me atenção as diversas menções a Herculano Ferreira Penna. Segundo o levantamento realizado, ele foi nomeado professor da escola pública de Ensino Mútuo de Ouro Preto, no dia 13 de março de 1830. Nesse mesmo ano encontravam-se matriculados nessa escola 63 alunos. Aproximadamente um ano depois, a frequência escolar havia aumentado quase 50%, chegando a 103 alunos. Tal atuação lhe rendeu elogios públicos como o do Juiz de Paz Joaquim José da Silva Brandão, para quem Herculano se destacava ao cumprir "exactamente as obrigações do Magisterio". Os elogios eram reiterados pelos membros da comissão responsável por avaliar o estado das aulas públicas e particulares do termo de Ouro Preto:

> Herculano Ferreira [...] no desempenho de suas obrigações merece todo elogio, p$^{r.}$ q$^{e.}$ as preenche todas com m$^{ta.}$ exactidão; e gera de todo o conceito público. O crescim$^{to.}$ notável de alumnos de um pa. outro 3$^{me.}$ [trimestre] é a prova m$^{s.}$ evid$^{e.}$ do seu cuidado na educação da mocidade.[47]

Possivelmente pelo notável desempenho na função de professor, ele foi encarregado, em 1835, de auxiliar o Delegado do 1° Círculo Literário, Luiz Maria da Silva Pinto, na inspeção e na avaliação das escolas primárias de Ouro Preto.

QUADRO 4
Herculano Ferreira Penna

ANO	OCUPAÇÕES
1830-1832	PROFESSOR PÚBLICO DE ENSINO MÚTUO EM OURO PRETO
1831	SECRETÁRIO DA SOCIEDADE PROMOTORA DA INSTRUÇÃO PÚBLICA
1831-1834	SECRETÁRIO DO CONSELHO GERAL DA PROVÍNCIA
1831-1844	SECRETÁRIO DO GOVERNO DE MINAS GERAIS

[47] CORRESPONDÊNCIA... Ouro Preto, 11 de abril de 1831 (SP PP 1/42, caixa 01, pacotilha 42).

1842	INTEGRANTE DA COMISSÃO DE MAPEAMENTO DA PROVÍNCIA
1842	VICE-PRESIDENTE DA PROVÍNCIA
1843-1847	DEPUTADO DA ASSEMBLEIA GERAL DO IMPÉRIO PELA PROVÍNCIA DE MINAS GERAIS
1850-1853	DEPUTADO DA ASSEMBLEIA GERAL DO IMPÉRIO PELA PROVÍNCIA DE MINAS GERAIS
1856-1857	PRESIDENTE DA PROVÍNCIA DE MINAS GERAIS

Fonte: REVISTA... 1896; SALES (2005); SP PP 1/42, caixas 1 a 10.

Ainda no ano de 1835, o Presidente Antonio Paulino Limpo de Abreu informava à Assembleia Legislativa Provincial que a Secretaria da Presidência era composta por cinco secretários, sendo um deles Herculano. Como pode ser observado no Quadro 4, ao longo de aproximadamente dez anos, ele exerceu essa função, assinando estatísticas, quadros e mapas que acompanhavam os relatórios e falas de presidentes de província. Para esse período, encontrei um conjunto de correspondências de professores e de delegados literários, remetidas diretamente a esse secretário, muitas delas, pedindo a criação de escolas e o envio de materiais aos alunos pobres.

Em 1842, Herculano abria a sessão da Assembleia Legislativa Provincial, dizendo ser o primeiro Vice-Presidente nomeado pelo próprio Imperador. Sua trajetória, como a daqueles delegados apresentados no item anterior, foi marcada por diferentes ocupações, a maioria delas ligadas ao exercício de funções importantes para o governo da província e para o próprio Estado imperial. A trajetória de Herculano foi caracterizada também por um grande período de deslocamentos entre as províncias do País. De acordo com Carvalho (1996) e conforme o levantamento que realizei, Herculano foi presidente de pelo menos oito províncias, deputado na Assembleia Geral do Império por três vezes – representando interesses de províncias diferentes – e senador, o que corrobora o entendimento de que a vida política, nas primeiras décadas do século XIX, era definida pela intensa circulação e rotatividade de autoridades políticas pelos cargos públicos.

Minha proposição é que Luiz Maria da Silva Pinto, Bernardo Jacintho da Veiga, Fortunato Rafael Arcanjo da Fonseca e Herculano Ferreira Penna, dentre outros, desfrutavam dos mesmos espaços de discussão e comungavam das mesmas ideias e anseios acerca da instrução pública, ou seja, pertenciam aos mesmos "coletivos intelectuais".[48] Nos anos em que esses indivíduos estiveram lidando mais diretamente com os debates acerca da instrução pública, o número de escolas primárias aumentou de 130 para 184, ou seja, 54 escolas foram criadas; dessas 54, 37 no governo de Bernardo Jacintho da Veiga (1838-1840). Situando esses dados num espaço maior de tempo, eles se tornam ainda mais expressivos. No Gráfico 1, podemos observar a evolução da frequência escolar entre os anos de 1827 a 1850. O crescimento mais significativo se deu no período de 1835-1842, ocorrendo em seguida a diminuição do número da frequência escolar.

GRÁFICO 1 – Frequência escolar ao longo do tempo

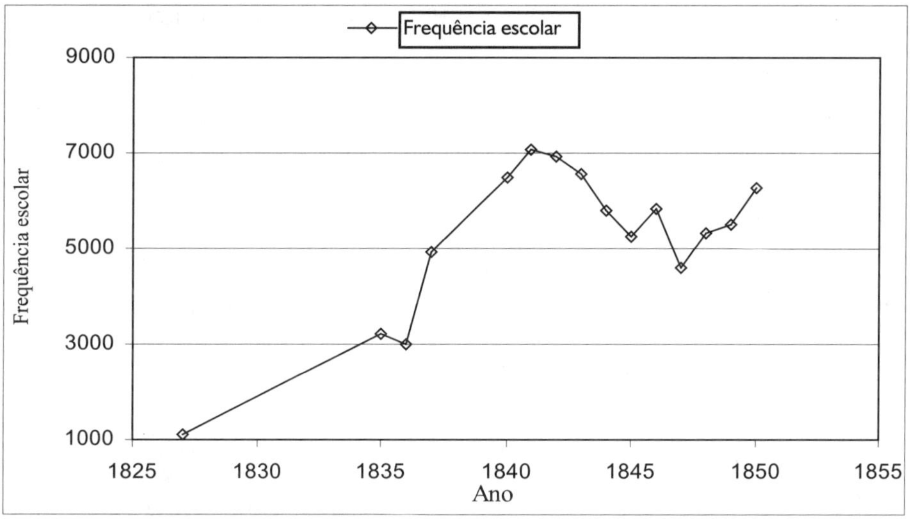

É importante destacar que o número de escolas não cresceu na mesma proporção que a frequência dos alunos. Para o período em questão, a frequência às aulas primárias passou de 3.205 para 6.912 alunos. Enquanto o número de escolas aumentou 41,5%, a frequência de alunos aumentou 115,7%, ou seja, o número de alunos em cada escola primária aumentou. Observando o detalhamento desses dados na Tabela 1, podemos constatar

[48] BONTEMPI, 2007.

que até mesmo o número de cadeiras vagas foi menor entre os anos de 1837-1842.

TABELA I
Número de cadeiras de instrução pública primária e frequência escolar – Minas Gerais

ANO	TOTAL DE CADEIRAS	CADEIRAS VAGAS	FREQUÊNCIA ESCOLAR
1827	33	---	1.107 ALUNOS
1835	130	---	3.205 ALUNOS
1836	131	---	3.000 ALUNOS
1837	143	27	4.939 ALUNOS
1840	180	20	6.494 ALUNOS
1841	184	13	7.073 ALUNOS
1842	184	14	6.912 ALUNOS
1843	185	30	6.571 ALUNOS
1844	184	38	5.810 ALUNOS
1845	179	49	5.260 ALUNOS
1846	180	53	5.853 ALUNOS
1847	133	27	4.614 ALUNOS
1848	137	24	5.321 ALUNOS
1849	139	2	5.523 ALUNOS
1850	---	---	6.284 ALUNOS

Fonte: MOURÃO, 1959, p. 3-4; FALLA... 1835 e 1836; FALLA... 1836-1837, 1840-1850.

O que justificaria o crescimento da frequência escolar? Uma possível resposta seria que a lei da obrigatoriedade da instrução primária e a atuação de delegados literários tenham tido algum efeito sobre os pais de famílias que, antes omissos, passaram a enviar seus filhos à escola. Além disso, a partir da Lei Mineira n. 13, o ordenado dos professores foi associado ao número de alunos frequentes. Logo, se o professor quisesse o aumento da gratificação, precisaria garantir a frequência escolar, fosse denunciando os pais, incentivando a matrícula das crianças ou a frequência de seus alunos. Com relação ao número de escolas vagas, é possível afirmar que a nomeação dos delegados literários tenha tornado mais rápido o provimento das cadeiras, uma vez que eles poderiam nomear professores substitutos até que os concursos acontecessem.

Os dados apresentados no gráfico e na tabela acima foram coligidos a partir das estatísticas apresentadas nos relatórios presidenciais; tais estatísticas, por sua vez, foram elaboradas tendo como referência as listas enviadas à Secretaria da Presidência pelos delegados literários. Como informavam os funcionários da instrução e os próprios presidentes, esses dados nem sempre correspondiam à realidade. De acordo com os delegados, na elaboração dos mapas de escola, alguns professores enviavam com atraso as listas de alunos; outras vezes, eram indulgentes mantendo em suas listas nomes de alunos que não frequentavam suas aulas. Para o Presidente Francisco Jose de Souza Soares D'Andrea, "tudo se arranja muito bem":

> Os pais matriculão os filhos, e não os mandão á escola; e os mestres enchem suas relações de nomes de individuos que existem sim, mas que nunca lhes entrão em casa, e poem-lhes os dias de frequencia que bem lhes parece. Estes mappas vão ás mãos dos delegados, que, em não sendo activos e capazes de sorprenderem uma ou outra escola para lhes compararem o numero de discipulos dos mappas com os que effectivamente encontrarem, tem de se guiar por informações, e quando outras razões não tenhão, so por não perderem o pobre do mestre de escola, que é pai de familia, dão os mappas por exactos [...][49]

Apesar dos limites enfrentados na elaboração das estatísticas escolares, os presidentes incorporaram-nas aos seus discursos. Por meio desses números, eles procuravam dar visibilidade aos esforços do governo provincial. No entanto, mesmo com o crescimento do número de escolas, entre os anos de 1835 e 1842, eles reconheciam que, para a generalização da instrução elementar, mais escolas deveriam ser criadas, os professores deveriam ser melhor habilitados e mais recursos deveriam ser destinados aos alunos pobres.

[49] FALLA... 1844, p. 30.

Clotilde A. Paiva (1996) indica, no estudo sobre as Listas Nominativas de 1831 e 1832, a existência de 73.923 habitantes livres na província de Minas Gerais com idade entre 5 e 14 anos.[50] Confrontando este dado com o número de alunos frequentes às aulas públicas primárias, percebemos o quanto incipiente era, ainda, o número de escolas em 1842. Todavia, mesmo sendo pequeno o número de aulas primárias, o governo já destinava ao serviço de instrução pública uma grande parte de suas rendas. Como indicado na Tabela 2, entre 1837 e 1842, a instrução pública teve prioridade entre as despesas provinciais. Nos anos de 1837-1838, aproximadamente, um quinto das despesas esteve relacionado ao serviço de instrução pública; nos anos de 1840-1841, essa proporção subia para um quarto.

TABELA 2
Despesa provincial com instrução pública – Minas Gerais

ANO	VALOR TOTAL DA DESPESA PROVINCIAL	VALOR DESPENDIDO COM INSTRUÇÃO PÚBLICA
1833-1834	178:421$513	13:897$398
1837-1838	360:870$166	79:449$200
1840-1841	444:027$424	96:290$000
1842-1843	---	93:646$000
1849-1850	---	94:990$000

Fonte: MINAS GERAIS. Despezas Provinciais no anno Financeiro de 1833 a 1834, Lei Mineira Nº 12, 1834; MINAS GERAIS. Lei Mineira Nº 80, 1837; MINAS GERAIS. Lei Mineira Nº 187, 1840; FALLA... 1843, FALLA... 1850.

Embora o governo mineiro tivesse com esse ramo da administração pública sua maior despesa, as escolas se caracterizavam pela precariedade material e pela improvisação de espaços. Era notória a precariedade das

[50] A partir das Listas Nominativas de 234 municípios mineiros (1831-1832 e 1838-1840) e das relações de engenhos e casas de negócios (1836), Clotilde A. Paiva identificou a idade de 269.916 habitantes livres. Segundo a autora, destes habitantes, 40.128 encontravam-se entre 5 e 9 anos e 33.795, entre 10 e 14 anos de idade.

condições de trabalho dos professores primários, que, mesmo com ordenados atrasados, precisavam arcar com a compra de papel, tinta e penas de escrever para os alunos pobres, com o mobiliário e, muitas vezes, com o aluguel das casas onde funcionava a aula. As autoridades e os funcionários da instrução tinham, diante desse quadro, um longo caminho a percorrer para a difusão dos saberes elementares. Como dizia o Presidente Bernardo Jacintho da Veiga:

> Considero sim as difficuldades com que temos de lutar em um Paiz novo, e carecido ainda de muitos recursos, como vos bem sabeis, e d'ahi concluo, (como ja dice) que os nossos passos devem ser necessariamente lentos; mas por isso mesmo cumpre que redobremos os esforços ate conseguir o grande fim que nos propomos.[51]

Entendo que o aumento no número de escolas esteve relacionado às mudanças trazidas pela Lei Mineira nº 13, para a organização do serviço de instrução pública e à atuação de diferentes intelectuais e políticos, envolvidos com as discussões relativas à difusão das civilidades. Destaquei alguns desses indivíduos, mas é importante ressaltar que os habitantes de várias localidades, por intermédio de juízes de paz, párocos, vigários ou líderes locais, encaminhavam aos delegados literários e à Presidência da Província pedidos de criação e abertura de escolas.

Conforme determinava a legislação mineira, somente as pessoas livres poderiam frequentar as escolas públicas. A lei estipulava, também, que as escolas fossem criadas nas povoações onde houvesse mais de 500 habitantes livres de ambos os sexos e onde pudessem ser habitualmente frequentadas por, pelo menos, 24 alunos.[52] A comprovação do número total de habitantes e do número de crianças livres seria feita mediante o exame dos Mapas de População e, em alguns casos, das Listas Nominativas. As famílias que desejavam a criação de escolas públicas primárias encontrariam, ainda, amparo na Constituição do Império, que determinava a gratuidade da instrução primária e a possibilidade de todo cidadão "apresentar por es-

---

[51] FALLA... 1840. p. XLV.

[52] MINAS GERAIS. Lei Mineira nº 13 de 29 de março de 1835. Art. 11º e 2º; MINAS GERAIS. Regulamento nº 3. Lei Mineira nº 13 de 29 de março de 1835. Art. 4º.

crito ao Poder Legislativo ou Executivo reclamações, queixas ou petições, e até expor qualquer infração da Constituição".[53]

Entre os ofícios de delegados literários é possível encontrar atestados de autoridades locais e abaixo-assinados de moradores, reivindicando a criação de escolas e a gratuidade do ensino primário. Joaquim Pimentel Barbosa, delegado do 13º Círculo Literário, junto com o seu ofício de julho de 1837, enviava ao Presidente da Província o requerimento dos habitantes do distrito de Rio Preto com 48 assinaturas de pais de família.

> Diz Manoel A$^{lz.}$ Ribeiro, e os abaixo assignados todos moradores no Destricto do Rio preto do termo da Villa do Paracatu, que reconhecendo elles as incalculaveis vantagens, q. lhes pode resultar da concessão á aquelle Destricto do Estabelecim$^{to.}$ de huma Escolla di instrucção primaria do 1º gráo para meninos livres, reconhecem taobem que para o importantissimo fim de a poderem competente$^{mte.}$ requerer ao Ex$^{mo.}$ Governo, lhes he indespensavelmente necessario fazer previamente fazer constar ao Mesmo por meios credenciais, q. o referido Destricto na sua ampla, e extença localidade se acha todo occupado pr. huma contígua vizinhança composta de avultado arrolam$^{to.}$ de moradores, quasi todos pais, e cabeças de familias, de que fazem parte em cada uma del-as alguns meninos machos livres, cujo censo pode não só exceder o numero legal de 24 alumnos; como aproximar se ao de 50, q. habitualm$^{te.}$ he muito factível poderão frequentar a pretendida Escolla [...][54]

Em maio de 1838, o delegado do 2º Círculo Literário informava sobre o pedido de criação de uma Escola de Primeiras Letras no distrito de Santa Cruz. Ele enviava à Presidência da Província o atestado do Juiz de Paz e de dois Capitães da Guarda Nacional, que afirmavam possuir o distrito mais de 500 habitantes livres.[55] Para essas duas localidades, não foram enviados documentos comprobatórios, porém houve a tentativa de compensar a falta dos Mapas de População, com o atestado de autoridades

[53] BRASIL. Constituição Política do Império do Brasil. 1824. Art. 179º § 30 e 32.

[54] CORRESPONDÊNCIAS... Ouro Preto, 10 de julho de 1837 (SP PP 1/42, caixa 08, pacotilha 43).

[55] CORRESPONDÊNCIAS... Mariana, 18 de maio de 1838 (SP PP 1/42, caixa 11, pacotilha 08).

locais, indicando a persistência da "importância da palavra"[56] e da posição ocupada por determinados indivíduos dentro da hierarquia social.

Também no distrito de Desemboque, os moradores reivindicavam o ensino gratuito. A escola primária dessa localidade havia sido criada em junho de 1831, mas até janeiro de 1837 não havia sido provida. Segundo informava o Juiz de Paz, antes da promulgação da Lei Mineira nº 13, os editais do governo, marcando o concurso para provimento da cadeira, chegavam a essa povoação em data muito posterior à determinada e, mesmo com a nomeação do delegado literário, o concurso não havia sido marcado. Por esses dois motivos, como argumentava o remetente, ficavam "enutilizadas" e "illudidas" as disposições da lei,

> e os habitantes deste Destricto e Circunvizinhos privados da Instrucção Primaria, e gratuita garantida pela Constituição Politica do Imperio § 32 do Artigo 179 sendo necessario aos Pais Zelosos da Educação de seos Filhos pagarem a expenças suas, a Antonio Fernandes Macedo provido Mestre Particular para este Destricto pello m^mo. ditto Delegado [...][57]

Respondendo às queixas, o Delegado do 12º Círculo Literário, R^do. Vig^r. Antonio Jose da Silva, dizia que não havia recebido do Juiz de Paz o Mapa de População e que, mesmo sem as informações precisas, poderia afirmar que o distrito de Desemboque não possuía o número de habitantes exigido pela lei. Nas palavras do delegado literário:

> [...] eu posso asseverar a V^a. E^xa. com muito conhecimento de causa, que se o anno passado o dito Arraial não tinha quinhentos habitantes, hoje, que desgraçadamente elle esta em maior decadencia, pela extinção do Julgado, pela auzencia de algumas Familias, hade ter ainda menor. [...] Nestas circunstancias parece-me, que não so he exagerada aquella Representação do Juiz de Paz do Desemboque, como que para ser attendida importava muito que elle appresentasse o numero verdadeiro de habitantes livres do Arraial, e hum quarto de Legoa, em roda.[58]

---

56 SILVEIRA, 1997, p. 147.

57 CORRESPONDÊNCIAS... Desemboque, 10 de janeiro de 1837 (SP PP 1/42, caixa 09, pacotilha 09).

58 CORRESPONDÊNCIAS... Uberaba, 26 de fevereiro de 1837 (SP PP 1/42, caixa 07, pacotilha 29).

A princípio o Juiz de Paz procurou responsabilizar o Delegado Literário e sensibilizar o Presidente da Província para o interesse manifestado pelos pais de família na instrução de seus filhos; posteriormente, o Delegado justifica o fechamento da aula, afirmando que aquela localidade não possuía o número necessário de meninos em idade escolar e que, o Juiz de Paz, estava sendo omisso em sua tarefa de elaboração dos Mapas de Habitantes. Não podemos afirmar que entre esses dois funcionários do governo havia alguma desavença política, mas é importante considerar que a abertura de escolas, seu provimento e a frequência de alunos estiveram, quase sempre, atreladas às disputas políticas travadas entre as autoridades locais.

Como informou o Juiz de Paz de Desemboque, os "Pais Zelosos da Educação de seos Filhos" recorriam aos serviços de um professor particular. Diante do reduzido número de escolas públicas e do despreparo de professores, alguns pais de família precisaram criar estratégias para assegurar a instrução de seus filhos. Em 1838, o Delegado Literário do 11º Círculo Literário, Salvador Machado de Oliveira, informava que alguns pais, "cujos filhos foram espancados pelo Professor" da escola pública primária da vila de Campanha, preferiam pagar pelos serviços do mestre particular "e outros a darem a instrucção em sua propria Casa".[59] É possível observar, portanto, que, por mais que disputas de poder pudessem estar presentes nas petições e requerimentos encaminhados ao governo da província, muitas famílias compartilhavam do interesse de políticos e intelectuais mineiros em promover a difusão das civilidades e em garantir à "mocidade" a instrução pública primária.

Os discursos que fundamentavam a prática dos indivíduos aqui apresentados circularam pela província mineira alimentando as expectativas dos habitantes a respeito da existência e ação do governo do Estado; ao mesmo tempo tais discursos foram alimentados pelas petições e queixas de habitantes de diferentes localidades que não estavam alheios às discussões em torno da formação e organização do Estado imperial brasileiro. Como afirma Marco Morel (2005, p. 281), o período regencial "não foi apenas época de conturbações e violências, mas momento histórico definidor de

[59] CORRESPONDÊNCIAS... Campanha, 24 de novembro de 1838 (SP PP 1/42, caixa 12, pacotilha 37).

rumos da sociedade brasileira". Nesse sentido, vemos que os agentes e representantes do governo da província de Minas Gerais, mesmo com limitações, dedicaram-se ao aperfeiçoamento de instituições e à elaboração de diretrizes, análises, reflexões e cálculos a fim de gerir a população. Como parte dessas práticas de governo, políticos e intelectuais se preocuparam com a extensão do serviço de instrução pública e com a necessidade de divulgar os preceitos necessários à formação de cidadãos civilizados.

REFERÊNCIAS:

Fontes:

BRASIL. Ato Adicional de 12 de agosto de 1834. In: DANTAS JÚNIOR, J. da O. *As constituições do Brasil*. Bahia: Imprensa Oficial do Estado, 1937.

BRASIL. Constituição Política do Império do Brasil. 1824. In: DANTAS JÚNIOR, J. da O. *As constituições do Brasil*. Bahia: Imprensa Oficial do Estado, 1937.

CARVALHO, Feu de. Instrução pública – Estudo histórico e estatístico das primeiras aulas e escolas de Minas Gerais (1721-1860). *Revista do Arquivo Público Mineiro*, Belo Horizonte, Ano XXVI, v. I, 1933, p. 345-391.

CORRESPONDÊNCIAS RECEBIDAS PELA PRESIDÊNCIA DA PROVÍNCIA. 1823-1852. SP (Seção Provincial), PP (Presidência da Província) 1/42, caixas de 01 a 14. Arquivo Público Mineiro.

CORRESPONDÊNCIAS RECEBIDAS PELA PRESIDÊNCIA DA PROVÍNCIA. SP IP (Instrução Pública) 3/2, caixa 01. Arquivo Público Mineiro.

CORRESPONDÊNCIAS RECEBIDAS PELA PRESIDÊNCIA DA PROVÍNCIA. SP códices 232-236. Arquivo Público Mineiro.

FALAS DIRIGIDAS À ASSEMBLEIA LEGISLATIVA PROVINCIAL DE MINAS GERAIS PELOS PRESIDENTES DA PROVÍNCIA. 1835 e 1836. Filme 001, negativo F-1. Arquivo Público Mineiro.

FALAS DIRIGIDAS À ASSEMBLEIA LEGISLATIVA PROVINCIAL DE MINAS GERAIS PELOS PRESIDENTES DA PROVÍNCIA. 1838-1850. Disponível em: <htt://www.crl.edu/catalog/index.htm>.

HALFELD, H. G. F.; TSCHUDI, J. J. von. *A província brasileira de Minas Gerais.* Tradução de Myriam Ávila. Ensaio crítico, notas e revisão da tradução de Roberto Borges Martins. Belo Horizonte: Fundação João Pinheiro, Centro de Estudos Históricos e Culturais, 1998. Original alemão.

MINAS GERAIS. Lei n. 13 de 28 de março de 1835. *Livro da Lei Mineira.* Arquivo Público Mineiro.

MINAS GERAIS. Regulamento n. 3 da Lei n. 13 de 28 de março de 1835. *Livro da Lei Mineira.* Arquivo Público Mineiro.

O UNIVERSAL. Ouro Preto. 1825-1842. Hemeroteca de Belo Horizonte.

RESENDE, Francisco de Paula Ferreira de (1832-1893). *Minhas Recordações.* Belo Horizonte: Itatiaia; São Paulo: Ed. da Universidade de São Paulo, 1998.

REVISTA DO ARCHIVO PUBLICO MINEIRO. Ouro Preto: Imprensa Official de Minas Geraes, v. 1, n. 1, jan./mar. 1896.

BIBLIOGRAFIA:

BONTEMPI JÚNIOR., Bruno. Roldão Lopes de Barros: um intelectual? In: NEPOMUCENO, Maria de Araújo; TIBALLI, Elianda Figueiredo Arantes (Org.). *A Educação e seus Sujeitos na História.* Belo Horizonte: Argumentum, 2007. v. 1, p. 81-90.

CARVALHO, José Murilo de. *A construção da ordem. Teatro de sombras.* 2. ed. rev. Rio de Janeiro: Ed. UFRJ/Relume-Dumará, 1996.

CARRATO, José Ferreira. *Igreja, Iluminismo e Escolas Mineiras Coloniais.* São Paulo: Companhia Editora Nacional/Ed. Universidade de São Paulo, 1968.

DUARTE, Regina Horta. *Noites Circenses.* Espetáculos de Circo e Teatro em Minas Gerais no Século XIX. Campinas, São Paulo: Ed. UNICAMP, 1995.

GRAHAM, Richard. *Clientelismo e política no Brasil do século XIX.* Rio de Janeiro: Ed. UFRJ, 1997.

INÁCIO, Marcilaine Soares. *O processo de escolarização e o ensino de primeiras letras em Minas Gerais (1825-1852).* 2003, 232 f. Dissertação (Mestrado em Educação) – Faculdade de Educação, Universidade Federal de Minas Gerais, Belo Horizonte, 2003.

LEWKOWICZ, Ida. Vida em família: caminhos da igualdade em Minas Gerais. In: SEMINÁRIO SOBRE A ECONOMIA MINEIRA, 6, 1992, Diamantina. *Anais...* Belo Horizonte: UFMG/CEDEPLAR, 1992. p. 53-82.

MATTOS, Ilmar Rohloff de. *O tempo Saquarema*: a formação do estado Imperial. Rio de Janeiro: ACCESS, 1994.

MOREL, Marco. *As transformações dos espaços públicos*. Imprensa, Atores Políticos e Sociabilidade na Cidade Imperial (1820-1840). São Paulo: Hucitec, 2005.

MOURÃO, Paulo Krüger Corrêa. *O ensino em Minas Gerais no tempo do Império*. Belo Horizonte: Centro Regional de Pesquisas Educacionais, 1959.

PAIVA, Clotilde A. *População e economia nas Minas Gerais do século XIX*. 1996. 229 f. Tese (Doutorado) – Faculdade de Filosofia, Letras e Ciências Humanas, Universidade de São Paulo, São Paulo, 1996.

SALES, Zeli Efigênia Santos de. *O Conselho Geral da Província e a Política de Instrução Pública em Minas Gerais* (1825-1835). 2005, 131 f. Dissertação (Mestrado em Educação) – Faculdade de Educação, Universidade Federal de Minas Gerais, Belo Horizonte, 2005.

SILVEIRA, Marco Antonio. *O Universo do Indistinto*: Estado e Sociedade nas Minas Setecentistas (1735-1808). São Paulo: HUCITEC, 1997.

VIANA, Fabiana da Silva. *Relações entre governo, escola e família no processo de institucionalização da instrução pública elementar em Minas Gerais (1830-1840)*. 2006, 140 f. Dissertação (Mestrado em Educação) – Faculdade de Educação, Universidade Federal de Minas Gerais, Belo Horizonte, 2006.

BERNARDO GUIMARÃES E A EDUCAÇÃO

Luciano Mendes de Faria Filho
Matheus Cruz e Zica

Neste artigo, discutiremos, num primeiro momento, a respeito das relações estabelecidas por Bernardo Guimarães entre o jornalismo, a literatura e a educação. Nesta primeira parte, mostraremos também o interesse de Bernardo Guimarães, esboçado em seu jornal, em discutir a questão da educação escolar, sobretudo a respeito da reforma da instrução pública na província de Minas Gerais. Na segunda parte, trataremos da questão de gênero discutindo algumas representações da educação de homens/moços/meninos e mulheres/moças/meninas na literatura do nosso autor oitocentista.

JORNALISMO E LITERATURA: A EDUCAÇÃO ESCOLAR E NÃO ESCOLAR EM DISCUSSÃO

Além de juiz, professor e escritor, Bernardo Guimarães foi também jornalista no Rio de Janeiro, de 1859 a 1860. Ele, Flávio Farnese e Lafayette Rodrigues, todos três mineiros, eram os redatores do Jornal *A Actualidade.*[60] Este impresso semanal se apresentava como de oposição e discutia sobre política, decisões do Império, literatura e legislação. Além de veicular notícias da Corte, publicava também notícias de outras províncias e, na maioria das vezes, de Minas Gerais.

---

[60] Todos os seus números estão microfilmados e disponíveis na Biblioteca Nacional. Referência do documento: Jornal *A Actualidade.* Rio de Janeiro: Biblioteca Nacional, 10 – 25 MAIO 1858 / PR - SOR 3755 - ROLO UM.

O número 26 do Jornal *A Actualidade*, publicado em 8 de junho de 1859, trouxe uma muito interessante matéria, sob o título de ***Progresso do sistema representativo no Brasil***, em que se podia ler o seguinte trecho a respeito do comportamento da imprensa em face da política da conciliação:

> A imprensa outrora tão livre, tão independente, a imprensa, a educadora do povo Brasileiro, que recebeu-o ignorante das mãos do despotismo colonial e em pouco fê-lo compreender todo o mecanismo do sistema representativo, todas as suas vantagens, a imprensa emudeceu. A liberdade, a civilização, o progresso, as instituições democráticas, a nobre luta das idéias perderam para ela todo o encanto. Infiel à sua missão ela não fez mais do que engrossar o coro da lisonja. O Poder, eis sua única idéia; agradar ao poder sua única ambição; o ouro do poder, sua fascinação constante. [...]
> – A imprensa abandonou o povo que é pobre e rojou ante o poder que tem a chave do erário; deixou de ser livre, independente e patriótica e tornou-se mercenária! [...]

Neste, assim como em outros textos deste periódico, aparece de forma muito nítida a compreensão que os redatores do jornal possuíam acerca da dimensão educativa da atividade jornalística, à qual era imputada um lugar fundamental no esclarecimento da população.[61] Aos jornais era atribuída uma missão civilizadora das mais relevantes, algumas vezes mais importante do que a própria escola. Daí que, para Bernardo Guimarães e os intelectuais e políticos com quem convivia e debatia, pensar a educação é pensá-la para além dos muros da escola.

Aproximando-nos mais especificamente da produção de Bernardo Guimarães no jornal, podemos notar, a partir de uma série de resenhas que ele escreveu para *A Actualidade*, que ele compreendia esta sua tarefa como educativa,[62] uma vez que pretendia, em primeiro lugar, formar o leitor, mas também o escritor e a própria literatura nacional. Tais perspectivas se en-

[61] Para uma discussão mais detalhada desta questão, consultar, entre outros, o trabalho de Pallares-Burke (1996).

[62] Para um aprofundamento desta discussão, ver dentre outros, o trabalho de Nicolau Sevcenko (1999).

contram de maneira muito clara expostas n'*A Actualidade* de 1º de outubro de 1859, na qual Bernardo Guimarães expõe e defende a proposta de crítica literária a ser desenvolvida no jornal nos números seguintes.

Ele principia o texto dizendo: "Alentar e promover pelos meios ao nosso alcance a cultura das letras em nosso país, procurar vulgarizar o gosto literário por meio de uma crítica franca, imparcial, e sincera, constitui também uma das partes da tarefa que tomamos sobre nossos ombros, quando encetamos a carreira do jornalismo" (*Actualidade*, 1º out. 1859).

Assim, ao mesmo tempo em que associa o jornal e a literatura, relaciona estes dois fenômenos relativos ao desenvolvimento das letras à própria constituição da nacionalidade:

> As letras formam e fortificam o espírito nacional, e tornam-se ao mesmo tempo o seu mais belo e fiel transunto.
>
> O maior ou menor grau de perfeição, a que tem atingido, dão a medida do grau do vigor e desenvolvimento a que tem chegado uma nacionalidade qualquer. [...]
>
> Entre nós, nação de ontem, as letras também se acham na infância. O espírito nacional, ainda não bem pronunciado, ainda não transparece em nossa literatura de um modo enérgico e original.
>
> Nossa excessiva admiração pelos monumentos da moderna literatura da Europa, dessa sociedade colocada em condições diametralmente opostas às nossas, nos tem feito abandonar as próprias inspirações, para entregar-nos ao estudo e imitação de uma literatura, a qual, se bem que rica e brilhante não tem deixado de contribuir para dar uma direção falsa e forçada ao espírito de nossa literatura nacional. (*Actualidade*, 1º out. 1859).

Em seguida refere-se às dificuldades para o estabelecimento da crítica literária entre nós e conclui, reafirmando a sua necessidade:

> Portanto, malgrado os preconceitos que contra ela existem, julgamo-la sumamente necessária para formar e dirigir o gosto literário; julgamos que a ela compete uma tarefa muito ativa, uma missão muito importante no desenvolvimento literário de um povo.
>
> Com o intuito pois de fazer nascer algum interesse mais vivo pelo progresso de nossas letras, sufocadas sob a atmosfera pseudo da indiferença, e quase consideradas pelo positivismo da época como a maior das

> futilidades da vida, começaremos a passar em revista os produtos mais notáveis da nossa literatura nacional contemporânea.
> Levados somente pelo culto das letras, e pelo desejo de vê-las prosperar entre nós, aos nossos juízos presidirá sempre a mais completa imparcialidade.
>
> [...]
>
> Cumpre quebrar este silencio, despertar o público dessa profunda indiferença, com que soe acolher os produtos de nossa literatura. - Bons ou maus eles devem ser estudados, e submetidos aos juízos da crítica, para que os talentos inexperientes conheçam os escolhos, que devem evitar, e os modelos, que podem adotar. (*Actualidade*, 1º out. 1859).

A própria literatura adquire também uma dimensão educativa e, no mais das vezes, civilizatória, como podemos ver em trechos da mesma proposta de crítica exposta nos parágrafos anteriores, no qual, inclusive, o autor relaciona diretamente o aparecimento da crítica ao amadurecimento literário e estes ao momento histórico mais tranquilo pelo qual passava o País:

> Agora que parece reinar alguma calma e serenidade em nosso horizonte político, que o país inteiro se bem que lutando ainda com todas as dificuldades, que nestes últimos tempos infelizmente tanto o tem afligido, se acha com tudo em triste e desconfiada expectativa, não nos parece mau o ensejo para nos ocuparmos mais de espaço da arte literária, desse talvez o mais belo ramo do desenvolvimento do espírito humano.
>
> A cultura das letras é sem dúvida um agente poderoso de civilização, como também um sintoma, que revela de um modo brilhante a existência dela. É sobretudo nos monumentos literários, que vão legando as gerações futuras, que se reflete clara e fielmente a fisionomia das diversas épocas e das diversas nacionalidades.
>
> [...]
>
> Quando o falso gosto invade as regiões da literatura, ou quando uma profunda indiferença pelos trabalhos do espírito se revela entre um povo, é evidente indício, de que esse povo, a não estar mergulhado nas trevas do mais profundo barbarismo, se acha nas vias da corrupção e da decadência. (*Actualidade,* 1º out. 1859).

Em outras ocasiões, como no *Índio Afonso*, é no próprio texto literário que transparece a perspectiva educativa. Aqui, trata-se de uma "conversa" introdutória do narrador com suas ***leitoras***, às quais se propõe a apresentar certos cenários e personagens do vasto Brasil sertanejo. Depois de afirmar, inicialmente, que gostaria de fazê-las "passear em companhia de meus personagens por uma enfiada de magníficos salões dourados, pisando em ricos e mimosos tapetes, no meio da mais polida e perfumada sociedade do mundo [...]" ou outras coisas parecidas, ele afirma:

> Bem quisera eu muita coisa, mas não me é possível.
>
> A minha tosca musa ainda não soube ensinar-me a calçar com elegância a luva branca de pelica e a traçar sobre o papel linha perfumada de todos esses suaves olores, que recendem nos salões do luxo, com todos esses esquisitos ressaibos de bom tom próprios de uma companhia de alta sociedade [...].
>
> A minha musa é essencialmente sertaneja; sertaneja de nascimento, sertaneja por hábito, sertaneja por inclinação.
>
> E pois não tenho remédio senão levar-vos comigo pela broncas e selvosas ribanceiras do caudaloso Paranaíba, através de espessas matas, ouvindo apenas o zunido da ventania pela cabeleira desgrenhada das bravias matas, e o ronco das cachoeiras pela quebrada das penedias, cuja enfadonha monotonia não deixa contudo de ser quando em quando disfarçada pelo urros formidáveis de alguma suçuarana, ou pelo bramido surdo que solta a sucuri no fundo das águas, quando ouve nos céus o rolar o trovão.
>
> E o que é pior ainda, não tenho remédio senão levar-vos a conviver por algumas horas com uma súcia de caboclos quase selvagens, sem a menor tintura de civilização, descalços e de chapéu de couro, tendo por único ornato uma comprida faca na cintura e um enorme cigarro na boca.
>
> Confesso que não me é muito aprazível semelhante panorama, nem muito amável a companhia de semelhante gente.
> Mas espero que as amáveis e indulgentes leitoras terão para comigo um bocado de paciência. (*Índio Afonso*, p. 13-15).

Assim, jogando constantemente com o contraste entre a corte e o sertão, entre a polidez dos salões e as artimanhas dos caboclos, o narrador vai, pouco a pouco, fazendo desfilar diante dos olhos de suas leitoras uma plêiade de personagens e paisagens que comporia um *outro país* a ser por elas conhecido. A literatura cumpriria, assim, o papel de promover a nacionalidade e de integrar o Brasil.[63]

Mas não podemos deixar de mencionar que também a educação escolar, a instrução popular, sobretudo, foi objeto de atenção de Bernardo Guimarães e, no caso d'*A Actualidade,* daquelas com quem mais diretamente trabalhava. Não passaria despercebido ao nosso autor que, durante todo o período em que produziu os textos que estamos utilizando como fontes para este trabalho, a questão da educação escolar, ou da instrução, era algo debatido em todos os níveis do Império, das Câmaras Municipais até o Conselho do Império e pelos mais diversos sujeitos, dos professores aos ministros, passando pelos principais intelectuais do País.

Do ponto de vista da política educacional, os anos 50 do século XIX são bem movimentados na Corte. O reordenamento da instrução primária

---

[63] É interessante observar os trechos do texto introdutório a esta mesma história que vimos comentando.:

"Ao leitor

Devo dizer duas palavras ao público sobre o assunto do pequeno romance que agora lhe ofereço, e que já foi publicado em folhetins na *Reforma.*

Não há muitos meses, um correspondente da Bagagem comunicava à redação daquele ilustre órgão do partido liberal um horroroso atentado perpetrado pelo Índio Affonso, e acompanhado das circunstâncias mais atrozes e revoltantes.

A notícia começa por estas palavras: — Índio Afonso, herói de um dos contos de Bernardo Guimarães, etc... — Semelhante notícia a ser exata vem desmanchar completamente a figura do meu herói, a quem atribuí caráter magnânimo, índole bondosa e sentimentos generosos.

Ora, em vista disto, para que não se pense que em meu conto tive o propósito de fazer a apologia de um facínora, cumpre-me declarar o que há de real e de fictício em minha narrativa, e em que baseei para prestar ao Índio Afonso o caráter com que aparece em meu romance.

Como se vê, o Índio Afonso é personagem real e vivo ainda. Sua figura, costumes, maneiras, tom de voz, modo de vida são tais quais os descrevi, pois tive ocasião de vê-lo e conversar com ele.

[...]

A descrição dos lugares também é feita ao natural, pois os percorri e observei mais de uma vez.

Com o judicioso e ilustrado crítico o Sr. Dr. J. C. Fernandes Pinheiro, entendo que a pintura exata, viva e bem traçada dos lugares deve constituir um dos mais importantes empenhos do romancista brasileiro, que assim prestará um importante serviço tornando mais conhecida a tão ignorada topografia deste vasto e belo país.

Por isso faço sempre passar a ação dos meus romances em lugares que me são conhecidos, ou pelo menos de que tenho as mais minuciosas informações, e me esforço por dar às descrições locais um traçado e colorido o mais exato e preciso, o menos vago que me é possível.

Eis o que há de real em meu romance. Se porém o Índio Afonso é um bandido ordinário, um facínora feroz e ignóbil como tantos outros, pouco me importa.

O Índio Afonso de meu romance não é o facínora de Goiás; é pura criação de minha fantasia.

Ouro Preto, 28 de fevereiro de 1873. (*Índio Afonso*, p. 3).

e secundária da Corte, previsto pelo regulamento 1331-A de 17 de fevereiro de 1854, retoma a lógica da centralização na medida em que atribui ao Governo Central poder para intervir diretamente na instrução primária e secundária do Município da Corte, assumindo o seu controle, contrapondo-se, deste modo, aos princípios descentralizadores do Ato Adicional de 1834. São traços marcantes dessa reforma temas tais como a ausência de monopólio sobre a instrução, a obrigatoriedade do ensino elementar, a formação e carreira docente, a graduação do ensino, a construção de classes de idade, a educação feminina e o financiamento, entre outros aspectos. É possível afirmar que a organização e o controle destes princípios, junto do poder central, são reflexos de uma das mais caras teses do Gabinete da Conciliação, em que a disposição de unificar e uniformizar pretendia secundarizar tensões estabelecidas por forças políticas distintas reunidas no âmbito do "gabinete da conciliação".

A reforma pode ser entendida como uma resposta aos dramas de sua época. No caso da reforma de 1854, esta deveria ser formulada de acordo com o que *aconselhava a experiência*, como afirmou o Ministro e Secretário de Estado dos Negócios do Império, Francisco Gonçalves Martins, em seu relatório de 1852, assinalando que, embora autorizada, a reforma da instrução primária e secundária ainda não havia sido formulada[64]: "*Pelo que respeita à Instrução Primária e às aulas avulsas de instrução secundária, sente o governo que não possa já apresentar-vos o plano da reforma, que elabora em execução ao Decreto n. 630 de 17/9/1851*". A elaboração anunciada efetiva-se dois anos depois, em 17 de fevereiro de 1854, e já se encontra noticiada no relatório de 1853 pelo novo ministro responsável pela instrução, o bacharel e amigo do Imperador, Couto Ferraz,[65] que, então, inicia seu discurso dando conta aos parlamentares das reformas que procurava implementar, tendo em vista as autorizações legais existentes. Assim, o próprio ministro busca, com seu

[64] Nesse relatório o Ministro se detém nas reformas que estavam sendo realizadas nos cursos superiores de Direito e de Medicina, além de referir-se a questões do Colégio de Pedro II, aula de Comércio e de Belas-Artes.

[65] Ocupante da pasta dos "Negócios do Império" no chamado gabinete da "Conciliação", com 35 anos na ocasião, este bacharel era um dos "*estreantes*" no "*governo dos moços*", modo como Heitor Lyra, na *História de D. Pedro II – Ascensão 1825-1870* (Belo Horizonte: Itatiaia, São Paulo: EDUSP, 1977), caracteriza o gabinete constituído pelo Marquês de Paraná.

relato, construir códigos de inteligibilidade para as intervenções educacionais propostas. Com relação à instrução primária e secundária, ele destaca os pontos julgados prioritários sobre os quais a reforma deveria incidir:

> Eram as ideias essenciais da reforma as seguintes: vulgarizar e estender o ensino público, organizar melhor o magistério, dando vantagens no presente e segurança no futuro aos professores, mas exigindo deles também mais aptidão e maior zelo; preparar bons professores; regular as condições do ensino particular; e chamar para um centro de inspeção por parte do Governo os colégios e estabelecimentos de educação da Capital do Império (1854). (Couto Ferraz, 1854 *apud* Faria Filho e Gondra, 2007).

Os cinco pontos assinalados pelo novo Ministro configuram eixos do programa de governo, traduzidos na reforma. Exprime, assim, uma espécie de agenda das preocupações, indicando, com isso, os núcleos em torno dos quais se podia evidenciar o drama educacional daquela época. Trata-se, portanto, de um diagnóstico do quadro educacional que precisava ser alterado, em torno do que o código jurídico deveria incidir, de modo a corrigir o existente, mas, sobretudo, codificar e controlar as virtualidades, em sintonia com o projeto educacional desenhado e imposto pela reforma. O Ministro, cioso de suas responsabilidades e do mundo que desejava construir, assinala que seu projeto não deveria ser visto como uma aventura, posto que o mesmo fora formulado depois de "*haver compulsado os trabalhos que já encontrou adiantados, e de ter consultado as pessoas habilitadas por sua leitura e pratica neste ramo do serviço publico*". Além disso, o ministro também afirma que a reforma procurou atender a todas as necessidades que reclamava o ensino primário e secundário, dando-lhes, conforme acentua, "*as soluções mais adequadas às nossas circunstâncias, e aconselhadas pela experiência dos Países mais ilustrados*". Esses são, portanto, os argumentos de autoridade empregados pelo Ministro, de modo a legitimar a reforma que conduz, indiciando também os mecanismos acionados na escrita da lei. Procedimento, aliás, muito assemelhado ao adotado pelos homens ilustrados da vizinha província mineira.

Em Minas Gerais, província que, conforme já dissemos, interessava muito de perto aos redatores *d'A Actualidade* no final da década de 1850, a instrução pública é reformada.[66] O Regulamento nº. 44, publicado sob os auspícios da Lei 960, de 1859, introduzira importantes modificações na forma de organizar a instrução pública e, sobretudo, nos nomes dados aos graus e professores da instrução primária, produzindo uma enorme confusão, a qual não passou despercebida nem para o jornal, conforme veremos à frente, nem para a Assembleia provincial.[67]

No dia 1º de agosto de 1859, *A Actualidade*, em matéria intitulada "o novo regulamento de instrução pública da província de Minas Gerais", publica uma ácida e irônica crítica ao regulamento 44. Nela, como de praxe no jornal, estabelece-se o vínculo entre a confusão criada pelo regulamento, a incompetência do diretor geral da instrução que o redigiu e o abandono da administração mineira nas mãos de sujeitos incapazes nomeados pelo poder central.

> Uma das mais flagrantes provas, de que a administração publica da província de Minas Gerais, está inteiramente abandonada a incúria, ao mau senso, á inépcia de alguns homens, é o novo regulamento de instrução publica, que hoje ali vigora, elaborado pelo Sr. Diretor geral da Instrução publica, hoje – Agente Geral – Rodrigo José Ferreira Bretas, e aprovado pelo Sr. conselheiro Carneiro de Campos.
> É desnecessário aqui fazemos sentir a importância e gravidade desse ramo do serviço publico, para fazer sobressair a grande responsabilidade, que pesa sobre os administradores daquela província, que assim abandonam essa tão delicada parte da administração publica a um homem, que para isso não mostra o menor tino, a menor habilitação, que assim sancionam todos os deletérios de um cérebro, cheio de concepções abstrusas, de ridículas manias, e de estranhas aberrações. Quanto a nós, julgamos que seria mil vezes mais conveniente, que o governo largasse mão do ensino público naquela província, e o abandonasse completamente à industria particular, do que regulá-lo por semelhante modo.

---

66 Assim como a pesquisa de BARBOSA (2007), a nossa tem *desmentido a concepção corrente, segundo a qual as províncias viviam culturalmente isoladas*. A autora comenta que a pesquisa em jornais e periódicos do século XIX tem revelado não só uma ligação forte entre Corte-províncias mas também *um intenso movimento entre as províncias, o que incluía a troca de jornais, o recebimento de livros, a crítica literária[...]*. (p. 83).

67 Uma longa matéria publicada n'*A Actualidade*, de 28 de novembro de 1860, traz os debates realizados na Assembleia Provincial sobre o Regulamento 44 e a defesa de sua modificação feita por vários parlamentares.

Depois de afirmar que a "nova nomenclatura, longe de ter sobre a antiga o mérito da maior clareza, e precisão lógica, é pelo contrario vaga, incorreta, e pela maior parte injustificável", o autor conclui:

> Entretanto é lastimoso, que em uma província tão ilustrada continue em vigor um regulamento, cujo menor inconveniente é o que tem de pueril, e de abstruso em sua forma. Ousamos pedir à presidência daquela província, que a bem dos interesses da numerosa e inteligente mocidade mineira mande suspender a execução daquele regulamento, e proponha à Assembléia Provincial a sua revogação.
>
> Quando tivermos tempo e espaço em nossa folha, voltaremos a este fatigante assunto, e mostraremos o que há de absurdo e incongruente em muitas disposições daquele regulamento; iremos ainda analisando outras inúmeras lindezas, que formigam nesse campo, que deixamos quase intacto; tão fecundo é ele em absurdos. Julgamos, que assim faremos um serviço importante à aduela malfadada província.

IMAGENS DE MULHERES E HOMENS E DE EDUCAÇÃO NA OBRA LITERÁRIA DE BERNARDO GUIMARÃES

Temos a intenção, nesta última parte, de mostrar a forma como Bernardo Guimarães constrói os traços da educação de seus personagens masculinos e femininos. Antes, porém, gostaríamos de chamar a atenção para as imagens de mulheres postas em circulação por seus romances.

Pode-se delinear um número bastante grande de imagens de mulheres nas obras analisadas. As mulheres são *mães, irmãs, amantes, escravas, índias, anjos, criaturas divinas, Evas, crianças, loucas, virgens, prostitutas, professoras, trabalhadoras*.... Iremos enfocar, aqui, de forma mais detida, aquelas imagens que, a nosso ver, são mais marcantes e constantes: a mulher anjo, a mulher Eva, a mulher criança, a mulher criatura perfeita de Deus e da mulher trabalhadora. Exploraremos, ao final, de forma breve, as imagens contraditórias sobre a mulher do sertão.

AS IMAGENS DE MULHERES

O anjo

Imagem reiterada no romantismo, a mulher é transfigurada, na obra de Bernardo Guimarães, num anjo, criatura celeste feita para amparar ou para confortar a vida dos homens. Logo no início do romance *A escrava Isaura*, ao comentar o canto de Isaura, diz o comentador:

> As notas sentidas e maviosas daquele cantar escapando pelas janelas abertas e ecoando ao longe em derredor, dão vontade de conhecer a sereia, que tão lindamente canta. Se não é sereia, somente um anjo pode cantar assim (*Isaura,* p. 8).

Em seguida à comparação, obedecendo à mesma lógica de comparação com figuras mitológicas, desloca-se da sereia para Vênus, mas permanece a possibilidade do Anjo. Veja-se:

> Os encantos da gentil cantora eram ainda realçados pela singeleza, e diremos quase pobreza do modesto trajar. Um vestido de chita ordinária azul-clara desenhava-lhe perfeitamente com encantadora simplicidade o porte esbelto e a cintura delicada, e desdobrando-se-lhe em roda em amplas ondulações parecia uma nuvem, do seio da qual se erguia a cantora como Vênus nascendo da espuma do mar ou como um anjo surgindo dentre brumas vaporosas (*Isaura,* p. 9).

É assim, também, que Álvaro vai referir-se a Isaura:

> [...] Pureza de anjo, formosura de fada, eis a realidade! Pode um homem ou a sociedade inteira contrariar as vistas do Criador, e transformar em uma vil escrava o anjo que sobre a Terra caiu das mãos de Deus?..."(*Isaura,* p. 137).

Também em *Maurício,* aparece a imagem da mulher como anjo. Aliás, neste livro, há um capítulo cujo título é "O anjo do lar e o anjo das selvas". Tendo sido a índia Judaíba tomada como refém para que seu pai revelasse o lugar de uma rica mina de ouro, Leonor, a heroína, impede que a mesma seja torturada, dizendo:

> Não, não meu pai! – exclamava ela; – não consinta em semelhante crueldade!... é demais... é abominável. Para atormentá-la hão de também atormentar-me a mim!... eis-me aqui!
> Assim clamando Leonor saíra de traz do reposteiro, donde estivera observando tudo, correra para o meio da sala, e de fronte erguida, com imponente e senhoril donaire se colocara diante de Judaíba como para protegê-la dos tormentos de que se via ameaçada. Dir-se-ia o anjo custódio da pobre indiana, que descendo do céu vinha ampará-la com a sombra de suas asas. (*Maurício*, p. 173).

Anjo também é a virgem que cuida de Gonçalo na tribo Xavante (*Ermitão*); Elias (*Garimpeiro)* refere-se à sua Lúcia como um anjo enviado pelo Céu (*Garimpeiro,* p. 326); Anjo é também Paulina (*A filha do fazendeiro);* e, finalmente, Margarida (*O Seminarista)* "era um anjo de Deus exilado na terra...".

A criança

Concebidas como anjos, as mulheres não deixam, também, de ser produzidas como crianças e é a inocência a característica que permite tal comparação, sendo também justificadora de muitas das ações femininas. Assim, a ansiedade de Leonor (*Maurício)* em aproximar-se da índia Judaíba é assim caracterizada:

> Leonor esperou com impaciência o alvorecer do dia seguinte. Ansiava por ver de perto com mais atenção a pobre indiana, e falar com ela alguma coisa, fosse o que fosse. Curiosidade infantil, comiseração e nobreza d'alma, tudo influía, para que ela desse aquele passo (*Maurício,* p. 183).

Mesmo quando a mulher é o objeto de desejo dos homens, que por ela lutam e matam, como no caso de Marocas, d'*O ermitão...*, pomo da discórdia entre Gonçalo e seu amigo e, ao final, causa da desgraça do herói, é lembrada a possibilidade de uma certa inocência infantil, mesmo que esta seja secundada por atributos não tão nobres:

> Marocas, ou porque era ainda muito criança, ou por ser de seu natural leviana e bandoleira e não amara ninguém, foi-se deixando facilmente

> seduzir pela galhardia, bravura e talvez mais pela riqueza e liberdade de Gonçalo, que durante a dança lhe introduzira no dedo um rico anel de brilhantes, prometendo-lhe ainda em segredos maiores e mais magníficos presentes (*Ermitão,* p. 53).

Ainda criança! É assim que se parece à Maria a jovem Adelaide de *A voz do Pagé*, quando esta quer, na verdade, é lhe dizer que está enamorada do índio Henrique:

> Maria – Tenho estranhado bastante, sra. D. Elvira, esse ar de tristeza, que há tempos, tendes tomado.
> Éreis tão alegre, tão travessa, não fazíeis senão rir e brincar; e agora todos os dias vindes aqui sentar-vos tão triste [...] tão triste que me dás cuidados.
> Elvira – Cuidados de que, minha boa Maria? Nem sempre somos crianças; já me vai chegando o tempo de pensar em coisas mais sérias.
> Maria (sorrindo) – Ora, grandes coisas tendes em que pensar!... Deixai, que os outros pensem por vós, e tratai de brincar, rir, e cantar como d'antes. (*Voz do Pajé*, p. 68-79).

Mas é interessante notar que não apenas as mulheres são infantis e, por isso, frívolas e inocentes. Também os índios participam de tal caracterização. Assim, em *O Ermitão...*, a propósito "de um grande alvoroço, popular, um renhido e sanguinolento conflito que estava prestes a fazer explosão" (p. 119) porque os índios não aceitavam a decisão do Conselho de Pajés sobre a possibilidade de aceitar Gonçalo/Itajiba como um dos seus, o narrador refere-se aos índios amotinados dizendo que "os selvagens, como as crianças, passam com extrema facilidade de um sentimento a outro, da coragem ao desânimo, da mais violenta e arrogante insubordinação à mais humilde submissão" (p. 120).

Também em *Maurício,* devido ao fato de que seu pai não voltara com a escolta que o conduzira (na verdade toda a escolta morreu, salvando-se apenas um dos homens para contar o acontecido..), Judaíba agitou-se, depois se prostrou e dormiu, o narrador faz o seguinte comentário:

> O selvagem é como a criança; suas alegrias e pesares são tão vivos e violentos, quão passageiros e fáceis de se dissipar. À força de sofrer e

> chorar, como de rir e brincar, acabam por adormecer. Na mais profunda angústia uma bagatela os distrai, assim como a menor contrariedade é capaz de mergulhá-los em tristeza mortal ou de metê-los em furor. Judaíba, que além de selvagem acabava apenas de sair da infância, tinha dupla razão de ser assim. (p. 225).

A perfeita criatura de Deus

Se as mulheres são anjos e crianças, inocentes criaturas de Deus, são também representação da perfeição da criação celeste. A diferença aqui é que, diferentemente dos anjos e das crianças, elas compõem o par perfeito é com o elemento masculino, com o homem. Assim, em *O Seminarista,* ao referir-se ao amor de Eugênio por Margarida, o narrador comenta:

> Amor e devoção se confundiam na alma ingênua e cândida do educado, que ainda não compreendia a incompatibilidade que os homens têm pretendido estabelecer entre o amor do criador e o amor de uma das suas mas belas e perfeitas criaturas – a mulher; a mulher, que Deus criou para amar e ser amada, a mulher que sem o amor é como a caçoula de perfumes, a que o ministro do templo esqueceu-se de comunicar o fogo santo, que os faz arder e subir em nuvens recendentes a beijar os pés de Deus. (*Seminarista,* p. 26).

Noutra ocasião, a propósito da mesma questão, tal representação é reiterada, aproveitando-se até para fazer um forte questionamento ao celibato clerical.

> Essas duas tendências naturais de seu coração terno e entusiasta, pode-se dizer essas duas paixões, que lhe eram inatas, o amor e a devoção, consagravam-se admiravelmente em seu espírito. O arroubo místico, contínua aspiração para Deus e para as coisas celestes, não excluía nele o amor por essa criatura, que é sobre a terra um dos mais belos reflexos do infinito poder – a mulher. É que de fato esses dois sentimentos tão puros, tão celestes ambos, nada têm de inconciliável em si mesmos, e somente uma lei meramente convencional, impondo o celibato como um preceito, imperativo, podia levantar entre eles esse odioso antagonismo, contra o qual a razão protestava e revoltava-se o coração. (*Seminarista,* p. 73).

A perdição

Se por um lado são anjos, crianças e criaturas perfeitas, por outro as mulheres podem representar a encarnação do mal e da perdição. De novo é em *O Seminarista*, que tal imagem é perfeitamente perceptível, onde, no entanto, tal representação está, segundo o narrador, sempre ligada ao espírito religioso e fanático da mãe de Eugênio e dos padres. Veja-se a passagem abaixo:

> O menino confessou-se com verdadeira contrição e sinceros desejos de emendar-se, revelando toda a luta íntima que sustentava em resultado para banir do espírito a imagem da sua querida Margarida.
> O padre deu-lhe animações e conselhos salutares, exortando-o a que persistisse naquela luta agradável aos olhos de Deus, e que tivesse fé e esperança na misericórdia divina, que alcançaria segura e completa vitória. Entre outras muitas coisas santas e salutares que disse ao menino, fez-lhe ver que decerto Margarida, como criança que era, já há muito dele se teria esquecido, e que não era senão o demônio que tomava a figura dessa menina para perturbar-lhe o espírito, arredá-lo de uma santa vocação, e arrastá-lo ao caminho da condenação eterna; que se lembrasse que o espírito das trevas, querendo perder nossos primeiros pais transformou-se em uma serpente, que enleando-se submissa e dolosa aos pés de Eva, lançou-lhe n'alma o germe da desobediência e da cobiça, o que fez perderem para sempre, ela e seu companheiro, as delícias do paraíso terreal. (p. 35).

Mais à frente (p. 71-72), a expulsão de Margarida e de sua mãe da fazenda dos pais de Eugênio será comparada à expulsão de Eva do paraíso, com um agravante: Eva ainda saía acompanhada de seu Adão e, Margarida, nem esta companhia tinha.

A trabalhadora

As mulheres são, dentro dos romances, profundamente trabalhadoras. Todas, heroínas ou não, trabalham muito. Todas tomam conta de suas casas e costuram; algumas tecem. Lúcia (*O garimpeiro*), por exemplo, é irmã e desempenha o papel de mãe, cuidando de sua irmã. Além disso, costura, lava roupa, cuida dos escravos, tira o leite das vacas para dar à sua irmã, entre outros afazeres.

O trabalho feminino aparece relacionado às escravas, mas não apenas, e quase sempre inclui o trabalho de tecelagem. Assim, a propósito de um mutirão que acontece na casa de Margarida (*O Seminarista)*, quando sua mãe precisa de ajuda para trabalhar o algodão, o narrador lembra que:

> Este uso não é somente dos roceiros, e é também posto em prática pelas mulheres que vivem de fiar e tecer, das quais antigamente havia grande número na província de Minas, alimentado com o seu trabalho esse ramo de indústria outrora mui importante e florescente. (*O Seminarista,* p. 52).

A educação das mulheres

Ao construir, nos romances, as imagens de mulheres, Bernardo Guimarães não deixa de explicitar os aspectos relacionados à sua educação e, ao fazê-lo, configura um certo modelo de educação feminina para a época. Tal modelo, bastante complexo, contrasta muitas vezes com aquele comumente vulgarizado pela literatura acadêmica, como incluindo apenas, quando muito, o ler, escrever e costurar. Nos livros de Bernardo Guimarães, as mulheres sabem mais ler do que escrever, apesar de muitas das heroínas dominarem ambas as competências, e todas sabem costurar; mas a educação das mulheres, como veremos, abrange muito mais do que isto.

Na obra de Bernardo Guimarães, a educação das mulheres no Brasil, com as características postas acima, encontra-se presente já no século XVI, pois é lá que se passa *A voz do Pagé*, peça na qual, logo na abertura, encontra-se o seguinte diálogo entre a heroína e sua criada:

> Elvira – Como te enganas, Maria! Cuidas que esta solidão em que vivemos, acalma os impulsos de um coração que nasceu para amar? Ah! Não; nada mais faz do que concentrá-los, e por isso torná-los ainda mais violentos, mais enérgicos.
> Maria (em tom de gracejo) – Muito me admira a vossa linguagem de hoje, Senhora! Nunca vos ouvi *filosofar* assim: muito tendes aprendido em vossas leituras.
> Elvira – Não são os livros, Maria, é o coração, que me tem ensinado estas coisas. Que se há de fazer nestes ermos do novo mundo senão pensar e sentir? Quanto ao pensamento, esse absorve-se em si mesmo,

> de si mesmo se alimenta; mas o sentimento necessita de expandir-se, de refletir-se em alguma coisa.
> Maria – (ainda em tom de gracejo). Cada vez me causais mais admiração: se estivéssemos em alguma corte, que não aqui nestes sertões, eu diria que esses vossos arrazoados são mais do vosso coração do que da vossa cabeça. (p. 79).

Em certo momento do livro *A escrava Isaura,* portanto já no século XIX, Malvina, a esposa de Leôncio, repreendendo a Isaura por seu canto triste, diz:

> Não gosto que a cantes, não, Isaura. Hão de pensar, que é maltratada, que és uma escrava infeliz, vítima de senhores bárbaros e cruéis. Entretanto, passas aqui uma vida, que faria inveja a muita gente livre. Gozas da estima de teus senhores. Deram-lhe uma educação, como não tiveram muitas ricas ilustres damas que conheço. (*A escrava Isaura,* p. 10).

O que seria, no entanto, tal educação? Comentando que a mulher do comendador cuidou da educação de Isaura, diz-se:

> À medida que a menina foi crescendo e entrando em idade de aprender, foi-lhe ela mesma ensinando a ler e escrever, a coser e a rezar. Mais tarde procurou-lhe também mestres de música, de dança, de italiano, de francês, de desenho, comprou-lhe livros, e empenhou-se enfim em dar à menina a mais esmerada e fina educação, como faria com uma filha querida. (*A escrava Isaura,* p. 17).

No caso de Isaura, uma escrava, no entanto, como se poderia prever, a educação poderia ser vista, por alguns, como um perigo. Pelo menos para Leôncio, era. Assim, depois de Isaura dizer que não lhe faltarão meios e coragem de ficar livre do seu senhor, o próprio Leôncio, como se sabe, este diz: "Eis o proveito que se tira de dar educação a tais criaturas! Bem mostras, que és uma escrava, que vives de tocar piano e ler romances. Ainda bem que me prevenistes; eu saberei gelar a ebulição desse cérebro escaldado." (*A escrava Isaura,* p. 74).

Em outros romances, também se fala da educação das mulheres. Lúcia, de *O garimpeiro*, sabe ler e escrever e utiliza tais competências para se comunicar, às escondidas, com seu amado Elias, que sabe ler, escrever e contabilidade, lê Rousseau e sabe a história das cavalhadas, entre outros assuntos.

Também no romance *A filha do fazendeiro*, explicita-se como se deu a educação da heroína:

> Além das perfeições que recebera da natureza, Paulina tinha tido uma educação acurada e a mais completa que naqueles tempos em nosso país se podia dar a uma menina. Ainda em tenros anos tinha sido enviada para um colégio em S. João del-Rei, onde a gentil sertaneja recebeu com muito aproveitamento lições de leitura, música, dança, e aprendeu as maneiras de uma sociedade um pouco mais polida do que era a Uberaba naqueles tempos. (*Histórias*, p. 20-21).

Em *O Seminarista*, enquanto o menino era enviado para o colégio, assim era feita a educação da menina Margarida: "À medida que a menina ia crescendo, a senhora Antunes, como boa madrinha que era, ia-lhe ensinando o que a sua tenra idade comportava, e desde os cinco anos lhe pôs nas mãos a agulha e o dedal."(*O Seminarista*, p. 17).

No romance *O seminarista*, de Bernardo Guimarães, encontramos uma passagem em que Eugênio, então com 11 anos, ensina a sua amiga Margarida a ler e a escrever, numa cena assim descrita pelo narrador:

> Eugênio não mentia, quando disse à a sua mãe que ensinava a ler a companheira de infância. O viandante, que por ali transitasse aquela época, teria por vezes a ocasião de contemplar à sombra das paineiras junto à pontezinha de que já falamos, um curioso e interessante grupo: um esbelto rapagote de cerca de doze anos assentado na grama, e com um braço passado sobre o ombro de uma gentil menina um pouco mais nova, apontando as letras do alfabeto. (*O Seminarista*, p. 20).

Assim, podemos verificar que, desse modo, mesmo para aqueles que não frequentam a escola, os processos de socialização vão se modificando, com a escolarização, em direção aos processos de aprendizagem acentuadamente escriturários experienciados na escola e divulgados pelos sujeitos que deles participam.

Em outros romances, imaginava-se a educação das meninas índias, ora pelos brancos, ora no interior da própria comunidade indígena. No caso da primeira situação, ressalta-se a educação de Judaíba pela branca Leonor, em *Maurício,* e da mestiça Jupira, que vivera longos anos entre os índios, por seu pai. O primeiro caso é assim descrito pelo narrador:

> Como sabemos, apenas o velho bugre partiu com sua escolta, Leonor, que condoída da sorte da pobre cabocla se interessava vivamente por ela, a tinha tirado da prisão, em que até ali estivera encerrada em companhia de seu pai. Leonor tomou a seu cuidado transfigurá-la completamente; deu-lhe alguns vestidos mais decentes, penteou ela mesma os cabelos ásperos e corredios da índia, perfumou-se e trançou dando-lhes a cor luzidia da plumagem do assú, enfeitou-lhe o colo, a fronte e os braços com algumas jóias e adereços de pouco valor, e em poucas horas transformou a bronca e seminua virgem da floresta em linda e faceira rapariguinha (*Maurício,* p. 221).

Logo depois, no mesmo romance, a educação da jovem índia é justificada de outra forma: pela falta de irmão e pela busca de companhia para e pela jovem branca.

> Nestas conjunturas veio-lhe à ideia, que a jovem indígena poderia bem até certo ponto suprir o vácuo, que em torno dela reinava, e encher-lhe mais agradavelmente o tempo, que tão enfadonho lhe corria. Desvelar-se-ia em educá-la para a sociedade; ensinar-lhe-ia a ler, cozer, a rezar; a menina seria sua discípula, sua catecúmena, sua irmã mais moça. Isto ao mesmo tempo que seria para ela um honesto passatempo, que lhe ia tornar mais suportável a ociosa e solitária existência, que levava, seria também uma obra meritória aos olhos de Deus e dos homens. (*Maurício,* p. 223).

No que se refere a Jupira, tal como seus companheiros de tribo e de vida errática, a menina não se sujeitava facilmente às práticas educativas e, por que não, disciplinares impostas por seu pai. Nota-se, no texto abaixo que, aqui também, atuava o modelo anterior. Chama a atenção o fato de que o pai de Jupira a ensina a escrever, o que não era muito comum nos romances de Bernardo Guimarães: mais de uma vez, narra-se o aprendizado e a prática da leitura pelas mulheres, mas raramente o mesmo acontece com a escrita.

> A menina crescia linda, engraçada, e travessa como uma ariranha. Tinha muita vivacidade e penetração, mas os instintos selváticos prevaleciam

> nela, e foi com muita dificuldade, que seu pai no fim de sete anos conseguiu que ela adquirisse alguns costumes de civilização, andasse vestida, cosesse, lesse e escrevesse algumas coisa. Muitas vezes a iam agarrar pelos matos quase nua, trepada como macaco na mais altas árvores, ou nadando nos profundos remansos do Rio Verde em risco de ser devorada por algum jaú ou sucuri. (*Tradições*, p. 146).

Não deixa de ser contrastante com a educação das mulheres no mundo civilizado, dentro da obra de Bernardo Guimarães, a forma como ele constrói a educação da jovem índia Guaraciaba. Conduzida sob a responsabilidade de um homem, o feiticeiro Andiara, a educação desta jovem nada lembra o recato da educação das meninas brancas. Dizia-se que:

> Andiara votava paternal afeição à filha do cacique, sobre cuja infância velara desde o berço com a mais terna solicitude. Tendo ela ainda em tenra idade perdido a mãe, a linda e donosa Naumá, Andiara, parente e amigo fiel e extremoso de Oriçanga, a cuja família julgava estar ligada a glória da nação dos Chavantes, tomou a si o cuidado de educar e desenvolver os dotes do corpo e do espírito da gentil menina, última progênie de uma raça de heróicos caciques, e em quem repousava toda a esperança da tribo. Ele a tinha sempre junto a si, e a conduzia pela mão em seus giros pelas florestas; ele entretecia com suas própria mãos vistosos canitares de plumas ondulantes para sombrear-lhe a fonte, e lhe engastava o cinto da araçóia de palhêtas de ouro nativo e de brilhantes pedrarias. Também a exercitava na arte de encurvar o arco, de brandir o tacape, de fender com os ombros as águas das torrentes, ou impedir rapidamente com o remo uma piroga a resvalar pelas ondas azuladas de seu rio natal; ensinava-lhe as danças e cantigas sagradas, e os hinos de guerra, dando-lhe uma educação toda varonil na esperança de torná-la um dia uma heroína capaz de elevar a nação ao mais subido auge de glória e de grandeza. (*O Ermitão*, p. 80).

Como se pode perceber, BG demonstrava entender perfeitamente os vínculos existentes entre os processos e práticas culturais e educação das novas gerações. Há nessas passagens uma evidente percepção das múltiplas relações que se estabelecem entre as necessidades e organizações sociais e as práticas educativas que visam a socialização da infância e da juventude. E isto, como veremos a seguir, não apenas em relação às mulheres.

A educação dos homens

No que se refere à educação dos homens, é interessante notar que Bernardo Guimarães, homem escolarizado, vai construir poucas possibilidades para a trajetória educacional de seus personagens masculinos: ou terão uma educação bastante solta ou serão educados nos seminários. Ambas mostrar-se-ão bastante desastradas, como veremos. Parece confirmar tal perspectiva o fato de que, dentre seus personagens masculinos, o que melhor sorte tem, o Elias, de *O garimpeiro,* que sabe ler e escrever, sabe matemática e contabilidade, é leitor de Rousseau e sabe, em profundidade, a história das cavalhadas, sobre sua educação nada se diz.

Veja-se, no entanto, como foi a educação de alguns de seus outros personagens masculinos. Maurício, personagem título de um dos seus romances, tendo ficado órfão, foi adotado por Diogo Mendes, o capitão-mor que, posteriormente, transferiu-se para as Minas Gerais. Assim se descreve a sua educação:

> Era um belo menino, cheio de vivacidade e inteligência. Interessando-se vivamente pelo órfão, que de dia em dia desenvolvia novos dotes e espírito, e excelentes qualidades de coração, Diogo Mendes o fez entrar para o colégio dos jesuítas, afim de ser educado para o estado clerical. Aí esteve por três ou quatro anos, durante os quais aqueles padres, apreciando a inteligência clara, o espírito vivaz e penetrante, e a índole audaciosa, que o menino então adolescente ia revelando em sumo grau, achando que ali havia massa para se formar um excelente missionário de Loiola, empregaram grandes esforços em atraí-lo ao seu grêmio. Foi tudo embalde; o menino não havia nascido para a roupeta. Havia nele um elemento, que se opunha diametralmente à obediência passiva, essa condição cordial imposta aos discípulos de S. Inácio. Era um extremo amor da independência, uma rebeldia indomável contra todo e qualquer jugo. (*Maurício,* p. 38).

Já Leôncio, o vilão de *A escrava Isaura*, teve a seguinte educação:

> Leôncio achara desde a infância nas larguezas e facilidades de seus pais amplos meios de corromper o coração e extraviar a inteligência. Mau aluno e criança incorrigível, turbulento e insubordinado, andou de colégio em colégio, e passou como gato por brasas por cima de todos os

> preparatórios, cujos exames todavia sempre achava à sombra do patronato. Os mestres não se atreviam a dar ao nobre munífico comendador o desgosto de ver seu filho reprovado. (*A escrava Isaura,* p. 13).

Como jovem rico que era, seu percurso educacional foi marcado ainda pela matrícula na Escola de Medicina, da qual saiu por desinteresse, e na Faculdade de Direito de Olinda, na qual também não conclui o curso. Em seguida, vai para a Europa, onde, ao invés de estudar, fica passeando e tomando contato com ambientes e figuras poucos recomendáveis socialmente, segundo o narrador. [...] percursos dos filhos das gentes ricas. Para trazê-lo de volta, o pai acena com um bom casamento. Segundo o narrador:

> Leôncio mordeu a isca e voltou à pátria um perfeito dândi, gentil e elegante como ninguém, trazendo de suas viagens, em vez de conhecimentos e experiência, enorme dose de fatuidade e petulância e um tão perfeito traquejo da alta sociedade, que o tomaríeis por um príncipe. Mas o pior era que, se trazia o cérebro vazio, voltava com a alma corrompida e o coração estragado por hábitos de devassidão e libertinagem. (*A escrava Isaura,* p. 14).

Também a educação de Gonçalo, de *O Ermitão...*, é marcada pela ausência da direção familiar, numa reiterada representação sobre a educação dos jovens ricos na obra de Bernardo Guimarães, como já vimos. No romance, a apresentação do personagem se dá da seguinte forma:

> Era filho de pais abastados e de família; porém educado à larga, abandonado desde a infância a si mesmo, sempre em meio de más companhias, dotado além de tudo de índole inquieta e fogosa, este rapaz, que poderia ser um homem de bem e útil à sociedade, se uma educação regular tivesse dado salutar direção aos instintos de sua natureza, foi-se tornando um valentão famoso, talhado a molde para as galés ou para o patíbulo.
>
> Gonçalo, que assim se chamava, aplicou-se com ardor desde criança ao manejo de armas de toda a qualidade, a domar animais bravos, a caçar, a nadar, enfim a toda sorte de exercícios do corpo os mais rudes e perigosos.
>
> E de feito neste ponto sua educação foi completa; [...] (*O Ermitão,* p. 33).

Eugênio (*O Seminarista*) saiu de casa aos 9 anos para estudar na cidade vizinha, vinha em casa no fim de semana. Pouco mais de dois anos depois, ele é enviado para o seminário. A mudança do ambiente de casa para o novo regime educativo é descrita como uma passagem do espaço aberto para o fechado:

> Eis o nosso herói transportado das livres e risonhas campinas da fazenda paterna para a monótona e austera prisão de um seminário no arraial de Congonhas do Campo, de barrete e sotaina preta, no meio de uma turba de companheiros desconhecidos; como um bando de anus pretos encerrados em um vasto viveiro. (*O Seminarista,* p. 21).

Tal ideia é retomada logo depois, utilizando-se, agora, da ideia do cenário onde o artista, ou os padres, traçam ou moldam sua criação (ou criatura).

> Eis o novo cenário, a que havemos transportado o nosso herói. O espetáculo não podia deixar de ser curioso e interessante, e nem a nova fase da vida em que ia entrar deixaria de ter encantos para um menino que tanto gostava das práticas de devoção religiosa, e tão forte tendência mostrava para o misticismo. Contudo, aquele filho do sertão, acostumado a percorrer os campos e bosques da fazenda paterna, não pode a princípio deixar de estranhar a severa reclusão e imprescritível regularidade daquela vida monótona e compassada do seminário. Mas, o gênio pacato e a extrema docilidade de Eugênio, ajudados pela bossa da beatividade ou veneratividade, que tinha muito desenvolvida, fizeram com que em menos tempo do que qualquer outro se habituasse e tomasse gosto mesmo pelo seu novo gênero de vida, como se fosse o elemento em que nascera. (*O Seminarista,* p. 23).

Observe-se que, não por acaso, será este menino "pacato" e "dócil" que, ao contrário dos outros que tiveram uma educação desregrada, terá um fim trágico – a loucura –, justamente por não conseguir desvencilhar-se do projeto para ele arquitetado pela família e pela igreja.

A educação física, moral e intelectual

Finalmente, outro elemento para o qual podemos chamar a atenção é para a interdependência estabelecida por Bernardo Guimarães entre a educação física, a moral e a intelectual. Como sabemos, tal perspectiva, sistematizada, entre outros, por Kant, era muito conhecida no Brasil dos oitocentos por meio da leitura de diversas obras, notadamente as de H. Spencer com o seu clássico livro *Educação física, moral e intelectual.*

A partir de meados do século XIX, ganhou força nos variados discursos sobre a educação, a ideia de que, no entrelaçamento das três dimensões básicas da "educação integral" – a moral, a física e a intelectual –, um dos elementos determinantes era o fator hereditário. Esse caldo de cultura aparece obviamente na obra de Bernardo Guimarães. Assim, em *A escrava Isaura,* depois de falar da paixão que Leôncio passou a cultivar por Isaura, apesar de ser casado com uma jovem e linda mulher, diz-se que "Leôncio era um digno herdeiro de todos os maus instintos e da brutal devassidão do comendador". (*A escrava Isaura,* p. 21).

No entanto, é em *O seminarista,* ao falar da educação de Eugênio, que o autor vai produzir uma impressionante e, ao mesmo tempo, muito negativa visão da educação nos colégios internos, notadamente nos seminários. Como que estabelecendo um diálogo com as correntes higienistas da época, o narrador assim fala da educação recebida por Eugênio no seminário, bem como do resultado na mesma sobre o rapaz.

> No fim de algum tempo, Eugênio estava magro, pálido, alquebrado, que mais parecia uma múmia ambulante. Tinha-se de todo amortecido o brilho de seus grandes olhos azuis, e profunda palidez cobria-lhe o rosto magro. O adolescente de dezesseis anos parecia um ancião às bordas da sepultura.
>
> Estes estragos físicos não deixaram também de repercutir de um modo deplorável no moral e na inteligência. [...]
>
> À força de trabalhos e insônias, de orações, jejuns e mortificações continuadas, caiu em tal estado de prostração, de atonia física e moral, que embotando-se-lhe de todo a sensibilidade e quase extinto o lume da inteligência, o rapaz ficou como que reduzido a um autômato. [...]
>
> Eis como uma educação fanática e falseada, abusando de certas pré-disposições do espírito, lança naquela alma o germe de uma luta íntima e cruel, que fará o tormento de toda a sua vida e o arrastará talvez à última desgraça, se a misericórdia divina dele não se amercear. (*O Seminarista,* p. 36-37).

Noutra ocasião, ao comentar o acanhamento de Eugênio quando, em visita à sua família, não consegue conversar com seus entes mais queridos, o narrador volta à carga e diz:

> A educação claustral é triste em si e em suas consequências: o regime monacal, que se observa nos seminários, é mais próprio para formar ursos do que homens sociais. Dir-se-ia que o devotismo austero, a que vivem sujeitos os educando, abafa e comprime com suas asas lôbregas e geladas naquelas almas tenras todas as manifestações espontâneas do espírito, todos os vôos da imaginação, todas as expansões afetuosas do coração.
>
> O rapaz que sai de um seminário depois de ter estado ali alguns anos, faz na sociedade a figura de um idiota. Desazado, tolhido e desconfiado, por mais inteligente e instruído que seja, não sabe dizer duas palavras com acerto e discrição, e muito menos com graça e afabilidade. E se acaso o moço é tímido e acanhado por natureza, acontece muitas vezes ficar perdido para sempre. (*O Seminarista,* p. 41).

Podemos perceber, pois, uma visão bastante crítica acerca da educação nos colégios religiosos. Tal educação, ao fim e ao cabo, acabava por mutilar a própria humanidade, não apenas impedindo a realização de legítimos projetos de vida dos sujeitos a ela submetidos, mas corroendo o caráter, a inteligência e a saúde física dos meninos.

REFERÊNCIAS

AMORA, João Soares. O romantismo. São Paulo: Cultrix, Col. A literatura brasileira, v. II, 1969, 3ª ed.

BARBOSA, Socorro de Fátima Pacífico. *Jornal e Literatura:* a imprensa brasileira no século XIX. Porto Alegre: Nova Prova, 2007.

CÂNDIDO, Antônio. Literatura e sociedade. *Folha de São Paulo*, São Paulo, 2000.

CASTRO, E. B. Viveiros de.; ARAÚJO, Ricardo B. de. Romeu e Julieta e a origem do Estado. In: VELHO, Gilberto (Org.). *Arte e sociedade:* ensaios de sociologia da arte. Rio de Janeiro: Zahar, 1976, p. 130-69.

CERTEAU, Michel de. *A invenção do cotidiano*. Petropólis: Vozes, 1994.

CHALHOUB, Sidney. *Machado de Assis:* historiador. Rio de Janeiro: Cia. das Letras, 2003.

CHALHOUB, Sidney.; PEREIRA, Leonardo Affonso de M. (Org.). *A história contada:* capítulos de história social da literatura brasileira. Rio de Janeiro: Nova Fronteira, 1998.

CHARTIER, Roger. *A história cultural.* Rio de Janeiro: DIFEL, 1990.

COELHO, Nely Novaes. Sertanismo e regionalismo: Bernardo Guimarães. A ficção mineira de Bernardo Guimarães aos primeiros modernistas. In: SEMINÁRIO JOÃO ALPHONSUS, *Anais*... Belo Horizonte: Conselho Estadual de Cultura de Minas Gerais, 1982.

COUTINHO, Afrânio. (Dir.). *A literatura brasileira.* Rio de Janeiro: Editorial Sul Amaricana, v. I, t.2, 1955.

DEL PRIORE, Mary. O papel branco, a infância e os Jesuítas na Colônia. In: DEL PRIORE, Mary. (Org.). *História da criança no Brasil.* 3. ed. São Paulo: Contexto, 1986.

FARIA FILHO, Luciano Mendes de. A legislação escolar como fonte para a história da educação. In: FARIA FILHO, Luciano Mendes de (Org.). *Educação, modernidade e civilização.* Belo Horizonte: Autêntica, 1998.

FARIA FILHO, Luciano Mendes de. Estado, cultura e escolarização em Minas Gerais no século XIX. In: VIDAL, Diana G.; SOUZA, Maria Cecília C. C. de (Org.). *A memória e a sombra:* a escola brasileira entre o Império e a República. Belo Horizonte: Autêntica, 1999.

FARIA FILHO, L. M.; GONDRA, J. G. In the name of civilization: compulsory education and cultural politics in Brazil in the 19th century. In: Eugenia Roldán Vera e Marcelo Caruso. (Org.). Imported modernity in post-colonial state formation. 01 ed. Frankfurt: Peter Lange GmbH Lang, 2007, v. 14, p. 307-337.

FIÚZA, Rubens. *Do São Francisco ao Indaiá – História e estórias de Dores do Indaiá.* Belo Horizonte, 2003.

GALVÃO, Ana Maria de Oliveira. Problematizando fontes em história da educação. *Educação e Realidade*, Porto Alegre, v. 21, n. 2, 99-120, jul./dez., 1996.

GUIMARÃES, Bernardo[68]. *O ermitão de Muquém* (1869); *O garimpeiro* (1872). São Paulo: Livraria Marins Ed., 1955.

GUIMARÃES, Bernardo. *O seminarista* (1872). 22 ed. São Paulo: Ática, 1995.

GUIMARÃES, Bernardo. *História e tradições de Minas Gerais* (1872). Rio de Janeiro: Civilização Brasileira, 1976.

GUIMARÃES, Bernardo. *A escrava Isaura* (1875). São Paulo: Círculo do Livro, s.d.

GUIMARÃES, Bernardo. *Maurício ou Os paulistas em São João del-Rei* (1877). Rio de Janeiro: F. Briguiet & Cia Ed., 1941.

GUIMARÃES, Bernardo. A voz do Pagé. In: CRUZ, Dilermano. *Bernardo Guimarães (Perfil bio-bibliográfico).* Belo Horizonte: Imprensa Oficial, 1914.

GUIMARÃES, Bernardo. *O índio Afonso.* Rio de Janeiro: s. d. Garnier.

GUIMARÃES, Bernardo. *Poesias Completas* (1852-1883). Rio de Janeiro: INL, 1959 (Org. Alphonsus de Guimarães Filho).

GUIMARÃES, Bernardo. *Poesia erótica e satírica* (1852-1883). Rio de Janeiro: Imago, 1992. (Org. Duda Machado).

GUIMARÃES, Manoel Luís Salgado. Nação e civilização nos trópicos: o Instituto Histórico Geográfico Brasileiro e o projeto de ua história nacional. Rio de Janeiro, Estudos Históricos, 1, 1984, p. 5-27.

IANNI, Octávio. Sociologia e literatura. In: SEGATO, José Antônio.; BALDAN, Ude. *Sociedade e literatura no Brasil.* São Paulo: Ed. UNESP, 1998.

JOBIM, José Luís (Org.). *Introdução ao romantismo.* Rio de Janeiro: Ed. UERJ, 1999.

LAMEGO, Valéria. Retrato de senhora: a imagem da mulher brasileira na pintura e literatura do século XIX. In: VIANNA, Lúcia Helena (Org.). Mulher e literatura. IV Seminário Nacional, *Anais...* Niteroi, 1991.

LEENHART, Jacques.; PASAVENTO, Sandra Jatahy (Org.). *Discurso histórico e narrativa literária.* Campinas: Ed. UNICAMP, 1998.

LIMA, Luiz Costa. *Sociedade e discurso ficcional.* Rio de Janeiro: Guanabara, 1986.

[68] Nas referências das obras de Bernardo Guimarães, as datas que estão entre parênteses correspondem aos respectivos anos de publicação da primeira edição do livro.

LIMA, Luiz Costa. *Pensando nos trópico*. Rio de Janeiro: Rocco, 1991.

LIMA, Luiz Costa. *Aguarrás do tempo*. Rio de Janeiro: Rocco, 1989.

LOPES, Eliane Marta T. História da educação e literatura: algumas idéias e notas. *Educação em Revista*, Belo Horizonte, 27, 35-46, jul. 1998.

MATTOS, Ilmar H. *Tempos de Saquarema*. 2. ed. Rio de Janeiro: Acces, 1994.

NUNES, Clarice. Um projeto de interpretação para a pesquisa em história da educação. *Tempo Brasileiro*, Rio de Janeiro, 124, 35-54, 1996.

PALLARES-BURKE, Maria Lúcia. *Nísia Floresta, O Carapuceiro e outros ensaios de tradução cultural.* São Paulo: Hucitec, 1996.

SEVCENKO, Nicolau. *Literatura como missão.* 4. ed. São Paulo: Brasiliense, 1999.

WILLIAMS, Raymond. *O campo e a cidade na história e na literatura*. São Paulo: Cia. das Letras, 1989.

DR. ANASTÁCIO SYMPHRONIO DE ABREU: OLHARES DE UM MÉDICO OITOCENTISTA

Marileide Lopes dos Santos

Fazer reflexões acerca de sujeitos que tiveram uma vida marcada por engajamentos políticos, educacionais, médicos, entre outros, é um exercício que implica mobilizar as redes pelas quais estes indivíduos circulavam. Nesse sentido, temos feito um esforço de nos últimos anos investigar o processo de escolarização de Sabará-MG, atrelado a uma série de questões vinculadas aos mais diversos indivíduos envolvidos com este processo: alunos, professores, políticos, instituições de assistência à criança e instituições de ensino. Dentre esses diversos sujeitos, neste texto abordaremos a figura do médico e político Anastácio Symphronio de Abreu, homem que aspirava novos ares para a província mineira, e especialmente para a cidade de Sabará/MG em meados do século XIX.

Em 1847, no relatório do Presidente da Província mineira Quintiliano José da Silva, chama-nos a atenção o destaque que este dava à questão da saúde pública da província. Na ocasião, o presidente expôs alguns ofícios recebidos de médicos da província, que haviam respondido um questionário sobre as condições sanitárias de Minas Gerais. Dentre esses ofícios, Quintiliano José da Silva distinguia o do Dr. Anastácio Symphronio de Abreu, que abordava especialmente o problema com o tratamento das "bexigas" e, ao mesmo tempo, dava sugestão de como se poderia obter melhores condições de tratamento dessa doença e de experiências realizadas na Europa com sucesso.

A partir desse período, começamos a localizar pequenas passagens do médico Anastácio Synphronio de Abreu em documentação do município de Sabará. Documento a documento, fomos apreendendo que esse médico ia ganhando mais visibilidade e que uma rede de sociabilidade se constituía em seu entorno. Presidir a Câmara Municipal da cidade, criar um estabelecimento de ensino e uma instituição de abrigo para os expostos foram algumas de suas ações na Sabará oitocentista.

Sonhador, um revolucionário à moda francesa, sem bom senso, um *Mirabeau*, benemérito, inteligente, esbanjador de verbas públicas, rancoroso, progressista, esquisito, desaforado, vingativo... eram alguns dos adjetivos atribuídos à Anastácio Symphronio de Abreu.[69] Esse médico possuía um discurso no qual buscava justificar seus comportamentos e posturas, imersas num emaranhado de situações que circundam seu fazer-se médico e político. A medicina era a instância que lhe dava maior suporte intelectual, financeiro, fonte de legitimação dos atos que praticava; nela, buscava elementos que justificassem suas ações. Por meio de seus discursos, é possível perceber traços da sua formação que permearam o olhar lançado sobre a cidade de Sabará, a província de Minas Gerais e o Brasil. Sua biografia precisa ainda de investigação mais apurada; no entanto, os dados levantados em diversos documentos ajudaram-nos a delinear um pouco a sua trajetória.[70]

Mineiro de Santo Antônio do Manga-MG, Anastácio Symphronio de Abreu doutorou-se em Medicina pela Universidade Friedrich-Alexander em Erlangen, Nürmberg. Em 1844, defendia a tese *Dissertation sur un nouveau procédé pour la reclinaison - dépression de la cataracte et sur les résultats obtenus par ce procédé, à l'Institut Ophthalmique de Bruxelles.* Foi médico do *Institut Ophthalmique de Bruxelles* e membro correspondente de sociedades como a Sociedade Médico-cirurgíca de Bruges; das Ciências Médicas e Naturais de Malinês e de Medicina Prática da Província de Anvers. Retornaria ao Brasil, apresentando a tese *Da syphilis e dos meios prophylaticos*, em 1845.

Casou-se com Anna Flávia Nogueira da Gana, em 1847 – pouco tempo depois de sua chegada à cidade –, na Capella de Sant' Anna do Arraial Velho, em Sabará. No registro do casamento, chama a atenção o fato

[69] Temos indícios de que Dr. Anastácio Symphronio de Abreu naseu no ano de 1819.

[70] Este trabalho é parte de minha dissertação de Mestrado. Pesquisa financiada com bolsa do Conselho Nacional de Desenvolvimento Científico e Tecnológico (CNPq).

de não aparecer os nomes dos seus pais. A identidade de ambos apareceria no registro de batismo de uma das suas filhas, em 1859. Sua residência oficial ficava na Freguesia de Raposos, local pouco povoado, distantes 2 léguas de Sabará.

O casamento do Dr. Anastácio com Anna Flávia Nogueira de Gana deu a este, melhor inserção na sociedade sabarense, pois seu sogro – Pedro Gomes Nogueira era homem com sólida atuação política na Comarca do Rio das Velhas. Numa sociedade marcadamente imbricada com as relações familiares, certamente essa união possibilitou ao Dr. Anastácio maior aceitação na cidade. A partir do seu casamento, o casal passou a ser convidado para batizar crianças filhas de "renomadas" famílias sabarenses, como também para ser testemunha de casamentos, ampliando seu círculo de amizades, com influências em alianças políticas. Seus compadres também eram homens com certo cabedal.

Para uma cidade que tinha *formas de sociabilidade institucionalizada*, conforme apresenta Morel (2005), Anastácio Symphronio de Abreu inseriu-se na *Irmandade de Misericórdia da Comarca de Sabará* e logo sua presença passa a ser evidenciada ocupando lugares em comissões da instituição, como foi o caso da comissão criada para revisar os estatutos da irmandade em 1848. Nessa mesma época, solicitava ao médico da Santa Casa que fizessem um levantamento estatístico dos pacientes lá tratados; se nesse levantamento fosse observado a existência de algum caso *extraordinário*, que merecesse a publicação em jornais, deveria dar-se a ele publicidade, pois isso poderia ser útil à ciência.[71] Esse era um tipo de publicação a qual Dr. Anastácio estava acostumado, diante do contato com jornais científicos publicados na Europa, e de já haver publicado trabalhos em tais jornais.

Era preciso, ainda, fazer-se presente em outros espaços procurados pelos doentes: as boticas. Por serem estabelecimentos merecedores de maiores vigilâncias, principalmente, higiênicas, Dr. Anastácio encabeçaria o movimento de cobrar da Câmara Municipal sabarense que fosse tomada providência para a fiscalização desses estabelecimentos. Uma comissão com os dois médicos mais afamados do município, os Drs. Anastácio e

[71] Apud PASSOS, 1929, p. 130.

Silvério Augusto de Araújo Viana,[72] deveria realizar visitas duas vezes ao ano com o objetivo de instruir os donos dos estabelecimentos para manterem procedimentos mais higiênicos, a fim de promover a qualidade dos produtos e a saúde dos clientes.

Nesse processo e no decorrer dos anos, chegaria o Dr. Anastácio, em 1853 à presidência da Câmara Municipal de Sabará. Quando assumiu a presidência, habitava no município de Sabará há aproximadamente sete anos. Nessa ocasião, Dr. Anastácio possuía amplos conhecimentos do quadro social da população sabarense. Conhecimento que decorria em boa parte de sua movimentação no exercício da medicina, o que o levava a circular pelo Termo de Sabará e pela Comarca do Rio das Velhas, do mesmo modo que se movimentava em viagens para outras localidades da província mineira e da Corte.

Nesse mesmo ano, fundou o Colégio Emulação Sabarense, colégio que contribuiria com a organização do secundário no município. Esse colégio incorporaria, no seu quadro, as aulas públicas de Latim e Francês da cidade. O colégio também passaria por sérias dificuldades ao longo de sua existência para se manter, principalmente por conta da ausência de espaço físico adequado, a organização das aulas e dificuldades com o corpo docente. Das matérias ofertadas pelo colégio, estava o ensino de Primeiras Letras, Latim, Inglês, Matemática, Francês, Gramática Nacional, Geografia e História.

As primeiras sessões da Câmara com os novos vereadores, em 1853, foram dedicadas à questão daqueles tidos como os *infelizes* do município. Dr. Anastácio, em seus discursos, fazia várias observações sobre o problema e apontava possíveis "soluções". Entre essas soluções, estava a identificação dos pobres e a criação de um espaço para abrigar crianças *desamparadas* e expostas. Atrelado a esse debate, estava a preocupação com a ordenação do espaço público local, a organização da coleta de impostos e a proposta de criação de novas taxas. Tais assuntos se constituíram em focos de interferência, atritos e divergências políticas. Para o Dr. Anastácio, a insalubridade

[72] Membro de família das elites locais, defendeu sua tese na Faculdade de Medicina do Rio de Janeiro, em 1834. Foi vereador, membro da Irmandade de Misericórdia, professor público, delegado, entre outras atividades que desenvolveu.

de espaços públicos demandava a necessidade de atuação diante de problemas que punham a saúde da população em risco. Defendia ainda que era preciso transitar pelas ruas sem prejudicar a saúde, assim como qualificar estabelecimentos comerciais para funcionarem de acordo com uma lógica mais higiênica e racional. Esse conjunto de medidas permitiria um desenvolvimento local assentado em um pensamento primado pela razão, tendo como referência as "nações mais adiantadas".

Dr. Anastácio via em Sabará a possibilidade de pôr em prática sua profissão, seus princípios e atitudes filantrópicas, como também ideias políticas. Em seus projetos, estava: criar um colégio secundário; unir a Santa Casa, a Câmara, as Ordens leigas e a "boa sociedade" em torno da assistência, tanto aos expostos quanto aos órfãos pobres; controlar a mendicidade; e promover o desenvolvimento urbano da cidade.

Dr. Anastácio sabia dos problemas que envolviam a criação das crianças expostas e, no bojo dessas questões, solicitava à administração da Santa Casa que fosse permitido criar nas dependências da instituição cômodo para que abrigasse crianças menores de 7 anos que fossem encontradas vagando pelas ruas da cidade. Nessa solicitação, já esboçava a perspectiva de conseguir trabalho para as crianças à medida que crescessem e a necessidade de providenciar os recursos financeiros para manter o trabalho.[73]

Já era notório que vereadores e membros de várias comissões de visitas a estabelecimentos públicos se ressentiam com o fato de a Santa Casa da cidade não receber em suas dependências os expostos do município. Várias reclamações foram apresentadas aos presidentes da província mineira sem, no entanto, maiores resultados. Se, de um lado, alguns presidentes da província ressaltavam a necessidade de investir na assistência aos expostos, por outro, essa necessidade não correspondia a valores financeiros. O que acompanhamos nos relatórios e discursos dos presidentes são constatações de que as Santas Casas passavam por sérios problemas financeiros, com exceção da administração financeira da Santa Casa de São João del-Rei, a qual cuidava de crianças enjeitadas.

Os administradores da Capitania, como os administradores da Província de Minas Gerais, tinham grande receio dos classificados como *vadios*,

---

[73] CMS ATA 013, Folha 89 V, 10 jan. 1853.

pobres sem ocupação, dentre outras denominações. A Câmara de Sabará, por diversas vezes, demonstrara seu "descontentamento" com esses grupos. Dr. Anastácio, atento a essa situação, queria que a Câmara também se ocupasse dessa população. Ao mesmo tempo em que pedia a administração da Santa Casa cômodo para cuidar das crianças desvalidas do município, corria para identificar, classificar, conhecer, rastrear os pobres que habitavam em Sabará. Assim, por meio da Câmara, solicitava ao Juiz de Paz que apresentasse uma listagem contendo a relação dos pobres do município,[74] indicando a localização da moradia, se esta era própria, a idade, o estado civil, os dados sobre os filhos, incluindo o estado de saúde, e de que viviam.[75]

Identificar os pobres "sem ocupação" era importante, mas para o Dr. Anastácio era fundamental encontrar uma "solução" para o problema dos *desafortunados* do município. Esses "esforços" para identificar, de modo especial, os que viviam da mendicidade se refletiram na avaliação da Comissão de Legislação e Posturas apresentada aos demais vereadores. Essa Comissão resumiria, em seu parecer, após receber do Juiz de Paz da cidade o *mappa dos pobres* residentes em Sabará, a constatação de que o número dos "pobres sem ocupação" estava *muito aquém do numero de mendigos que infestam as ruas da Cidade.*[76]

Para a Comissão, era necessário tomar uma medida para *vedar* a *immoralidade*, por conta do "[...] grande numero de mendigos importunos,

[74] Essa relação dos pobres solicitada por Dr. Anastácio nos tem aproximado do trabalho desenvolvido pelo filósofo Barão Joseph-Marie De Gerando, publicado nos anos 20 do século XIX, na França. Afirmava o Barão De Gerando (1990) haver grave erro, quase que universal, que confundia a falsa indigência com a verdadeira. Essa "confusão", na sua visão, levava ao emprego inadequado dos recursos destinados aos socorros à pobreza e a um mau funesto, o de fazer com que as pessoas chamadas a socorrer desenvolvessem o sentimento da dúvida e hesitassem em ajudar. Para combater esse "erro", o filósofo criou uma espécie de "tratado" para auxiliar nessa tarefa, com a formulação de um método que consistia na visita domiciliar aos pobres. Com esse método, esperava De Gerando demonstrar a necessidade de construir uma parceria entre a beneficência pública e a caridade privada.

Nas suas orientações, propunha aos visitadores dos domicílios levantarem dados sobre os membros da família: a idade, o sexo, o estado de saúde, as condições físicas, a moradia, etc. Também deveriam fazer averiguação sobre os parentes, de modo a identificar aspectos da conduta moral e financeira de todos. Afirmava ainda De Gerando (1990) que havia três causas da indigência real: a incapacidade para o trabalho, sua pouca oferta ou sua ausência.

[75] CMS ATA 013, , Folha 89V, 10 ja. 1853

[76] CMS ATA 013, Folha 205V, 24 nov. 1853.

que cobertos de andrajos vagam pelas ruas, dando escandaloso espetaculo, huma parte está em estado de se empregar utilmente em beneficio seu, e da Sociedade"[77]. Os vereadores asseveravam que esses *mendigos* estavam entregues à total e *sordida negligencia,* mantinham hábitos para o exercício desse *infame modo de vida.* Atribuíam também aos *mendigos* a prática de unirem-se "[...] aos verdadeiros necessitados, nos dias em que a caridade publica tem por costume socorrer o verdadeiro pobre, roubando-lhes dest' arte o pão esmolado com amargura".[78] Conforme os vereadores,

> [...] possuida dos sentimentos, que a tem constantemente animado de promover o bem do Municipio entregue a seus desvellos, lance suas vistas sobre estes mendigos, promovendo hum meio de socorrer o verdadeiro necessitado, e cohibir o vicioso e indolente. Como porem conseguir este meio? Criando uma casa de azylo e correção em ponto adoptado as circunstancias do Paiz, á que sejão recolhidos os pobres mendigos de ambos os sexos, e os vadios, que os imitão.[79]

Perante críticas que a administração vinha recebendo por conta de seus projetos de intervenções na cidade, e já prevendo outras intervenções, justificava as medidas propostas, especialmente a da casa de asilo, alegando que muitos poderiam ser aqueles que diriam: "Não é isso ainda para o Sabará", ideia que classificava como "perniciosa" e "retrógrada", que teria como fim "esmorear, e esfriar o zello da Camara pelo bem do Paiz".

De acordo com a Comissão de Legislação e Posturas, além de conseguir uma casa para "corrigir" esses males, era preciso que se tomassem outras medidas para evitar o problema da mendicidade. Diagnosticada como grande responsável pela *indolência, e enfermidades da classe mínima da população*, a *aguardente* mereceria vigilância especial. Desejava a Comissão que o imposto sobre esse produto fosse *exclusivamente applicado* para a finalidade de "correção" dos mendigos. Porém, para esse projeto, precisavam da aprovação da Assembleia. Prevendo ação negativa por parte dos deputados provinciais e a impossibilidade imediata da Câmara de prover uma casa

---

[77] CMS ATA 013, Folha 205V, 24 vov. 1853.

[78] CMS ATA 013, Folhas 205V, 206, 24 nov. 1853.

[79] CMS ATA 013, Folha 206, 24 nov. 1853.

daquela natureza, a Comissão apresentou uma medida alternativa. Deveria a Câmara proibir os mendigos de pedirem esmolas pelas ruas, com exceção dos que possuíssem um atestado do Pároco, no qual constasse a afirmação da "conducta e indigencia", e uma avaliação do Médico do Partido, na qual deveria constar a declaração de ser portador de limitações físicas que impossibilitasse o trabalho. Além disso, deveriam portar autorização para esmolar emitida pelo Juiz de Paz ou Delegado.[80]

Bronislaw Geremek (1995) nos ajuda na compreensão dessas discussões na Câmara, remetendo-nos ao processo de *centralização do sistema hospitalar e da assistência aos pobres*, no final do século XIV, na Itália, quando

> [...] o poder civil toma o controle dos estabelecimentos hospitalares onde, doravante, será suposto asilar os mendigos. Para tal, é criada uma comissão incumbida de proceder ao levantamento da situação urbana, recenseando os mendigos e os pobres doentes que irião ocupar os hospitais. (GEREMEK, 1995, p. 242).

Segundo Geremek, em toda essa sistematização, a Igreja atuaria ativamente nas *formas tradicionais de beneficência* e *no plano das experiências* assistenciais *renovadoras*. Como exemplo de prática renovada da assistência, Geremek cita o projeto de Girolamo Miani, *nobre veneziano*, que, por volta de 1530, elaborou um regulamento para um orfanato, em Veneza, no qual

> Proibia terminantemente a mendicidade; a educação das crianças comportava, a par das lições de bons costumes e dos preceitos da fé católica, uma formação nos ofícios manuais assegurada por mestres artesãos convidados para essas casas. A qualificação profissional assim adquirida devia assegurar aos pupilos do orfanato a possibilidade de, no futuro, se sustentarem pelo trabalho.[81]

Geremek observa ainda que, no percurso de renovação, filiaram-se diversas *congregações beneficentes* as quais

---

[80] CMS ATA 013, Folhas 206v, 207, 7 out. 1853.

[81] GEREMEK, 1995, p. 243.

> [...] conscientes da necessidade de reorganizar a assistência aos pobres e criar instituições especializadas, nomeiam inspectores paroquiais encarregados de fazer o recenseamento dos pobres e examinar as condições de vida dos miseráveis. Mas esta florescente actividade caritativa acaba por ter um paradoxal desenlace: a mendicidade é uma chaga social a extirpar e, como tal, proibida.[82]

Esses princípios acabariam por provocar *hostilidades* contra o conjunto dessa população, reforçadas por apoio papal, o que influenciaria toda a *Europa católica*. A ideia das *casas de trabalho* emerge como uma grande possibilidade para coibir e controlar mendigos e pobres. Essa política de acabar com a *mendicidade* e também adotar *o trabalho obrigatório* foi reconhecida como necessidade desde o século XVI, política apoiada pelo papado, que, diante da "necessidade" de *sanear Roma*, viu nesse entrelaçamento a possibilidade de uma solução eficaz, assumindo, de acordo com Geremek, "[...] diferentes feições, determinadas pelo contexto social e cultural em que é aplicada".[83]

Entendemos que essas questões ligadas à mendicidade, à pobreza e aos modos de identificação dos que "mereciam" de fato a assistência perpassam, por longo processo, o estabelecimento de estratégias que viessem "tranquilizar" a "boa sociedade". A proposta dos vereadores em 1853, ao que tudo indica, não foi levada até o fim, mas a discussão da problemática relacionada aos *desclassificados* estivera na ordem das preocupações da administração municipal, comandada pelo Dr. Anastácio.

Voltemos nossa atenção para o projeto com os expostos e os órfãos pobres apresentados por Dr. Anastácio. Em que consistia esse projeto? O *Regulamento para os Expostos do Município de Sabará* foi apresentado pelo Dr. Anastácio logo no início da administração que, juntamente com os demais vereadores, assumia. Não sabemos a quanto tempo o Dr. Anastácio e os demais vereadores vinham "gestando" esse projeto, ou se fizeram uso dessa proposta no processo eleitoral que colocou esse grupo à frente da Câmara. Mas o pedido feito à *Irmandade de Misericórdia* não nos parece ser uma simples medida da Câmara. Dr. Anastácio já era mordomo da *Irman-*

[82] Idem.

[83] GEREMEK, 1995, p. 256.

dade desde 1848, bem como outros vereadores e o Secretário da Câmara, Luiz Cassiano Martins Pereira.

Levantamos a possibilidade de, mais uma vez, haver ligação entre propostas da Câmara e a Santa Casa. Em 1850, já andava pelas sessões da *Irmandade de Misericórdia* a ideia de conseguir a vinda de quatro irmãs de caridade da Europa para essa instituição. Em 1851, os mordomos Dr. Anastácio e Francisco de Assis Lopes Mendes Ribeiro foram eleitos para formar uma comissão que emitisse parecer sobre a vinda das irmãs. Esses dois mordomos apresentaram o parecer em forma de seis artigos, nos quais contemplavam o modo da organização para acolher essas irmãs. O art. 2° pedia licença ao *Superior* para que essas irmãs, ao chegarem à cidade, fossem encarregadas de *ensignar o necessario para huma educação acabada.* Previa o art. 3° a criação da Irmandade de São Vicente de Paulo. De onde vinha esse interesse?

Podemos estabelecer um paralelo com o que nos diz Eliane Marta Teixeira Lopes (2003), a respeito da inserção das mulheres no trabalho caritativo. Desde o século XVII, em vários países ocidentais, movimentos como o de Vicente de Paulo, juntamente com o de Louise de Maurillac, na criação das *Filhas da Caridade*, impulsionaram não só diversas mulheres a buscarem a vida religiosa nessa ordem jesuíta, como também as damas da aristocracia a terem uma perspectiva de novos conhecimentos e instrução, além de certa liberdade por meio da assistência aos mais pobres.

Em Minas, a divulgação desse tipo de associação vinha ganhando força com a chegada das *Filhas da Caridade* na cidade de Mariana, em 1849. Após a instalação do colégio por essas irmãs, José Ricardo de Sá Rego foi um dos presidente da província mineira a aplaudir os trabalhos dirigidos por elas. Em 1851, no seu relatório, repassava informações encaminhadas pelo então Bispo de Mariana, informando que o colégio atendia a mais de cinquenta alunas, as quais aprendiam de modo especial: Primeiras Letras, Aritmética, Geografia, Francês, bordado e confecção de flores. As irmãs recebiam ainda algumas *desvalidas*, como também admitiam alunas externas no colégio.

Com essa movimentação na Província e com as dificuldades financeiras para trazer as irmãs para Sabará, por meio da *Irmandade de Misericórdia*, acreditamos que, de certa maneira, o projeto apresentado pelo

Dr. Anastácio para a criação da *casa dos expostos* possui uma relação com esse movimento. Graças ao projeto, caminharia, lado a lado, a assistência às crianças *desvalidas*, a atuação das mulheres das elites da localidade no trabalho de proteção e fiscalização da *casa* e também a coadministração pelos membros da *Irmandade* e Câmara, de modo a conjugar a colaboração entre instâncias do âmbito público e privado. Nossa compreensão é que, nesse projeto, buscou-se congregar ideais de humanidade numa perspectiva da filantropia e beneficência, de modo que tanto a assistência quanto a educação de crianças *infelizes da sorte* eram de responsabilidade de todos os envolvidos, por *amor humanitário.*

Para o Dr. Anastácio, ninguém melhor do que as mulheres para serem as responsáveis por esse trabalho *humanitário.* Elas eram as "mais aptas" *para vigiarem sobre o tratamento das crianças*, uma vez que essa tarefa, em decorrência das necessidades infantis, demandava atenção especial de alguém "naturalmente" habilitado para tal. Essas mulheres estariam "perfeitamente preparadas" para educar essa nova geração, "atendendo" aos anseios de seus patrícios. Assim, as senhoras sabarenses foram "chamadas" para assumirem parte da responsabilidade, com auxílios pecuniários, no acompanhamento da educação e dos cuidados das crianças que seriam recebidas na *casa.*

Pela documentação acessada, não foi possível acompanhar o discurso dessas mulheres, portanto, silenciadas. Mas não podemos deixar de levantar a hipótese de sua mobilização para serem responsáveis pela criação das crianças expostas, pois as proposições do Dr. Anastácio sugerem que ele vinha "acalentando" esse projeto há algum tempo, do mesmo modo que ele pode se ter unido a um movimento das mulheres existente na vila.

Veiga (2004) nos fornece alguns subsídios para pensar que todo esse processo de participação feminina estava imerso em um projeto de modernidade, no qual a mulher adulta foi considerada *adulto especial* a ser educado, especialmente no século XIX. O investimento em sua educação tinha como norte uma formação que lhes propiciasse condições para educar a criança em moldes tidos civilizados, assim como para constituir uma *família harmoniosa.* Nesse movimento de busca por um novo ser civilizado, não podemos deixar de lado a participação da mulher no âmbito público.

Vejamos a estrutura do regulamento. Este se divide em três partes, num total de trinta e cinco artigos. Desses, vinte constituem o primeiro capítulo e dizem respeito à "organização e fins da Sociedade de Beneficencia das Senhoras Sabarenses".

As Senhoras não teriam total autonomia nas decisões quanto ao zelo pelas crianças; o aval da Mesa Administrativa da Santa Casa e/ou da Câmara era, pois, necessário. No art. 1°, percebe-se que o centro das atenções, para o qual se deveria voltar o olhar, era os expostos. Outro foco apareceria no art. 14°, no qual se ditava que "[...] na roda, e caza dos Expostos, serão recebidos os orfaons desamparados, menores de 7 annos".[84] De acordo com o art. 6°, deveria a casa ter uma roda, de modo a manter o anonimato de quem expusesse uma criança. Esse desejo era, há muito, reivindicado por administradores municipais, principalmente se lembrarmos de que a prática mais comum era a de pôr as crianças em portas residenciais.

Os autos índices de mortalidade dos expostos nas diversas instituições sempre foram um fator de preocupação, conforme evidenciam Donzelot (1980), Sá (1995), Bardet e Faron (1998), Marcílio (1998), Venâncio (1999a), Gondra e Garcia (2004). Analisando a situação da Santa Casa do Rio de Janeiro, Gondra e Garcia (2004) observam que a preocupação dos médicos, em meados do século XIX, com esse problema era grande, uma vez que os índices de mortalidade chegavam a 80% entre as crianças expostas. Os médicos sinalizavam para diversos fatores relacionados ao encurtamento da vida das crianças entregues a essa instituição:

> Entre os problemas apontados, podemos destacar, na visão higienista, a inadequação do prédio que abrigava as crianças, a má circulação do ar e seu alto índice de contaminação, a temperatura e umidade elevadas, insalubridade, total falta de higiene nas acomodações e roupas das crianças, a dificuldade no controle das amas, características físicas e morais da ama ideal. Ao lado disso, discute-se também a habilitação, a fiscalização e a remuneração das amas, aspectos importantes para elevar a qualidade

[84] Apud, Passos (1929, p. 151). Sinalizamos para o fato de que, muitas vezes, na documentação, há uma ambiguidade no emprego de órfãos e expostos, sendo, em grande parte, empregado o termo *desvalido para ambos*. Se podemos estabelecer uma diferença básica entre expostos e órfãos, poderíamos afirmar que dos expostos não se conheciam os progenitores, ao passo que dos órfãos, ao menos, um era conhecido.

das mesmas. Todas essas questões eram relevantes, dada a recorrência de epidemias, responsáveis, em parte, pela morte de crianças.[85]

Acreditamos que o Dr. Anastácio tinha conhecimento desses problemas enfrentados pela Santa Casa do Rio de Janeiro, em decorrência de suas viagens para essa cidade e por frequentar instituições vinculadas à medicina na Europa. É assim que o processo de identificação das crianças a serem recebidas na Casa dos Expostos se assemelha com outros tantos: receber na roda,[86] batizar e matricular. A preocupação com a preservação e proteção da criança é eminente. Os cuidados com a higiene são explicitados em alguns dos artigos. Cada criança deveria ter seu próprio berço, "as crianças doentes, particularmente as de molestias contagiosas, como sarna, aphtas, etc. devem ser muito cuidadozamente separadas, assim como as suas amas, de todas as outras".[87]

A Junta Caritativa[88] deveria ter a maior e mais *escrupulosa vigilância*. Segundo seu art. 10º, ao menos uma ama de leite deveria ter a casa, e tanto ela como as demais só seriam contratadas após o médico as examinar e declarar que eram portadoras de qualidades *para serem boas amas*. Mas não bastava a declaração médica, outra medida era necessária: ser reconhecida por uma moralidade "correta". Nesse sentido, preferência era dada às mulheres casadas.

Os estipêndios para as criadeiras não diferiam do que a Câmara pagava anteriormente. Entretanto, com o *Regulamento dos expostos*, passariam as amas por uma distinção entre amas que amamentavam e as que criavam a criança após o período de amamentação. Pelo *Regulamento*, essa distinção recairia sobre os valores pagos às amas. As amas de leite receberiam três mil réis, enquanto as amas secas, dois mil e quinhentos réis. Como forma de incentivar maior cuidado com as crianças, estipulava-se o pagamento

---

[85] GONDRA; GARCIA, 2004, p. 75.

[86] Para Donzelot, foi a conjugação do desejo de *unir respeito à vida* e do *respeito à honra familiar* que impulsionou a criação, na metade dos oitocentos, de um aparelho que marcaria profundamente a assistência à criança abandonada, a tão propagada *roda* (DONZELOT, 1980, p. 30).

[87] Regulamento dos Expostos. *Apud* PASSOS, 1929.

[88] De acordo com o regulamento, no seu artigo 3°, a Junta Caritativa seria composta por cinco associadas, eleitas pelas demais, sendo que a mais votada seria a presidente. Depois de constituída a *Sociedade de Beneficencia das Senhoras Sabarenses*, a presidência recaiu sobre a *Baronesa de Curvello*.

de prêmio para as amas após os doze meses previstos para a lactação das crianças, *conforme o tiverem merecido* e a avaliação da Junta Caritativa.[89] Passado o período da lactação, as amas continuariam com as crianças até que completassem 5 anos.

Ainda em relação aos cuidados e tratamentos das crianças recebidas na Casa, um médico rotineiramente precisaria visitar a instituição, bem como a Junta Caritativa[90] também se incumbiria dessa tarefa. Em caso de doenças, o médico da Santa Casa emitiria as receitas para que essa instituição ordenasse o pagamento. Para cobrir essas despesas, a cada três meses, a *Sociedade das Senhoras Sabarenses* e a Câmara enviariam *a quantia* necessária.

As crianças que fossem atendidas na Casa deveriam carregar alguns elementos distintivos ou *signal caracteristico* que as fizessem facilmente identificáveis, como o uniforme e o "*sello de chumbo*". Esse selo deveria ficar preso ao pescoço por *uma liga preta*, de modo que as crianças não pudessem retirá-lo. "No sello estará gravada de um lado – Municipalidade de Sabará – e mais abaixo 1853 – e do outro lado – Beneficencia das Senhoras Sabarenses" (*Apud* PASSOS, 1929).

É possível que, diante desse mecanismo, esteja embutida não só a ampliação da vigilância sobre as crianças, como a necessidade de evidenciar os responsáveis por essa assistência. Enquanto as crianças estivessem na Casa, deveriam vestir-se com um uniforme, *economico* e *asseiado*. Assim, toda a população poderia, ao mesmo tempo, vigiar as crianças e (re)conhecer o trabalho da administração e das *Senhoras Sabarenses*.

Uma sociedade que se quer *illustrada* precisava investir na instrução de seus indivíduos, ainda que essa instrução se diferenciasse da instrução recebida pelos grupos socialmente distintos. Era fundamental educar os *infelizes* para que, no futuro, se tornassem menos perigosos. É desse modo que as crianças da Casa sabarense, ao completarem 5 anos, iniciariam seu processo de aprendizagem da leitura e da escrita.

---

[89] Em vários trabalhos, tem-se demonstrado que os valores pagos às famílias que criavam os expostos eram extremamente baixos. Logo, poderíamos dizer que esta atividade de criar crianças enjeitadas não consistiria numa "profissão", Venâncio (1999).

[90] Conforme o *Regulamento*, a Santa Casa deveria também nomear um dos seus mordomos para auxiliar no acompanhamento dos trabalhos da casa.

Os meninos frequentariam aulas públicas até os 10 anos, quando deveriam sair da escola, para serem encaminhados ao aprendizado de algum trabalho em casas de lavradores ou de mestres de ofício. Antes de serem encaminhados aos mestres ou lavradores, levar-se-ia em conta as aptidões de cada um, para melhor aprendizado. De acordo com o *Regulamento*, os meninos nessas condições mereceriam um salário, do qual a Junta Caritativa, como *desvelada* mãe, poderia reverter uma parte para a Casa, quando achasse mais conveniente, com o argumento de ter o estabelecimento conservado a vida das crianças.

Com o intuito de planejar alternativas de trabalho para os meninos, por que não pensar, como possível devotamento de gratidão por parte dos expostos, estava previsto no art. 29º que "[...] os Expostos do sexo masculino terão preferencia em os empregos publicos Municipaes, sejão quaes forem os lugares, com tanto que elles possão desempenhar seus deveres com aquellas vantagens, que sejao todas a beneficio do mesmo publico" (*Apud* PASSOS, 1929).

Se os meninos iriam para as escolas públicas, as meninas, por sua vez, deveriam ser educadas na Casa, onde aprenderiam a ler, escrever, costurar, além do aprendizado de trabalhos que lhes oferecessem condições futuras para desempenharem o papel de boas donas de casa ou criadas de servir. Para elas, a saída ficava condicionada pela idade; enquanto não completassem 15 anos, as meninas eram proibidas de sair da Casa, devendo nessa fase ficarem sob os olhos atentos da instituição. Até essa idade, as educandas mais velhas auxiliariam na manutenção da instituição, o que possibilitaria economia no pagamento de serventes, embora essas meninas pudessem receber algum salario. Da Casa sairiam ou para se casarem, ou para exercerem trabalhos domésticos em *cazas honestas*, devendo, para isso, a Sociedade de Beneficência averiguar pormenorizadamente a probidade da família que receberia a jovem.

Tratava-se de cuidados, para evitar aquilo que era o grande temor da sociedade: a prostituição das expostas, temor ainda mais acentuado pelo desejo de se formar moças honradas, com *virtudes religiosas*. Para essa formação virtuosa, a Junta Caritativa trabalharia a fim de incentivar o casamento de suas protegidas, fornecendo-lhes dote. Como assinala Donzelot (1980), o dote foi, durante muito tempo, fundamental para a *posição social* da mulher e, no caso das expostas, funcionaria como um elemento incentivador para o casamento.

Para coordenar todo o processo de formação moral, de educação e instrução, o *Regulamento*, no art. 23º, projeta, em uma figura feminina, o ideal de uma "mãe", identificada como *Regente*. Essa mulher atuaria como professora da Casa, administrando-a no dia a dia, cuidando de todos os detalhes.

Colocar em funcionamento a Casa que receberia os expostos e órfãos pobres não foi tarefa fácil. Após solenidade de instalação da Sociedade de Beneficência, veio a tarefa de executar o projeto. Um dos primeiros passos seria o de adaptar o espaço cedido pela *Irmandade de Misericórdia* para a nova atividade, tarefa da qual se incumbira o Dr. Anastácio. Mas, ao adentrar pelo recinto, espantava-se esse médico, relatando aos colegas: "[...] não podia julgar do estado ruinozo dessa caza, por que ainda não a tinha examinado; foi depois que recebi as suas chaves que, examinando-a, vi, que era necessario senão repará-la inteiramente, ao menos o era na sua maior, parte...".[91] Diante dos fatos, comunicava aos demais vereadores que encomendara todos os materiais necessários para a reforma e ainda que as despesas correriam por conta da Câmara, pois

> [...] a Sociedade agora é que se vai constituir, não tem ainda os precizos recursos para acudir as suas mais urgentes precisões; conto pois que vós me autorisareis para as despesas desta obra, em quanto o novo budget desta caza não se contempla uma quantia destinada aos socorros de um estabellecimento que vai atestar nossos sentimentos humanitarios e nossa civilização, e o que mais é de conformidade com as disposições de nossa ley fundamental.[92]

A posição do Dr. Anastácio reforçava todo o seu processo de intervenção em diversas instâncias da cidade. As condições inadequadas da casa eram vistas pelo médico como possível foco de disseminação de doenças. Era preciso, pois, prevenir os males decorrentes de "tanta" insalubridade. Mais uma vez, o médico faz-se presente e, para analisar sua conduta, a afirmação de Machado (1978) nos fornece subsídios para refletir sobre o trabalho do Dr. Anastácio:

---

[91] CMS ATA 013 F 196 v, 7 out. 1853.

[92] CMS ATA 013, Folhas 196 V, 197, 7 out. 1853.

> A inserção do indíviduo no social, a necessidade de conhecer o meio e agir sobre ele para proteger o indivíduo, não significa que a medicina sai do seu campo próprio de ação ou reivindica essa participação através de tarefas laterais que venham se justapor à essência do pensamento e da prática médica. O encargo do social diz respeito ao médico enquanto médico e porque é médico, atinge o essencial de sua profissão e de sua formação. A medicina social é basicamente uma medicina preventiva. No momento em que, pela primeira vez, se pensa em prevenção e se organiza um dispositivo para realizá-la, a medicina situa as causas naquilo que o cerca, em sua circunvizinhança, no meio ambiente.[93]

As condições higiênicas e a falta de verba foram, em um primeiro momento, os dois maiores entraves para dar sequência ao projeto da Casa dos expostos. Diante dos valores elevados com a reforma, propôs o Dr. Anastácio a compra de uma propriedade que oferecesse melhores condições para o atendimento das crianças. A Câmara pediu, então, autorização ao Presidente da Província, Francisco Diogo Pereira Vasconcelos, para que comprasse uma casa. Receberiam, em fins de 1853, louvores pelo *zelo* em promover esse tipo de estabelecimento, mas deveria a Câmara incluir, em seu orçamento, os valores para a compra da casa.

Um ano depois de apresentar a proposta à Mesa Administrativa da Santa Casa, a respeito do pedido do *cômodo* para abrigar os *desvalidos da sorte*, encontrava-se o Dr. Anastácio a lastimar que a Sociedade de Beneficência não houvesse ainda entrado nos seus *serviços humanitários*.

Diante da negativa de apoio financeiro por parte da administração provincial, Dr. Anastácio procurou outros meios para financiar o empreendimento. Solicitou à Câmara o dinheiro para a aquisição da referida casa, em percurso que só começou a concretizar-se em 1854, com a destinação de verba, pelo município, para tal finalidade.[94]

Sobre a escolha da *Regente* que ficaria responsável pela coordenação da instituição, afirmava o Dr. Anastácio que, ao procurar a *Regente*, tentou observar "[...] as qualidades que deve reunir a pessôa destinada a caza de

[93] MACHADO *et al.*, 1978, p. 254.

[94] Para manter essa casa, o regulamento previa três fontes de recursos: das sócias da *Sociedade de Beneficência das Senhoras Sabarenses*, da Câmara Municipal, das Ordens 3.as e Irmandades, quando solicitadas.

uma próle, que lhe dará o doce nome de may". Nessa procura, encontrou Maria Vicencia do Bom Sucesso, mulher "[...] doptada de todas as qualidades desejaveis na actualidade".[95]

Maria Vicencia do Bom Sucesso havia atuado como professora de filhos de ingleses no Gongo Socco, região de mineração. Chegou à cidade de Sabará, em setembro de 1853. Para essa professora, providenciou o Dr. Anastácio uma casa a fim de que aguardasse o dia de exercer suas novas atividades. Por sua *boa conduta*, viram algumas famílias nessa professora as condições ideais para dar aulas a meninas de famílias mais abastadas do lugar. Para o Dr. Anastácio, essa "parceria" era uma ótima oportunidade para a Sociedade de Beneficência ter uma renda extra. Pediu, então, ao Presidente da Câmara que autorizasse essa atividade, enquanto a Casa dos Expostos não ficasse pronta, e o número de meninas assistidas na casa fosse pequeno. Autorização concedida, dar-se-ia início à efetivação de uma escola particular do sexo feminino na cidade. Maria Vicencia do Bom Sucesso passaria a ensinar a ler, escrever, contar e cozer, atendendo alunas *internas*, *meias pensionistas* e *externas*.

Esse meio de conseguir "renda extra" pode ter levado à denominação variada com a qual a Casa dos Expostos conviveria ao ser mencionada. Até o ano financeiro de 1.º de outubro de 1856 a 30 de setembro de 1857, a rubrica nos orçamentos municipais para essa Casa trazia a denominação de *expostos*, mas, nos três anos financeiros seguintes, a referência seguiu as atribuições: *Casa de beneficencia e expostos*, *Casa de beneficencia*, *Collegio de Beneficencia*. Mudança que podemos considerar não ser de simples troca de nomenclatura, mas de afirmação da instituição na cidade, e do direcionamento que orientaria sua atividade vinculada à instrução do sexo feminino.

Se por um lado a Casa tinha no Dr. Anastácio e demais vereadores todo o apoio, por outro, ela foi vista como desnecessária por muitos, pois os gastos estavam acima dos praticados com os cuidados com os expostos. Dr. Anastácio não aceitava o fato desse projeto de assistência não ter merecido do Presidente da Província, Herculano Ferreira Penna, no seu relatório de 1856, nenhuma palavra. Essa ausência da Casa no relatório do Presidente

[95] CMS ATA 013, Folha 197, 07 out. 1853.

levaria o vereador e deputado provincial, em 1857, a discutir, nas sessões da Assembleia Legislativa, a existência da Casa, ao mesmo tempo em que seria questionado por colegas quanto aos gastos e às condições morais da Casa.

Dr. Anastácio não ficou só no âmbito municipal, já que na 11ª legislatura, em 1856, assumiu o cargo de deputado provincial. Nessa legislatura, a Casa dos Expostos de Sabará ganhou visibilidade expressiva. Na Assembleia, Dr. Anastácio tratou logo de apresentar projetos que favorecesse a Sociedade de Beneficência. No primeiro pedia autorização ao governo provincial que concedesse à Sociedade loterias até que atingisse três contos e duzentos mil réis. Esse projeto foi aprovado e se transformou na Lei n.º 756 de 30 de outubro de 1856. Outro projeto, em benefício da Sociedade, pedia dois contos de réis para auxiliar na compra da Casa dos expostos, valor que constaria no orçamento aprovado para a Câmara de Sabará.

No segundo ano da legislatura, 1857, as discussões em torno da Casa de Beneficência ficaram acirradas. Alguns deputados questionaram as oscilações no orçamento da Câmara e pediram ao seu presidente e deputado, Dr. Anastácio, que explicasse os motivos dessa diferença. Alegava o deputado que a alteração era em decorrência do desmembramento da vila de Santa Luzia do termo de Sabará. Seus opositores, entretanto, haviam sugerido a existência do emprego inadequado dos recursos municipais com obras, sem os devidos orçamentos. Dentre essas obras, apontavam para os gastos elevados com a Casa de Beneficência. A verba, para o Dr. Anastácio, estava muito bem empregada, uma vez que se tratava de um recurso destinado à criação dos expostos e órfãos pobres.[96]

Seguindo pistas nos discursos proferidos na Assembleia, percebemos que, no ano de 1856, a Sociedade de Beneficência viu-se envolvida em escândalo, o qual colaboraria para muitas das suas dificuldades. Tal situação se encontrava atrelada às disputas políticas da cidade; ela seria, desse modo, motivo para muitas contendas. Para alguns deputados provinciais, essa instituição, diante de denúncias que denegriam sua imagem, *não merecia proteção* dos cofres públicos.

Para reforçar as críticas à Casa dos Expostos, José Lopes da Silva Vianna, em correspondência que enviara para o *Correio Official de Minas*,

[96] CORREIO OFFICIAL DE MINAS, n.º 52, p. 1, 1857.

dizia que de exposto na casa só existia o nome. Afirmava que não se recebia nela os enjeitados e que lá nem existia uma ama de leite, muito menos roda:

> [...] existem lá umas meninas maiores de sette annos, e algumas já moças, que consta, que são mantidas e sustentadas á custa do cofre municipal sem lei, que autorise tal despeza; essa caza – de expostos – só tem o nome, e é um dos sorvedouros das rendas municipaes![97]

Diante desse embate, a Câmara foi chamada a dar a sua versão. Em ofício dirigido ao Presidente da Província, os vereadores afirmavam que o *estabelecimento de caridade* recebia tanto expostos como órfãos, mas que não "[...] pôde [até aquele momento] prestar-se do grande numero de infeliz que delle precisa por faltar a esta Camara os recursos pecuniários para montar um estabelecimento em ponto de remediar o maior numero".[98] Afirmavam também que a Casa, desde a criação, sustentara dezenove órfãos os quais recebiam educação e instrução. Marcavam como aspecto importante a administração da Casa pela Sociedade de Beneficência e a existência, na instituição, de aulas particulares que atendiam vinte e nove externos, o que possibilitava renda para a manutenção da instituição.

Mesmo sem muitos dados do período de 1855 a início de 1858, sabemos que a Câmara deu autorização para recolher as crianças expostas sob sua responsabilidade à Casa de Beneficência, em 1858. Desde meados de 1858, o Procurador da Câmara vinha sinalizando para o fim da cota da Casa de Beneficência. Com o afastamento gradativo do Dr. Anastácio da Câmara, percebemos um enfraquecimento do movimento relacionado à questão dos expostos. Esse enfraquecimento, político e econômico, resultaria no pedido do Vereador Candido Jose dos Santos Broxado, em abril de 1859, de cancelamento da cota anual destinada à Casa de Beneficência. Em 1860, a Câmara retornaria ao pagamento mensal às criadeiras, para a criação dos expostos.

Ao final desse processo, o Dr. Anastácio não atuava mais como vereador, talvez decepcionado com a política. Seus discursos também não aparecem mais nas Atas da Câmara. Certeza mesmo é a de que, em fins

[97] CORREIO OFFICIAL DE MINAS, n. 128, p. 5, 14 abr. 1858. Suplemento.

[98] CMS COR 005, Folha 186, 14 abr. 1858.

de 1858, foi-lhe exposta uma menina (Luiza) a quem batizaria em 1859. Além disso, registramos que, nas eleições de 1860, esse médico recebeu um número de votos inexpressivos (23) diante dos que recebera nas duas eleições anteriores e que o levou a presidência da Câmara.

Este médico organizou um projeto de intervenções para a cidade de Sabará, mas que também fosse capaz de atingir a província de Minas Gerais.[99] Em seus projetos estavam o fim da escravidão e o investimento na vinda de colonos, o desenvolvimento das áreas da comunicação e dos transportes, a instrução e educação pública. Para muitos dos seus opositores, este ainda fez uso da imprensa, publicando artigos e redigindo os periódicos, *Moderador* e *O Progressista*. Periódicos que, de acordo com os adversários, tinham o objetivo de vangloriar o próprio Dr. Anastácio e disseminar o *pomo da discórdia* entre a população e às *ideias anárquicas*.[100]

Para viabilizar seu projeto de assistência às crianças abandonadas, elaborou um regulamento que objetivava reger a organização do atendimento das crianças expostas e órfãs pobres do município. No exercício como presidente da Câmara de Sabará, intentou implantar outros projetos, como os ligados à urbanização da cidade, a organização política local e expansão da rede escolar. Não podemos desconsiderar que muitas das propostas do Dr. Anastácio advinham da sua experiência e vivência europeia. Seu período de estudo e trabalho nesse continente influenciou demasiadamente seu olhar. Olhar que tentava ser múltiplo em múltiplas instâncias.

REFERÊNCIAS

Fontes

Livros de Atas das Sessões da Câmara Municipal de Sabará - CMS.

[99] Em debate na Assembleia Provincial de Minas Gerais, Dr. Anastácio argumentou que havia encaminhado ao Presidente da Província mineira, Quintiliano da Silva, em 1847 umas "[...] memorias sobre os mais vitaes interesses da nossa provincia". Trabalhos estes que havia dividido em três partes: [...] na primeira tratei da abolição do trafico e da colonização como natural substituição ao mesmo; segunda das vias de communicação, e vehiculos para transporte; e terceira da instrucção e educação publica". (*Correio Official de Minas*, n. 56, p. 4, 1857).

[100] Não conseguimos até o momento localizar nenhum dos exemplares desses periódicos, mas temos indícios da relação do dr. Anastácio com esses jornais. Dr. Anastácio negava que era o redator do jornal, por outro lado não afirmava que não tinha nenhuma relação com os mesmos.

Livro de Matrícula dos Expostos de Sabará: SP CMS – 058; 1845 – 1875.

CEDIC – BH - Centro de Documentação e Informação da Cúria Metropolitana de Belo Horizonte. Livro de Registro de Batismos, Sabará, 1823-1867; Livro de Registro de Casamentos, Sabará 1800 – 1846; Livro de Registro de Casamentos, Sabará 1829 – 1917; Livro de Registro de Casamentos, Raposos (Nossa Senhora da Conceição) 1803 - 1900.

CORREIO OFFICIAL DE MINAS. 1856 a 1858. Hemeroteca Estadual Assis Chateubriand. Belo Horizonte.

GÉRANDO, Joseph-Marie de. *Le visiteur du pauvre.* [Document électronique]. : Num. BNF de l'éd. de, Paris : J.-M. Place, 1990. 23 cm. Les cahiers de Gradhiva. Fac-sim. de l'éd. de, Paris: J. Renouard, 1826.[Citado 10 de fevereiro de 2006]. Disponível em: <http://visualiseur.bnf.fr>.

PASSOS, Zoroastro Vianna. *Notícia histórica da Santa Casa de Sabará* (1787 a 1928). Bello Horizonte: Imprensa Official de Minas Geraes, 1929.

Relatórios e falas dos presidentes de província mineira do período. Falas e relatórios disponíveis em: http://www.crl.edu/content/brazil/mina.htm.

BIBLIOGRAFIA

BARDET, Jean-Pierre; FARON, Olivier. Des enfants sans enfance: sur les abandonnés de l'époque moderne. In: BECCHI, Egle; JULIA, Dominique (Org.). *Histoire de l'enfance en occident du XVIIIe siècle à nos jours*. Paris: Seuil, 1998, Tome 2, p. 112-146. (Collection L'Univers Historique).

DONZELOT, Jacques. *A polícia das famílias*. Tradução de M. T. da Costa Albuquerque. Rio de Janeiro: Graal, 1980.

GEREMEK, Bronislaw. *A piedade e a forca*: história da miséria e da caridade na Europa. Lisboa: Terramar, 1995.

GONDRA, José Gonçalves; GARCIA, Inára. A arte de endurecer 'miolos moles e cérebros brandos': a racionalidade médico-higiênica e a construção social da infância. *Revista Brasileira de Educação* – ANPEd. Campinas: Autores Associados, 2004, p. 69-182.

LOPES, Eliane Marta Teixeira. *Da sagrada missão pedagógica*. Bragança Paulista, SP: Ed. Universitária São Francisco, 2003.

MACHADO, Roberto; LOUREIRO, Angela; LUZ, Rogério; MURICY, Katia. *Danação da norma*: a medicina social e constituição da psiquiatria no Brasil. Rio de Janeiro: Graal, 1978.

MARCÍLIO, Maria Luiza. *História social da criança abandonada.* São Paulo: Hucitec, 1998.

MOREL, Marco. *As transformações dos espaços públicos.* Imprensa, Atores Políticos e Sociabilidade na Cidade Imperial (1820-1840). São Paulo: Hucitec, 2005.

VEIGA, Cynthia Greive. Infância e modernidade: ações, saberes e sujeitos. In: FARIA FILHO, Luciano Mendes de (Org.). *A infância e sua educação* – materiais, práticas e representações (Portugal e Brasil). Belo Horizonte: Autêntica, 2004, p. 35-82.

VENÂNCIO, Renato Pinto. *Famílias abandonadas.* Assistência à criança de camadas populares no Rio de Janeiro e em Salvador – séc. XVIII e XIX. Campinas, SP: Papirus, 1999.

SÁ, Isabel dos Guimarães. *A circulação de crianças na Europa do sul*: o caso dos expostos do Porto no século XVIII. Porto: Fundação Calouste Gulbenkian, Junta Nacional de Investigação Científica e Tecnológica, 1995.

SANTOS, Marileide Lopes dos Santos. *Educação, assistência e sociabilidade*: o governo dos pobres em Sabará/MG (1832-1860). 2007. Tese (Mestrado em Educação) – Faculdade de Educação, Universidade Federal de Minas Gerais, Belo Horizonte, 2007.

FRANCISCA SENHORINHA DA MOTTA DINIZ: MOVIMENTO FEMINISTA NO MAGISTÉRIO E NA IMPRENSA

Cecília Vieira do Nascimento

Alcançar visibilidade pública não nos parece, via de regra, algo recorrente entre as mulheres que vivenciaram o controverso século XIX. Sem se restringir a eles, o jornalismo e a literatura certamente constituíram-se em alguns dos mais importantes veículos inaugurados por um pequeno grupo de mulheres no século, que almejou e conseguiu acesso à circulação da palavra impressa, porta-voz de seus interesses, posicionamentos e visões de mundo.

Uma dessas mulheres é Francisca Senhorinha da Motta Diniz, escritora, redatora e professora, que teve um importante papel na vida pública brasileira. Mas, para além dos "lugares" ocupados por esta mulher, pouco se sabe sobre ela. Apesar da recorrência com que é citada nos dicionários biográficos, estudos sobre imprensa, estudos feministas, ainda não se tem informações que ultrapassem as referências que reiteradamente são repetidas a seu respeito.

A ampliação dos dados biográficos de Francisca Diniz é importante, uma vez que se acredita que o estudo de um indivíduo e de sua trajetória pode ser revelador sobre um tempo: como é pensado, como se materializa no possível do vivido, por meio das redes de sociabilidade – entendendo que os indivíduos se organizam em grupos que partilham certa sensibilidade ante as questões do seu tempo, por meio de trocas, articulações e contatos. São vinculações afetivas, sociais, religiosas, políticas, com níveis de formalização distintos, e que indiciam elementos importantes da vida do indivíduo e o restitui nas redes de relações concretas que estabelece.

Estudar trajetórias implica "arrastar" o indivíduo estudado através da história, como se fosse um ímã em uma limalha. Implica situá-lo nos campos possíveis onde o indivíduo se move e se constitui. Implica também falar de uma série de assuntos que, de forma direta ou tangencial, refletem a sua trajetória. Reconstituir trajetórias de indivíduos, mesmo sendo de um aspecto particular de sua vida, requer uma mobilização de seus múltiplos pertencimentos.

Diante dessa potencialidade, Francisca Diniz se tem revelado a nós de maneira pontual, ora por meio dos registros nos livros de matrícula de professoras, ora por meio da imprensa e da literatura. Apesar de numericamente restritas, essas fontes, sobretudo as impressas, são bastante reveladoras quanto aos posicionamentos de Francisca Diniz, uma vez que os jornais que editou se caracterizavam por apresentar viés ideológico muito próximo e identificável ao de sua redatora, como, de resto, toda a imprensa do período oitocentista, momento em que os periódicos se caracterizavam pelo fato de o traço pessoal de seus redatores se fazer bastante relevante.

O que Francisca Diniz lia? Tinha acesso a livros? Quais? Frequentou escola para meninas? Teve preceptora... ou foi educada pela mãe (também professora?)? Como alimentou as ideias difundidas por seus jornais (relações políticas, religiosas)?

Reúno neste ensaio algumas informações referentes à trajetória profissional de Francisca Diniz, ciente do limite quanto ao acesso à informações novas que poderiam elucidar tais questões. Contudo, fica o estímulo para que novas pesquisas sejam realizadas.

FRANCISCA DINIZ: TECENDO FIOS DE SUA BIOGRAFIA

Francisca Senhorinha é referência comum em estudos femininos e feministas, como na cartilha da Campanha *Mulheres Sem Medo do Poder*, em que consta como uma das primeiras brasileiras a defender os direitos à instrução e ao voto feminino. É também citada por Gondim da Fonseca (1941) como uma das primeiras feministas do Brasil, tendo uma trajetória significativa na história da imprensa feminina[101] e na da educação brasileiras, com atuações em Minas, no Rio de Janeiro e, segundo informações constantes no *Diccionario Bibliographico* de Sacramento Blake, escrito em 1893, Senhorinha também teria dado aulas de Instrução Primária na província de São Paulo, sem precisar, contudo, o período em que isso teria acontecido.

Mineira de São João del-Rei, filha de Eduardo Gonçalves da Motta Ramos e D. Gertrudes Alves de Mello Ramos, sem referência ao ano de nascimento, Francisca Diniz teve longa trajetória no magistério primário, pois, em 1855, já constava seu nome – D. Francisca Senhorinha da Motta Glz. (*sic.*), provavelmente ainda solteira – na lista das mulheres professoras, o que demonstra sua inserção no universo do trabalho, compondo o quadro das mulheres que viajavam pelo interior para lecionar, trabalhando como professora interina na *Villa do Uberaba*, desde 9 de dezembro de 1854.[102]

Casou-se com José Joaquim da Silva Diniz, advogado, professor de Pedagogia da Escola Normal de Campanha[103] e jornalista, proprietário do Jornal *O Monarchista*. Na tipografia desse jornal, imprimiria em 7 de setembro de 1873, com o auxílio das filhas Albertina e Amélia Diniz[104] o primeiro exemplar do Jornal *O Sexo Feminino*: semanário dedicado aos interesses da mulher.

Sua experiência no magistério provavelmente foi contínua e, no ano de 1873, atuava como professora de Aula Prática, da escola anexa à Escola Normal, em Campanha, concomitantemente à publicação de *O Sexo Feminino*. Seu nome aparece no Livro de Matrículas de Professores(as) da

[101] A imprensa brasileira voltada para o público feminino tem seu início, até onde se sabe, em 1827, quando se publicou, no Rio de Janeiro, o Jornal *O Espelho Diamantino*: periódico de política, literatura, belas-artes, teatro e modas, dedicado às senhoras brasileiras. Em Minas Gerais, *O Mentor das Brasileiras* circulou de 1829 a 1832, impresso na Vila de São João del-Rei, tendo José Alcebíades Carneiro como um de seus redatores. A partir da segunda metade do século, inaugurar-se-iam publicações de jornais com mentes e mãos femininas. Em 1850, os jornais *A Esmerada* e *O Jasmim*, segundo Fernanda Andrade (2006), introduzem os primeiros movimentos de mulheres na imprensa.

[102] Relação nominal das Professoras da Instrução primária com declaração da qualidade e data de seus provimentos. Relatório apresentado ao Presidente Diogo Pereira de Vasconcelos. Ouro Preto, 1855. Arquivo Público Mineiro, Belo Horizonte.

[103] *O Sexo Feminino*, 21 fev. 1874.

[104] Fernanda Andrade (2006) menciona uma terceira filha do casal, Elisa Diniz Machado.

Instrução Primária, em maio de 1876, em Barbacena.[105] Em agosto desse ano, obteve adiantamento de salário,[106] sendo demitida a pedido em maio de 1879. Esses três anos de atuação em Barbacena parecem ter sido bastante irregulares, obtendo licença por duas vezes, para tratar de sua saúde; na primeira delas, em julho de 1878, obteve três meses e, na segunda, em setembro do mesmo ano, mais dois meses.

Essa irregularidade pode justificar-se pelo fato de parte do período de sua docência em Barbacena coincidir com a circulação de *O Sexo Feminino* na Corte. Segundo Constância Duarte (1999, p 426), Francisca Diniz mudou-se para o Rio de Janeiro, em 1875, onde se tornou uma conceituada professora, além de somar-se à efervescente imprensa feminina da Corte, experiência que se caracterizaria por certa inconstância. Esta primeira experiência de publicação iria até o ano de 1877, período em que dava aulas em Barbacena. É possível que seus pedidos de licença e de adiantamento salarial, citados anteriormente, tenham como motivação principal a manutenção da publicação de seu jornal no Rio de Janeiro.

Esta hipótese é reforçada pela análise feita por June Hahner (2003), que, em seu trabalho sobre a emancipação feminina difundida na imprensa, referente às publicações jornalísticas de Francisca Diniz no Rio de Janeiro, afirma que ela e suas filhas, no final do século XIX, tinham no magistério e no jornalismo atividades fundamentalmente relevantes para a própria sobrevivência. Nas palavras da autora: "Ao contrário das protegidas senhoras da classe alta, bem educadas e cultas, elas necessitavam da renda que derivava de seus artigos jornalísticos" (HAHNER, 2003, p. 284). Esta mesma autora diz que, para sobreviver economicamente, Francisca Diniz e suas filhas tiveram de suplementar o magistério e a publicação do jornal com proventos que iam desde lições de piano até traduções.

Em 1880, Francisca Diniz publicaria, ainda no Rio de Janeiro, uma revista semanal chamada *Primavera*. De 1887 a 1889, retoma a publicação de *O Sexo Feminino* e, com a República proclamada, em um maior engajamento político, edita quinzenalmente *O Quinze de Novembro do Sexo*

---

[105] Arquivo Público Mineiro – IP 30 – Matrícula dos professores da instrução primária (1854/94).

[106] "Por ato de 30 de agosto de 1876 foi-lhe adiantada a quantia de 35% correspondente à terceira parte do seu ordenado." (IP 30/APM).

Feminino, quando assume, de forma militante, a causa do voto feminino, mantendo como traço contínuo o espírito comprometido com os interesses da mulher.

Sua inserção no jornalismo ultrapassaria tais publicações, sendo colaboradora de outros jornais cariocas, de vida efêmera, como o *Estação* e *A Voz da Verdade*, conforme informações de Sacramento Blake, em seu *Diccionario Bibliographico*, de 1893, contemporâneo à Senhorinha, portanto. No Rio de Janeiro, publicou também um romance, no ano de 1886, chamado *A Judia Rachel*.[107] No ano de 1889, inaugurava o Colégio Santa Isabel, onde trabalhou com suas filhas até pelo menos 1893.

FRANCISCA DINIZ E SUA PLATAFORMA EMANCIPATÓRIA

De acordo com Maria Amélia Teles (1993), o Brasil, durante o século XIX – com destaque para seu último quartel –, foi o país latino-americano onde o jornalismo feminista demonstrou maior empenho. A valorização da mulher na esfera doméstica representou requisito fundamental para que a imprensa feminina progressivamente reivindicasse novos espaços no mercado de trabalho, assim como maior participação política.

Nísia Floresta, Júlia Almeida, Narcisa Amália e Francisca Diniz, representam alguns dos nomes de maior expressividade do incipiente movimento feminista[108] brasileiro, em que pese à diversidade característica de suas reivindicações. Francisca Diniz, vigorosa defensora da emancipação feminina, atuava como professora de Aula Prática, da escola anexa à Escola Normal, em Campanha, quando publicou o primeiro número do Jornal *O Sexo Feminino*, em 7 de setembro de 1873.

---

[107] Exemplar desse romance pode ser encontrado no acervo da Biblioteca Nacional, no Rio de Janeiro.

[108] O feminismo pode ser pensado como movimento social, eclodindo no final da década de 60 do Século XX em países como EUA e França, e como movimento político, sendo pano de fundo para a atuação de diversos grupos de mulheres. Utilizamos a expressão, aqui, com a intenção de demarcar o posicionamento do jornalismo feminino como veículo de defesa de questões entendidas como sendo de interesse de algumas mulheres. O ponto de convergência é o questionamento da divisão tradicional entre homens e mulheres.

Por meio dessa publicação,[109] Francisca Diniz permite-nos uma aproximação significativa da sua forma de pensar algumas das importantes questões do seu tempo, por isso passo a apresentar algumas de suas principais reivindicações, publicizadas nas páginas de *O Sexo Feminino.*

O Sexo Feminino – da ordem dos jornais orgulhosamente feministas – foi escrito, em sua primeira fase, no interregno de 7 de setembro de 1873 ao mesmo período do ano seguinte, com tiragem semanal e, embora imprimisse originalidade argumentativa, apresentava-se com diagramação semelhante à da imprensa do período, que, raramente, ultrapassava quatro páginas, com folhas tipografadas. Sua tiragem alcançava média de 800 exemplares (*O Sexo Feminino*, 07 de setembro de 1874, p. 1) e, após os dez primeiros números do semanário, foram reimpressos outros 4000 (*O Sexo Feminino*, n. 11, 15 de novembro de 1873).

Discursos os mais diversos tentavam conformar a mulher como importante agente civilizatório, tendo no seio familiar seu principal espaço de intervenção social, na condição de esposa e mãe. Para além do reconhecimento e do respeito em âmbito familiar, *O Sexo Feminino* defendia o desenvolvimento integral das potencialidades da mulher, dentro e fora de casa, além da aquisição de direitos que possibilitariam a ela o domínio de conhecimentos, maior participação nas questões de campo social, assim como a garantia de direitos na esfera política.

Por ser a escrita um dos espaços e domínios a ser conquistado pelas mulheres, *O Sexo Feminino* apresentava-se com certas ressalvas. Uma delas era com relação a seu papel no cenário político, no qual se situa neutramente, declarando que "nossa folha não é política".[110] A afirmação de tal posição, no entanto, deve ser vista como estratégia. Considerando o verdadeiro ostracismo de seu sexo no universo da política, bem como a dilatada negativa ao domínio da palavra – inclusive da escrita –, era natural que suas redatoras fossem cuidadosas. Um posicionamento demarcado por questões políticas *stricto sensu* implicaria limitar ainda mais o número de possíveis

---

[109] *O Sexo Feminino*, em sua primeira fase em Campanha (1873/74), foi objeto de minha dissertação de Mestrado concluída em 2004 na Faculdade de Educação da UFMG, sob orientação do professor Bernardo Jefferson de Oliveira.

[110] *O Sexo Feminino*, 20 dez. 1873, n. 15; p. 2.

leitoras e leitores, que já teriam de se haver com o fato de serem simpáticos às causas femininas.

A neutralidade política do jornal era questionada, inclusive, pelo fato de sua redatora ser casada com o também jornalista e advogado Dr. José Joaquim da Silva Diniz, proprietário do Jornal *O Monarchista*, de Campanha, onde *O Sexo Feminino* era tipografado. O casamento com um monarquista declarado deveria sugerir, quase que por contágio, sua posição política. Francisca Senhorinha, em algumas passagens do jornal, explicitava simpatia pelo Imperador D. Pedro II, enfatizando o que o aproximava de um mecenas, tido como "protetor das letras, e seu mais acérrimo propagador".[111] Tais elementos serviam como base para o contínuo mal-estar com o editor de *O Colombo*,[112] jornal campanhense com veio republicano, a quem Senhorinha respondia com veemência: "Não sabemos em que grande república ou republiqueta a mulher deixe de ser escrava, e goze de direitos políticos, como o de votar e ser votada."[113]

Longe de ser um observador imparcial da dinâmica política de sua atualidade, *O Sexo Feminino* respirava ares impregnados por questões políticas. Se negava a interferência, esta se materializava na própria existência do jornal. A escolha da data para a publicação do primeiro número do periódico – 7 de setembro – faz coro com uma correlação constante no jornal, quer seja, independência política do País e independência da mulher. Narciza Amália, renomada poetisa de Rezende, província do Rio de Janeiro, uma das colaboradoras mais ilustres de *O Sexo Feminino*, assim entendia:

> Do seio dessa terra de Minas, tão rica de seiva e de juventude, do seio dessa terra generosa, que recebeu e fecundou as primeiras ideias de nossa emancipação política, é que devia também partir o primeiro brado pela emancipação da mulher.[114] (transcrição nossa)

---

[111] *O Sexo Feminino*, 20 dez. 1873, n. 20, p. 2.

[112] Primeiro jornal republicano em Minas, fundado por Francisco Honório Ferreira Brandão. Campanha (1873-1885), segundo VALLADÃO, Alfredo. *Campanha da Princesa*. Rio de Janeiro: Leuzinger, 1947, p. 255, v. 4.

[113] *O Sexo Feminino*, 20 dez. 1873, n. 20, p. 3.

[114] *O Sexo Feminino*, 11 out. 1873, n. 6, p. 3.

Com níveis diferenciados de engajamento, o jornal não se furtava às discussões que constituíam a efervescência política do período. Uma questão a ser enfrentada pelas mulheres, segundo o jornal, dizia respeito a sua representatividade nas decisões políticas. Constantes reivindicações junto dos legisladores, de quem *O Sexo Feminino* cobrava intervenções mais efetivas no que se entendiam ser os interesses da mulher, demarca sua percepção sobre o campo político como sendo um campo de poder. A despeito dessa compreensão, o voto feminino não aparece explicitamente em seu horizonte de reivindicações, senão como um ideal ainda distante. É o que se percebe quando o jornal trata, com certa ironia, do descaso dos homens quanto à votação das mulheres, sobre o direito de "votarem e serem votadas, que é o que aliás constitui verdadeira utopia na atualidade, e enquanto os homens não forem anjos; mas entretanto, permanece e vai continuando na representação da tal farsa eleitoral".[115]

Mesmo que de maneira sutil, Francisca Senhorinha desenhava argumentos de sustentabilidade daquilo que viria a ser uma de suas principais frentes, ou seja, o sufrágio feminino. Em publicações subsequentes, com destaque para *O Quinze de Novembro do Sexo Feminino* (1889/1893), em um contexto mais propício ao movimento feminista, ela assumia, de forma contundente, sua posição favorável ao voto da mulher. Essa mudança sugere o próprio movimento vivenciado pela sociedade brasileira que, em meados do século XIX, alimentada por ares de liberdade e igualdade, buscava constituir a imprensa como um lócus privilegiado de ampliação democrática, inclusive no que se refere ao sufrágio feminino e que, já no período republicano, com o fortalecimento do meio impresso, contava-se também com a ajuda de outras frentes de defesa pelo voto, inclusive das associações femininas.

O direito ao voto da mulher era entendido como um desejo utópico, sobretudo se considerarmos que, nos primeiros anos da década de 1870, o número de eleitores era pequeno e que, mesmo entre a maioria dos homens, era um direito ainda por se conquistar, pelo fato de se exigir um certo grau de renda e de alfabetização. A exemplo de outras Constituições latino-americanas, as leis brasileiras não faziam menção proibitiva, de forma direta, ao voto da mulher, uma vez que o título de cidadão era concedido

[115] *O Sexo Feminino*, 14 jan. 1874, n. 18, p. 2.

somente aos homens, o que, segundo Branca Alves, demonstra o tal nível de menosprezo pela figura feminina.[116] Contudo, não faltava fôlego para que algumas mulheres, por meio impresso, reivindicassem participação em outros níveis de influência, que dariam contornos de legitimidade à sua atuação política que, nas décadas seguintes, culminaria no voto feminino. Sua causa feminista fortalecer-se-ia à medida que se solidarizava com argumentações em favor de uma sociedade mais igualitária, como no que se referia aos escravos. Sem dedicar nenhuma matéria na qual estes constituíssem a temática central, a escravidão aparecia em momentos pontuais no jornal como uma prática incompatível ao mundo civilizado. Assim, pode-se ler no editorial de 20 de setembro de 1873:

> Não há maior erro, mais triste ingenuidade do que dizer-se que o século XIX é o século das luzes, existindo a escravatura e a pena de morte, os dois maiores crimes do mundo bárbaro, ainda conservados no mundo civilizado.[117]

Com a proibição do tráfico negreiro no Brasil, em 1850, acelerou-se a luta pela libertação dos escravos, contando com uma adesão bastante significativa de algumas mulheres que, em décadas seguintes, chegaram a organizar sociedades abolicionistas. De acordo com Maria Amélia Teles, a forma de as mulheres abolicionistas participarem denunciava sua própria condição de subordinação: "Elas colaboraram nas atividades que garantiam a infra-estrutura da campanha, como vender doces e flores para levantar finanças ou tocar piano e cantar nas festas realizadas em prol do movimento abolicionista." (1999, p. 28).

No que tange à pena de morte, o jornal dedicou maior atenção, trazendo para suas páginas um caso emblemático que apontava elementos de barbaridade, insistentes em permanecer na sociedade, dificultando o triunfo da tão propalada civilização. Um dos casos é digno de nota, pois seu trata-

[116] Curioso perceber que algumas mulheres se valeram de tal abertura legal para reivindicarem o direito ao voto, em décadas seguintes, o que rendeu muita polêmica, obrigando os legisladores a reverem o corpo da lei e estabelecerem expressamente a proibição ao voto da mulher. Conferir ALVES, Branca Moreira. *Ideologia e feminismo: a luta pelo voto no Brasil.* Petrópolis: Vozes, 1980.

[117] *O Sexo Feminino*, 20 set. 1873, n. 3, p. 1.

mento pelo *Sexo Feminino* nos permite ressaltar como algumas estratégias da luta pela abolição se conjugavam com a reafirmação do papel da mulher na sociedade. Trata-se do caso do carrasco Fortunato, criminoso que se livrou da morte aceitando ser o executor de outros condenados à forca. Fortunato havia sido, por um longo período, o algoz de muitos criminosos na província mineira. Sem mais serventia na província, e sem meios legais que lhe destinassem outra vida, permanecia preso, símbolo vivo de um tempo em que a espada prevalecia sobre a razão. Tempo que se pretendia distante, porém que persistia em fazer-se presente. O pedido da província do Rio de Janeiro para que lá fossem utilizados os seus préstimos evidencia essa permanência. Realizada sua missão sangrenta em terras fluminenses, inicia-se a polêmica sobre o destino de Fortunato.

O Sexo Feminino defendia que ao carrasco fosse dada a liberdade para que buscasse o perdão junto de Deus e da sociedade, por tantas mortes que carregava. É interessante notar a estratégia do artigo de Senhorinha[118] que, em nome das mães de família de sua cidade e de toda a província mineira, intervem junto do Imperador e, ardilosamente, da Imperatriz. Quando seus argumentos construíam-se com base no pedido de clemência para o algoz, dirigia sua fala à Imperatriz, em um explícito apelo à sua condição de mulher piedosa. Sensibilizando-se em nome de uma vida humana, como em uma prece em que se roga à Virgem Maria que intervenha junto de Jesus Cristo pelos oprimidos, espera-se da Imperatriz que exerça seu instinto materno, mesmo como esposa, e influencie favoravelmente na decisão do Imperador. Essa apelação reflete bem a perspectiva da editora de *Sexo Feminino* acerca do papel da mulher na sociedade: mensageira do bem público, personificação da civilização. Reconhecidos seus instintos maternais, sua natural aptidão para o cuidado, necessitava oferecer-lhe instrumental para que potencializasse sua intervenção social de forma racionalizada, instruída, ilustrada. Nesse sentido, *O Sexo Feminino* apresentava-se como importante veículo instrumentalizador na busca pela ampliação do campo de domínio feminino e, por conseguinte, estimularia a diminuição da "grande desigualdade de condições civil e política entre os dois sexos no Brasil",[119]

---

[118] *O Sexo Feminino*, 8 nov. 1873, n. 10, p. 2 e 3.

[119] *O Sexo Feminino*, 27 dez. 1873, n. 16, p. 2.

por meio da consolidação de uma prática que almejava tornar constante na sociedade: o posicionamento da mulher ante as questões de interesse social.

Uniam-se forças em favor da consolidação de direitos civis, meta para a qual a redatora dedicava especial atenção. Estimulado por um protesto assinado por mulheres portuguesas contra o casamento civil, no final da década de 1860 – documento que circulava pela imprensa brasileira, copilado por alguns jornais –, *O Sexo Feminino* prontificou-se a fazer-se de intermediário entre os favoráveis e os contrários a tal casamento, disponibilizando seu jornal como porta-voz de um assunto reiteradamente interpretado como sendo de interesse social, possivelmente visando a angariar maior confiança do público e mais leitores.

A discussão sobre o casamento civil,[120] temática privilegiada por *O Sexo Feminino*, pode ser interpretada como uma convergência de interesses do semanário. Ao mesmo tempo em que contribuía para o debate de um assunto atual e abrangente, o jornal promovia a prática das mulheres se posicionarem publicamente, especialmente no que tangia seus interesses. Ao fazer isso, afirmava-se como porta-voz da causa feminina e veículo de aperfeiçoamento da dinâmica social. No incitamento às discussões entre as mulheres e a seu posicionamento público, o jornal visava também demonstrar a atuação consequente da mulher nos assuntos de interesse da sociedade, almejando maior visibilidade civil.[121]

Fruto dessa reivindicação parece ter sido o pedido de algumas mulheres para que respondessem pessoalmente pela assinatura do jornal, sem o intermédio do marido. "Está encetada uma vultosa correspondência entre as senhoras que reclamam a remessa desta folha diretamente a elas, e não por intermédio dos maridos."[122] Queriam demonstrar que a desigualdade entre os sexos estava centrada menos em aspectos naturais, sendo antes reflexo de um longo alijamento da educação, argumento este reforçado, in-

[120] No Brasil, o casamento civil só foi promulgado, por meio do Decreto nº 181, em 24 de janeiro de 1890.

[121] Stella Brescianni (1991) utiliza-se dessa expressão para problematizar a exclusão feminina dos direitos políticos, no Brasil e na Europa, no século XIX e início do XX. Cf. BRESCIANI, Maria Stella Martins. *O Anjo da Casa*. São Paulo: IFCH/UNICAMP, 1991.

[122] *O Sexo Feminino*, 7 jan. 1874, n. 17, p. 4.

clusive, no posicionamento de alguns jornalistas adeptos da educação feminina. O Jornal *República*,[123] do Rio de Janeiro, em 24 de setembro de 1873, saudando o aparecimento de *O Sexo Feminino*, parabenizava Senhorinha por sua iniciativa, reconhecendo as dificuldades para a instrução da mulher, assim se posicionava:

> Sua linguagem de sobra demonstra que as faculdades intelectuais da mulher em nada são inferiores às do homem.
> O que mais do que ela teria feito um homem, professor na cidade da Campanha?! E demais, para que em nosso país uma senhora ache-se habilitada a entrar nas lutas da imprensa, quanto não lutou para adquirir instrução, cercada como está de um ambiente opressor, cheio de preconceitos, de falta de recursos de todo o gênero para o sexo feminino[...][124] (transcrição nossa)

Defesas como esta ganham maior dimensionamento quando da leitura de jornais contemporâneos a *O Sexo Feminino*. Com facilidade percebe-se que a simpatia demonstrada pelo *República* estava longe de ser regra na imprensa de domínio masculino. Eram constantes as publicações jornalísticas que, mesmo demonstrando aparente cordialidade, permaneciam enraizadas em uma mentalidade de recusa à ampliação do campo de atuação da mulher. Nesse aspecto, o já mencionado Jornal *O Colombo* parece ser um dos mais entusiastas em criticar as pretensões de *O Sexo Feminino*:

> Queremos que antes e acima de tudo a mulher seja verdadeiramente a mulher: – saiba ser filha, esposa e mãe –, e não descure o aprender a costurar, cozinhar, lavar e engomar, para poder tornar-se perfeita dona-de-casa cuja administração interior lhe será subordinada.
> Isso antes de tudo. Depois então, a instrução: e quanto mais farta, melhor.
> Querer fazer das mulheres verdadeiros homens, reservando sem dúvida para estes (homens) o governo da casa, como parece pretender *O Sexo Feminino*, é inverter as leis da natureza, e tirar da mulher aquele doce perfume de candidez, de modéstia e de pudor que Deus lhe deu e pelo qual tem ela sempre conquistado a estima, os respeitos e a veneração da

[123] Órgão do Partido Republicano, do Rio de Janeiro, com quem *O Sexo Feminino* mantinha estreitos vínculos.

[124] Trecho reproduzido do Jornal *República* por *O Sexo Feminino*, de 4 de outubro de 1873, n. 5, p. 3.

> humanidade. [...] Livre-nos Deus de mulheres sábias: matou-as Molière com aquela sua apreciadíssima e sempre nova comédia das *Preciosas Ridículas*.[125] (transcrição nossa)

Os argumentos do editor de *O Colombo* são ilustrativos de um ambiente misógino, de pouca receptividade às ideias de Senhorinha, que eram entendidas como portadoras de uma inversão de papéis naturalmente designados aos sexos.[126] Entretanto, também revela que *O Sexo Feminino* não era encarado como mero veículo de capricho feminino, passatempo e diversão de mulher pretensiosamente intelectualizada, mas antes porta-voz de um potente interventor na dinâmica social.

Não é sem motivo que se recupera Molière para se questionar a empreitada jornalística de Senhorinha. A preocupação em pôr a mulher no lugar devido, ou seja, o destinado pelos homens é fundamentalmente pertinente em *Preciosas Ridículas*. As preciosas Madalena e Catarina – personagens femininas da peça – se veem em sérios problemas ao questionarem a autoridade do pai Gregório e seu arranjo matrimonial, assim como por ocuparem-se com enfeites e sentimentalidades. Gregório concluía: "[...] e vós, futilidades pomadas e pinturas!... versos e nulidades!... sonetos e sonatas... e outras mais diabruras, que as moças arrastais a só fazer loucuras! [...] Seja o vosso destino arder no fogo eterno! [...]"[127]

Consciente da enraizada associação entre mulher e vaidade, *O Sexo Feminino* fazia desse combate uma de suas principais frentes, denunciando a aceitabilidade da mulher em sua inferiorização social. A mulher deveria perceber-se como ser independente, e tinha de preparar-se para isso. Al-

---

125 *O Colombo*, Campanha, ano I, n. 36, domingo, 14 set. 1873.

126 *Livre-nos Deus de mulheres sábias*: assim indica que o século XVII havia ficado não só nos registros teatrais, mas também na mentalidade da sociedade. A retratação de Molière, que, apesar de peça escrita há mais de dois séculos (1654), nos dizeres de *O Colombo*, constituía-se em *sempre nova* representação da figura feminina, reforçava o enraizamento da mentalidade sobre a mulher. Por outro lado, nota-se que o nascimento do periódico não passou em brancas nuvens, sendo a preocupação do redator em desabonar as causas por que lutava *O Sexo Feminino* indicativa da iminência do perigo em estar nas mãos de uma mulher, um promissor veículo de divulgação, como o impresso – sobretudo se demonstrando boa articulação e lucidez de propósitos como o fazia Senhorinha.

127 MOLIÉRE. *Preciosas Ridículas*. Rio de Janeiro: Civilização Brasileira, 1957.

cançaria a maioridade abandonando futilidades pueris corporificadas pela vaidade excessiva.

O jornal deprecia o excesso de zelo com a aparência. "O luxo e a vaidade, eis o seu apanágio! Eis a sua única aspiração sobre a terra!"[128] Tal atitude representava empresa fadada à eterna objetivação da mulher que, preocupada com sua ornamentação externa, tornaria secundário o que de mais importante constituiria a nova mulher: sua educação. A vaidade feminina parece um sério obstáculo à sua racionalidade, chegando a redatora a responsabilizá-la pelos maus casamentos e pelos infortúnios em família, por isso devidamente recalcada pelo jornal.[129]

> Em vez de formar seu coração para a virtude, *de fazê-la conhecer seus deveres*, de ornar-lhe o espírito com conhecimentos que a livrem do enojo, habituam-na ao gosto do enfeite e da vaidade, e só cuidar das graças do corpo desprezando os ornatos internos do espírito, e as qualidades do coração *[...] completamente ignorantes do que devem a Deus, a si mesmas e à sociedade.*
>
> Só lhes falam de modas, divertimentos, bailes, reuniões, espetáculos [...][130] (grifos nossos).

Além disso, Senhorinha atenta para o fato de que a vaidade excessiva da mulher, valorizada e até estimulada pelo homem, atraído por sua ornamentação externa, apresenta-se, em um círculo vicioso, como argumento destes para justificar uma possível debilidade feminina. Esse ponto de vista identifica homens e mulheres como indivíduos deformados pelos costumes sociais. Tal círculo se quebraria à medida que a mulher se conscientizasse dessa realidade e passasse a uma atitude menos passiva.

---

[128] *O Sexo Feminino*, n. 2, p. 3, 14 set. 1873.

[129] Apesar de não explicitadas pelo jornal, alguns aspectos específicos estavam relacionados ao apelo à participação mais consciente da mulher na sociedade, como a referência ao aleitamento materno, prática sabidamente rejeitada pelas mulheres do século XIX. Em 1873, o médico José Pereira Rego proferia palestra na Academia de Medicina, em discurso incentivador para que as mulheres não se "deixem subjugar pelos caprichos da moda e prazeres sociais", em detrimento de aleitarem seus filhos. *Apud.* VEIGA, Cynthia Greive, 2004, p. 54.

[130] *O Sexo Feminino*, n. 33, p. 2, 23 mai. 1874.

Diante da constante negativa masculina em ver na mulher uma igual, esta deveria agir de modo a comprovar suas aptidões racionais, preparando-se por meio de uma educação e instrução acuradas, em uma espécie de transição do requinte do corpo ao requinte do espírito. *O Sexo Feminino* construía um sujeito identificado, sobretudo, por sua condição de devedor. A busca pela legitimidade da igualdade de suas condições racionais trazia, em seu bojo, uma carga de incorporação de responsabilidade, pela mulher, pelo bem-estar da sociedade. Como tática de convencimento, Senhorinha incorpora, ao mesmo tempo em que constrói para o feminino o lugar do equilíbrio, da benevolência, enfim, da civilidade. Estes termos aparecem no jornal de forma recorrente, revelando uma tentativa de reforçar um pertencimento e uma natureza feminina.

Em um artigo intitulado "O que queremos?", *O Sexo Feminino* lamenta o estado de ignorância de direitos em que vive a mulher.

> Queremos a nossa emancipação – a regeneração dos costumes;
> Queremos reaver nossos direitos perdidos;
> Queremos a educação verdadeira que não se nos tem dado a fim de que possamos educar também nossos filhos;
> Queremos a instrução pura para conhecermos os nossos direitos, e deles usarmos em ocasião oportuna;
> Queremos conhecer os negócios de nosso casal, para bem administrarmo-los quando a isso formos obrigadas;
> Queremos enfim saber o que fazemos, o porquê e o pelo quê das coisas;
> Queremos ser companheiras de nossos maridos, e não escravas;
> Queremos saber o como se fazem os negócios fora de casa;
> Só o que não queremos é continuar a viver enganadas.[131] (tradução nossa)

Nessa passagem, Francisca Senhorinha explicita a legitimidade dos direitos femininos. Com a retomada dos direitos, supunha-se alcançar a propalada emancipação da mulher. Tratava-se de reaver os direitos, e não

[131] *O Sexo Feminino*, n. 8, 25 out. 1873, p. 2.

propriamente de conquistá-los. A estratégia discursiva remete à necessidade do reconhecimento de direitos naturais que vinham sendo negados ou desrespeitados, como a liberdade usurpada dos povos escravizados.

Tendo visto o posicionamento do jornal ante a questões políticas, culturais e educacionais, lançando-se como órgão civilizador, em oposição à barbárie da pena de morte, da manutenção da escravidão, bem como de sua luta pelo acesso ao saber, da maior representatividade política e social da mulher, podemos considerar que *O Sexo Feminino* se utilizava de estratégias discursivas, voltadas para a defesa da causa feminina, articuladas a outras mais amplas. A mulher instrumentalizaria a ampliação de seu campo de atuação na sociedade por meio de atitudes de maior responsabilidade social, reiteradas por *O Sexo Feminino*.

Concluindo, conhecer a trajetória pessoal e profissional de Francisca Diniz nos permite questionar o padrão historicamente produzido que identifica a formação e a educação da mulher ao ideário monolítico de reclusão domiciliar. Por meio da valorização da mulher no desempenho do papel materno e no reconhecimento de sua intervenção moralizadora no seio da sociedade, a mulher reivindicava para si, por intermédio da imprensa, a conquista de uma centralidade que desconhecia até então. Esse discurso de promoção da mulher teria sido o "pontapé inicial" para posteriores conquistas de espaços até então exclusivamente destinados ao sexo masculino. Para além da afirmação de um novo perfil no interior da família, suas reivindicações foram ganhando complexidade em sua progressiva inserção pública, transformando-se em luta política pela conquista de sua cidadania, transpondo o espaço da casa, pleiteando outros, como as instituições de ensino superior e os espaços profissionais.

Fontes

ARQUIVO PÚBLICO MINEIRO. Relação nominal das Professoras da Instrução primária com declaração da qualidade e data de seus provimentos. Relatório apresentado ao presidente Diogo Pereira de Vasconcelos. Ouro Preto, 1855.

O Sexo Feminino. Campanha da Princesa, 1873/74. Biblioteca Nacional, Rio da Janeiro. Obras Raras.

REFERÊNCIAS:

ALVES, Branca Moreira. *Ideologia e feminismo:* a luta pelo voto no Brasil. Petrópolis: Vozes, 1980.

ANDRADE, Fernanda Alina de Almeida. *Estratégias e escritos*: Francisca Diniz e o movimento feminista no século XIX (1873/1890). Dissertação de Mestrado. – Faculdade de Filosofia e Ciências Humanas, Universidade Federal de Minas Gerais, Belo Horizonte, 2006.

BLAKE, Augusto Victorino Alves Sacramento. *Diccionario Biographico do Brasil.* Rio de Janeiro: Imprensa Nacional, 1889.

BRESCIANI. Maria Stella Martins. *O Anjo da Casa.* São Paulo: IFCH/UNICAMP, 1991.

DUARTE, Constância Lima. A mulher e o jornalismo: contribuição para uma história da imprensa feminista. In: *Mulher: cinco séculos de desenvolvimento na América:* capítulo Brasil. Belo Horizonte: Federação Internacional de Mulheres da Carreira Jurídica, 1999.

FERNANDES, Emília. *Mulheres Sem Medo do Poder*: chegou a nossa vez: cartilha para mulheres candidatas à vereadoras. Brasília: IPEA/DIPES, 1996.

FONSECA, Gondim da. *Bibliografia do jornalismo carioca* (1808/1908). Rio de Janeiro: Livraria Quaresma, 1941.

HAHNER, June Edith. *Emancipação do Sexo Feminino*: a luta pelos direitos da mulher no Brasil. *1850-1940.* Florianópolis: Ed. Mulheres; Santa Cruz do Sul, SC: EDUNISC, 2003.

Moliére. *Preciosas Ridículas*. Rio de Janeiro: Civilização Brasileira, 1957.

NASCIMENTO, Cecília Vieira do. *O Sexo Feminino em campanha pela emancipação da mulher (1873 – 1874).* Dissertação de Mestrado, UFMG. Belo Horizonte, 2004.

SCHUMAHER, Schuma. *Dicionário Mulheres do Brasil*: de 1500 até a atualidade. Biográfico e ilustrado. Érico Vital Brazil. Rio de Janeiro: Jorge Zahar Editora, 2000.

TELES, Maria Amélia de Almeida. *Breve história do feminismo no Brasil.* São Paulo: Brasiliense, 1993.

VEIGA, Cynthia Greive. Infância e modernidade: ações, saberes e sujeitos. In: FARIA FILHO, Luciano Mendes de (Org.). *A infância e sua educação, materiais, práticas e representações.* Belo Horizonte: Autêntica, 2004. v. 1, p. 35-82.

PRODUÇÃO DA ESCRITA E PRODUÇÃO DE UM LUGAR: A TRAJETÓRIA DE UMA PROFESSORA EM FINS DO SÉCULO XIX E INÍCIO DO XX

Carla Simone Chamon

Este texto apresenta os resultados de uma pesquisa sobre a literatura didática e pedagógica produzida por Maria Guilhermina Loureiro de Andrade, professora, escritora e tradutora que atuou no Rio de Janeiro, São Paulo e Minas Gerais entre 1869 e 1913 e, também, faz parte de um esforço mais geral de se pensar o intelectual e a educação no Brasil. Nesse período, Guilhermina escreveu livros didáticos para alunos do Ensino Primário e produziu uma literatura pedagógica, sob a forma de livros e artigos de jornais, divulgando os métodos e as concepções de ensino que ela havia estudado nos Estados Unidos. Por meio da análise dessa produção, é possível perceber, de um lado, como a escrita de Maria Guilhermina deu visibilidade e colocou em circulação no Brasil alguns saberes do repertório pedagógico norte-americano. De outro, nossa preocupação está em compreender como, na trajetória desta professora, a produção da escrita permitiu a produção de um lugar: o de intelectual da educação no período mencionado. Nos dois casos, o interesse nuclear dessa investigação não está nas ideias e nas correntes de pensamento, por vezes tomadas como objeto de análise desconectadas dos eventos sociais e também das subjetividades dos seus produtores. Aqui, privilegiamos o sujeito "produtor" dessas ideias e sua trajetória de vida.

Por meio de uma abordagem sociocultural, essa história privilegia os percursos de uma pessoa – Maria Guilhermina Loureiro de Andrade – localizando-a no interior de um ambiente social, e principalmente, as condições socio-históricas de produção da sua experiência como intelectual de seu tempo. Experiência essa que se constitui e é plasmada por grupos de pertencimento, por redes de relações concretas as quais nos ajudam a inventariar e a compreender, como sugere Sirinelli (2003), as "solidariedades de origem", as "genealogias de influência". Funcionando como esclarecimento e baliza, o estudo das redes de relações dos intelectuais nos convida a tomar como problema os lugares por onde circularam, onde estudaram ou trabalharam, as pessoas com as quais conviveram, seus interlocutores fundamentais. Tal postura, por sua vez, impede-nos de tomá-los como parteiros de si mesmos, instigando-nos a remetê-los às condições sociais que os constrangem e a perceber que esses constrangimentos se impõem aos indivíduos por meio de grupos específicos.

Neste trabalho, tomamos como ponto de partida a experiência da escrita como produtora de identidade e, no caso de Maria Guilhermina, como condição de possibilidade de sua inserção, na qualidade de intelectual, no campo educacional. Por meio da escrita, Maria Guilhermina interveio no debate educacional das cidades onde trabalhou, produzindo e/ou veiculando propostas para a educação brasileira. Como intelectual, estabeleceu uma relação quase inevitável com a palavra escrita, ferramenta de intervenção social, instrumento de apresentação de projetos, de embates, de convencimento.

GENEALOGIAS DE INFLUÊNCIA

Em 1894, Maria Guilhermina Loureiro de Andrade começou a publicar sua série de livros de leitura destinada ao Ensino Primário das crianças brasileiras. Anos antes, já havia publicado um *Compêndio de História do Brasil*, um livro sobre os jardins da infância, sem falar de algumas traduções, artigos escritos para jornais e congressos e trabalhos manuscritos. Produção significativa se considerarmos o período em questão e, mais ainda, se levarmos em conta o fato de ser uma produção feminina. Em fins do século XIX, a produção de uma literatura pedagógica nacional – incluíndo aí manuais e compêndios utilizados em sala de aula e textos refletindo sobre a prática educativa propriamente dita – começava a dar seus primeiros passos, sendo realizada majoritariamente pelos homens. Nesse momento, o número dos sujeitos que pensavam e escreviam sobre o saber e o fazer pedagógico era pequeno e menor ainda era o número de mulheres que o integrava. Então, quem era essa escritora que, a partir de meados do século XIX até início do XX, produziu para o campo educacional? O que ela produziu? E que elementos nos permitem compreender o lugar da escrita em sua trajetória?

Maria Guilhermina Loureiro de Andrade nasceu na cidade de Ouro Preto (MG), em 1839. Não se casou, não teve filhos e viveu as década de 1850 e 1860 no município de Vassouras (RJ), de onde se mudou para a Corte carioca, em 1868. Lá passou a maior parte de sua vida e morreu em 1929, aos 90 anos de idade. Maria Guilhermina foi criada em uma família urbana, filha de pai funcionário público e mãe professora primária. Sua formação se deu em um ambiente familiar propício e aberto à instrução feminina, uma vez que tanto ela quanto pelo menos cinco de suas irmãs se tornaram professoras, seguindo os mesmos passos da mãe no exercício da docência. Além disso, na década de 1860, Maria Guilhermina converteu-se ao Protestantismo, abandonando a religião dos seus pais e passando a conviver com os missionários presbiterianos, de origem norte-americana que se instalaram no Brasil a partir de meados do século XIX.

Dos seus 90 anos, Guilhermina dedicou em torno de cinquenta à docência. Iniciou sua carreira ainda jovem, como auxiliar de sua mãe e abriu seu primeiro colégio de instrução feminina, em Vassouras, em 1864. Em 1868, fechou o colégio em Vassouras e, no ano seguinte, foi para a Corte, onde abriu um colégio de instrução primária e secundária, denominado Colégio Andrade, estabelecimento que dirigiu, auxiliada por suas irmãs e com algumas pequenas interrupções, até 1905 (ALMANAQUE LAEMMERT, 1869-1905).

Além de ter trabalhado como professora e diretora, Maria Guilhermina participou de congressos e exposições, realizou uma viagem de estudos de quatro anos para os Estados Unidos na década de 1880 e foi convidada para trabalhar nas reformas Caetano de Campos, em São Paulo (1890), e na reforma João Pinheiro, em Minas Gerais (1906).

Dessa trajetória de Maria Guilhermina no campo educacional, e para os fins aqui propostos, duas características devem ser ressaltadas. A primeira se refere à sua prática pedagógica orientada para os padrões escolares norte-americanos. Já a partir de fins da década de 1860, Guilhermina dizia utilizar o método intuitivo (lições sobre objetos, como ela chamava), sendo possível detectar a prática da coeducação dos sexos e de um curriculo feminino mais alargado, com disciplinas como o Grego e a Geometria, na década de 1870. Entre princípios da década de 1880 até o final de sua carreira, Guilhermina difundiu a chamada Educação Nova, baseada nos princípios e métodos froebelianos, que ela estudou nos Estados Unidos. Com base nesses princípios e métodos, a sua pedagogia enfatizava a importância da aprendizagem do aluno por meio da atividade e da experiência individual, do ensino útil e prático, centrando o processo de ensino-aprendizagem na criança, valorizando a formação do que ela denominava em seus escritos de "homens livres e úteis à sociedade".

Essa aproximação e apropriação do repertório[132] educacional norte-americano e a viagem de estudos que ela fez para os Estados Unidos podem ser associadas ao seu convívio, a partir de 1860, com missionários e educadores presbiterianos de origem norte-americana. Esses sujeitos tiveram um papel importante no campo educacional brasileiro, uma vez que adotaram em suas escolas e colégios aqui instalados – muitos deles influentes, como a Escola Americana de São Paulo – alguns dos padrões educacionais norte-americanos, tornando-se um veículo de circulação e visibilidade desses padrões. A convivência de Maria Guilhermina com esses missionários educadores foi importante na sua trajetória profissional. Com eles, especialmente com as missionárias professoras[133] que vinham para o Brasil dirigir as escolas presbiterianas, Guilhermina aprendeu a trabalhar com os considerados modernos métodos pedagógicos e com as práticas educativas norte-americanas: a coeducação dos sexos, o ensino seriado, o método intuitivo de ensino, a preferência da mulher no magistério primário, um currículo mais diversificado, incluindo matérias científicas ou profissionali-

---

[132] Repertório, segundo Charles Tilly (1993, p. 264), designa um conjunto de rotinas, de ideias e práticas que "são aprendidas, compartilhadas e colocadas em prática por meio de um processo de escolha relativamente deliberado". Para Ann Swindler (1986, p. 273), repertório seria uma espécie de caixa de ferramentas (*tool kit*), disponível em determinada sociedade, composta de "hábitos, habilidades e estilos", formas de pensar e formas de agir, mobilizados e utilizados pelas pessoas em diferentes configurações para definir e construir linhas de ações.

[133] No início da década de 1870, duas missionárias presbiterianas trabalharam como professoras no colégio de Maria Guilhermina. Nessa mesma década, Guilhermina trabalhou na Escola Americana de São Paulo (CHAMON, 2005, cap. 1).

zantes e seguindo uma orientação prática que aliava o saber ao fazer. Além disso, valores norteadores da religião protestante como liberdade, progresso e responsabilidade individual estavam imbricados nessas novas práticas educativas, sendo detectáveis seja na atuação de Maria Guilhermina como professora, seja na sua escrita.

Nesse sentido, o Cristianismo reformado, na sua vertente presbiteriana do norte dos Estados Unidos, e as relações que Maria Guilhermina travou com alguns de seus agentes podem ser tomados como um campo de atração e de influências profundas.[134] Mas não só no que se refere aos saberes que ela colocou em prática e circulação, mas também na própria constituição de Guilhermina como escritora. É importante lembrar que, nesse universo presbiteriano, ela conviveu com missionárias/professoras que, além de detentoras de grande soma de conhecimentos, tanto em termos de uma cultura mais geral como em termos de métodos e processos pedagógicos avançados, escreveram e traduziram livros pedagógicos, o que certamente, funcionou como alavanca para sua produção escrita no campo educacional, sendo essa a segunda característica de sua trajetória profissional que vamos tratar neste texto.

LIVROS, ARTIGOS E RELATÓRIOS

A trajetória de Maria Guilhermina no campo educacional foi marcada por uma constante produção escrita que, como veremos, estava associada aos saberes e às práticas que ela queria fazer circular no Brasil. Nos seus cinquenta anos de atuação profissional, a produção escrita sempre esteve presente e marcou sua experiência.[135] Na verdade, é possível dizer que a

[134] Relações que, como aponta Jean-François Sirinelli (2003, p. 247) não podem ser tomadas como explicações globais de um indivíduo ou de um grupo, mas devem ser entendidas como constituidoras de identidade.

[135] É interessante observar que a escrita acompanhou Maria Guilhermina também em seu universo religioso, tendo ela escrito, desde 1867, cânticos que passaram a compor o livro de músicas sacras utilizados pelos presbiterianos no Brasil (Cânticos Sagrados), alguns deles publicados, ainda na década de 1860, no jornal presbiteriano *Imprensa Evangélica*. Nesse jornal, Guilhermina publicou ainda um conto infantil, traduzido do inglês, entre os meses de março e junho de 1887.

trajetória dessa professora foi atravessada, ou melhor, foi constituída, desde o início, pela experiência da escrita.

Na área da educação – e tratando especificamente da escrita que tem por objetivo se tornar pública, como livros, artigos de jornais e revistas e relatórios administrativos –, a primeira produção escrita de Maria Guilhermina que se tem notícia data de início da década de 1870. Trata-se da tradução, em manuscrito, do *Manual de Aritmética,* do norte-americano Stoddard Felter, sobre a aplicação dos processos intuitivos ao ensino da Aritmética. Com base nos trabalhos de Felter e no método intuitivo, Guilhermina produziu a sua *Aritmética da Infância,* manuscrito que foi apresentado na *Exposição da Indústria,* ocorrida no Rio de Janeiro em 1881, pelo qual recebeu o diploma do progresso.[136] Em 1883, escreveu um parecer intitulado "Organização dos jardins da infância" para o Congresso da Instrução do Rio de Janeiro (*Atas e pareceres do Congresso da Instrução do Rio de Janeiro,* 1884, 4ª Questão, p. 1-2), no qual defendia a necessidade de uma preparação profissional conveniente, baseada nos métodos froebelianos, para as futuras jardineiras, antes de se estabelecerem os jardins de infância na Corte.

A partir do final da década de 1880, a sua produção escrita, que já vinha acompanhando sua trajetória por mais de uma década, intensificou-se e diversificou. A razão disso foi a viagem que ela empreendeu, entre 1883 e 1887, para os Estados Unidos da América, para estudar os métodos froebelianos de ensino. Para essa viagem, Maria Guilhermina partiu com o objetivo de "observar, refletir, comparar", para que, de volta ao Brasil, pudesse "divulgar, ensinar, civilizar". Por isso, não demorou a pôr em circulação, sob a forma de livros e artigos, o que havia aprendido lá:

> Tenho, desde que voltei dos Estados Unidos, associado minhas irmãs ao meu projeto de estender às aulas primárias os magníficos métodos do *kindergarten*, e [...] espero em pouco tempo formar e publicar novos métodos para todos os ramos do ensino primário, que é o verdadeiro alicerce de toda a instrução. (ANDRADE. *Cultura de Kindergarten,* 1888, p. 9).

[136] Tanto a tradução do Manual de Felter (documentada em carta enviada por Maria Guilhermina ao Imperador Pedro II, em 1878) quanto a *Aritmética da Infância* não foram encontrados no decorrer da pesquisa.

Assim, no ano de sua chegada ao Brasil, 1887, Maria Guilhermina publicou artigos no jornal pedagógico carioca *a Instrução Pública* (14 out. 1887, p. 55; 7 nov. 1887, p. 68-69), nos quais divulgava alguns princípios e métodos da chamada "Educação Nova". Nesse mesmo ano, publicou a tradução do livro de William N. Hailmann, *Cultura de kindergarten no kindergarten ou jardim das crianças.*[137] No ano seguinte, 1888, Guilhermina abriu um seminário para formação de jardineiras e publicou, na cidade do Rio de Janeiro, *O kindergarten ou jardim da infância*, apresentando de maneira resumida os dons de Froebel e alguns princípios que deveriam nortear um *kindergarten*.

Nesse mesmo movimento de divulgar o que aprendeu nos Estados Unidos, sua experiência educacional, sua concepção de educação, seu entendimento dos princípios e objetivos dos processos intuitivos de ensino, suas ideias sobre o papel do professor e a centralidade da criança no processos pedagógicos, podemos destacar: o discurso de Guilhermina, proferido por ocasião dos exames das aulas elementares de seu estabelecimento, em1891, publicado pela *Revista Pedagógica*, do Rio de Janeiro (*Revista Pedagógica*, 1891/1892, p. 237-241); o manuscrito intitulado "Preparo da Mestra" (1900), enviado a João Pinheiro, em (APM, Arquivo Particular João Pinheiro, série III, cx. 29, doc. 3678); as conferências em Belo Horizonte, transformadas em artigos no jornal *Minas Gerais*, em 1907 (29 maio 1907, p. 4; 30 maio 1907, p. 4-5).

Mas a produção escrita posterior à viagem de Maria Guilhermina não se resumiu à divulgação teórica dos processos froebelianos e intuitivos de ensino. A escrita de manuais e compêndios que inauguraram a sua produção escrita no campo educacional se fez presente também de maneira significativa. Em 1888, publicou seu livro sobre história do Brasil – *Resumo da História do Brasil: para uso das escolas primárias brasileiras* (1888). Editado nos Estados Unidos pela Ginn e Company, esse livro foi considerado por muitos, como Basílio de Magalhães, Francisco Eduardo Leite e João Ribeiro, como um dos melhores do gênero no período (LEITE, 1930, p. 187;

[137] Título original da obra: *Kindergarten culture in the family and Kindergarten*: a complete sketch of Froebel's system of early education, adapted to american institutions for the use of mothers and teachers.

VENÂNCIO FILHO, 1946, p. 256; PFROMN NETTO *et al.*, 1974, p. 161, 162). Segundo Venâncio Filho, João Ribeiro teria, inclusive, transcrito um longo trecho do livro de Maria Guilhermina no seu próprio compêndio de história do Brasil. Centrado na história política, com uma narrativa linear e cronológica dos acontecimentos e tendo por objetivo, segundo Guilhermina, "despertar nos corações dos meninos brasileiros o interesse e o amor pelas coisas pátrias", seu livro se destacava por apresentar uma linguagem fácil e à altura da compreensão das crianças, sendo composto por lições seguidas de um questionário sobre o tema estudado, explorando também poesias, como as de Gonçalves Dias, além de mapas, retratos de personalidades e ilustração de cenas históricas.

Na primeira edição de *Resumo da História do Brasil* (1888), com 231 páginas, esse livro contava a história do Brasil do descobrimento até o período das regências; a segunda edição, de 1894, foi aumentada para 277 páginas, estendendo-se até os acontecimentos de 1891. É interessante notar que esse livro possui também uma terceira edição ampliada (308p.), datada de 1920,[138] em um claro indício de sua circulação, ainda que pequena, e que a atividade profissional de Guilhermina se estendeu até, pelo menos, perto de seus 80 anos.

Ainda em fins do século XIX, período que foi marcado pela nacionalização da literatura didática (BATISTA; GALVÃO; KLINKE, 2002) e pelo aperfeiçoamento de conteúdos e métodos de ensino (MORTATTI, 2000), Guilhermina se dedicou a escrever livros destinados ao ensino da leitura para as escolas primárias.[139] Eram três livros – *Primeiro*, *Segundo* e *Terceiro*[140] – publicados entre 1894 e 1896, também nos Estados Unidos,

---

[138] Encontramos a primeira edição desse compêndio na Biblioteca Nacional e a segunda no Arquivo Nacional no Rio de Janeiro. A terceira edição, de 1920, encontramos apenas referência no catálogo dos livros da Biblioteca do Congresso de Washington (*Library of Congress Catalog*), de 1942.

[139] A partir da segunda metade do século XIX, "começaram, com mais freqüência, a surgir, no país, livros nacionais de leitura destinados especificamente às séries iniciais" (BATISTA; GALVÃO; KLINKE, 2002, p. 28). Para Mortatti (2000, p. 21), no final do século XIX, a alfabetização já era apresentada "como um dos instrumentos privilegiados de aquisição de saber e, portanto, de esclarecimento das 'massas'", crescendo, a essa época, a preocupação sobre o melhor e mais eficiente método para ensinar a ler e escrever, além da preocupação com o material utilizado para esse ensino.

[140] *Primeiro livro de leitura* (Ceale – FaE/UFMG); *Segundo livro de leitura* (Biblioteca Nacional); *Terceiro livro de leitura* (Cópia gentilmente cedida pela Profª Mirian Jorge Warde). A Biblioteca

pela American Book Company e que compunham uma série graduada de ensino. Dedicados ao ensino da leitura e da escrita, que a autora considerava que deveriam ocorrer simultaneamente, baseavam-se nos processos intuitivos, ensinando os alunos a ler do todo – sentenças e palavras – para as partes – sílabas e letras.[141] As lições eram compostas de histórias que se tornavam gradualmente mais extensas e complexas, tanto no mesmo livro quanto na série, e se iniciavam com palavras referentes às gravuras das lições, atendendo ao princípio intuitivo que privilegiava o sentido da visão no processo de aprendizagem e cumprindo a sequência que seguia do concreto para o abstrato. Por meio dele, os alunos aprendiam a ler antes de conhecer as letras e as sílabas, que eram ensinadas posteriormente e de maneira gradual, ou seja, eles aprendiam partindo do todo para as partes (ANDRADE. *Alocução*, 1891/1892, p. 239). Baseado na marcha analítica da leitura, nesse método "primeiro a criança vivenciaria as coisas a serem aprendidas, de modo ativo, participante, experimentando-as pelos sentidos, falando delas, para depois codificá-las, base do ensino intuitivo" (KLINKE, 2003, p. 127).

Essa forma de ensinar a ler começava a ser discutida no Brasil em fins do século XIX, sendo ainda difícil encontrar um livro que a utilizasse. Por isso, Guilhermina afirmava esperar que seu método fosse "um verdadeiro auxílio" aos seus colegas professores (ANDRADE. *Primeiro Livro de Leitura*, 1894, p. 4). No caso dessa sua série de leitura graduada, é interessante notar que, mais do que introduzir um método novo e sintonizado com uma proposta pedagógica considerada mais moderna, racional e ativa, ela tentou compor seu manual com vários métodos, procurando trazer para os trópicos as novidades pedagógicas experimentadas nos Estados Unidos, sem, contudo, perder de vista os seus interlocutores no Brasil. Optando por uma

Pública de Nova Iorque possui alguns exemplares da série.

[141] O ensino da leitura nas escolas brasileiras no final do século XIX e início do XX era, em geral, realizado pelos métodos sintéticos – soletração e silabação, nos quais se baseavam as cartilhas tanto nacionais quanto as que eram traduzidas. Nos chamados métodos sintéticos, o ensino partia do conhecimento das letras do alfabeto para o conhecimento das sílabas e daí para as palavras. Já nos processos analíticos – palavração e sentenciação –, o ensino da leitura começava pelas palavras e pelas frases simples. Sobre essa questão, ver: Samuel Pfromn Netto *et al.* (1974); Maria do Rosário Mortatti (2000); Antônio Batista, Ana Maria Galvão, Karina Klinke (2002); Karina Klinke (2003); Francisca Maciel e Isabel Frade (2004).

escrita mediadora, ela realizou uma apropriação criativa dos processos intuitivos, denominando o seu método de "Método eclético de leitura". Logo no prefácio do *Primeiro Livro* (*Idem*), Maria Guilhermina explicava que este era "uma combinação criteriosa dos métodos de leitura fonético, de palavra e de sentença", sendo "o mais certo e o mais seguro caminho para aprender-se e a ler e escrever". Chamava também a atenção dos professores para o fato de que a eficácia desse método dependia de um uso equilibrado dos demais: "O mestre que não conhecer os métodos de palavra e de sentença, ou aquele que, fanático por estes desprezar completamente o antigo, nada poderá fazer de utilidade" (*Idem*).

Na categoria dos manuais didáticos, dirigidos seja aos professores, seja aos alunos do Ensino Primário, Guilhermina publicou ainda, em 1899, um compêndio sobre método de composição escrita, com o nome de *Método de linguagem escrita para as escolas primárias,* tendo traduzido também o livro *À beira mar e à beira da estrada,* sobre história natural, da norte-americana Júlia McNair Wright.[142]

Se a escrita e a tradução de uma literatura pedagógica acompanharam e marcaram a trajetória de Maria Guilhermina, um outro tipo de produção escrita também fez parte de seu universo profissional: os relatórios e ofícios. Pelo menos em dois momentos de sua trajetória, eles se fizeram presentes: em 1890/1891, quando trabalhou como professora-diretora da Escola Modelo do sexo feminino em São Paulo, e entre os anos de 1907 e 1914, como diretora do 2º Grupo Escolar de Belo Horizonte. Nesses relatórios, Guilhermina dava conta do cotidiano da escola, expondo para os agentes oficias do governo sua rotina administrativa e pedagógica. Assim, falava de números de alunos, de pagamento de funcionários, mas discorria também sobre métodos de ensino e formação de professores.

Em quase todos esses escritos, Maria Guilhermina deu visibilidade e colocou em circulação os princípios e métodos de uma pedagogia baseada nos processos intuitivos de ensino. Na verdade, foi para divulgar essa pedagogia que ela se fez escritora. Nessa operação, as referências a auto-

---

[142] Título original: *Sea-side and way side,* composto por 4 volumes e publicado nos Estados Unidos em 1892. A tradução de Maria Guilhermina não foi encontrada e sua referência se encontra no Relatório da Secretaria do Interior de Minas Gerais, 1910.

res norte-americanos ou à sua experiência de viagem aos Estados Unidos ocupavam um lugar fundamental.[143] O léxico que ela utilizava, assim como os autores que ela traduzia para o Brasil, remetia-se e apoiava-se nessa interlocução construida na própria elaboração da escrita. Remetimento que cumpria uma dupla função: produzia credibilidade e comprovava seu discurso, ao mesmo tempo em que criava um lugar de autoridade para Maria Guilhermina, o lugar de saber sobre um outro e de, por meio da escrita, dá-lo a conhecer.

É interessante observar como, de maneira recorrente, ela fazia essas remissões. Além de indicar a todo o tempo sua filiação a autores norte-americanos,[144] com os quais havia estudado, Guilhermina fazia questão de dar visilibidade à relação entre sua prática escriturária e o seu conhecimento sobre o outro. Assim, ela fazia questão de enfatizar que, desde a sua volta dos Estados Unidos, preparava a publicação de novos métodos para o Ensino Primário, utilizando os saberes que adquiriu lá (ANDRADE. *Cultura de Kindergarten,* 1888, p. 9). No prefácio de um de seus livros de leitura, ela afirmava ainda que nele se encontravam "lições de leitura instrutiva, cuidadosamente escolhidas" pela autora entre o que havia "de mais apropriado aos nossos meninos nos livros pátrios e nos americanos, tão ricos em bem tratados assuntos de educação escolar", sendo também as ilustrações, no início das lições, "obra dos melhores artistas americanos, preparadas especialmente para os livros de educação" (ANDRADE. *Terceiro Livro de Leitura,* 1895/1896, p. 5-6).

No prefácio do seu *Método de linguagem escrita para as escolas primárias* (1899), ela dizia apresentar "um resumo sobre o que a este respeito ensinaram os mais célebres professores americanos, franceses e alemães". Essa remissão aparecia também nos relatórios administrativos: "Iniciou-se o ensino de ler palavras e sentenças antes de aprender silabas ou letras e, para números e linguagem seguiram-se igualmente os métodos estudados pela diretora nos Estados Unidos." (ANDRADE, 1911).

---

[143] É interessante notar que, no caso das traduções, Maria Guilhermina sempre o fez de autores escolhidos do repertório norte-americano.

[144] Alguns dos autores citados por Maria Guilhermina foram Maria Kraus Boelte, Nicolas M. Butler e William Hailman.

Essas remissões e esses apoios procuravam também enfatizar sua experiência e seu lugar de quem viu praticar o modelo perseguido:

> Resolvi, portanto, fazer uma viagem aos Estados Unidos, onde a instrução primária tem tido um progresso verdadeiramente admirável, e lá durante quatro anos não poupei esforços e sacrifícios a fim de preparar-me o quanto fosse possível para vir aqui estabelecer um *kindergarten* ou Jardim da Infância, onde nossos meninos gozassem das mesmas vantagens que os meninos americanos, que vivem vida mais completa e feliz sob as leis da Educação Nova [...] (ANDRADE. *Cultura de Kindergarten*, 1888, p. 3-4).

O recurso de filiação e o conhecimento *in loco* das modernas práticas pedagógicas dessa nação podem ser consideradas como táticas de aceitação e penetração, argumento de prestígio que tinha em mira a legitimação do orador.[145] Maria Guilhermina escreveu porque viu. Aqui, era o seu esse olhar de testemunha que lhe conferia credibilidade, sendo frequentemente por ela reivindicado. Aquele que sabe porque viu tem mais crédito do que aquele que sabe por ouvir dizer. Discurso que remetia a uma prática observada e a uma experiência, Maria Guilhermina escreveu porque observou, ela viu o "original", o que lhe conferiu o adjetivo de *avis rara*, marca de sua singularização e de um lugar de autoridade.

CONSIDERAÇÕES FINAIS

Parafraseando Michel de Certeau, poderíamos perguntar o que a professora Maria Guilhermina fabricou ao se fazer escritora?

Como todo escritor, ela fabricou um conhecimento. Mas fabricou também um outro, com o qual dialogou ao longo de sua trajetória. E foi por meio da escrita, do seu diálogo com a pedagogia norte-americana – iniciado em meio a seu grupo de pertencimento religioso: os presbiterianos

---

[145] Além disso, segundo José Murilo de Carvalho (2000), o recurso a outros autores, especialmente os estrangeiros, era parte do estilo retórico brasileiro oitocentista. A tática discursiva que não citava autores estrangeiros era fatal no Brasil, o que não significava necessariamente, como o referido autor adverte, dependência intelectual ou colocação correta ou incorreta de ideias.

– que ela ganhou alguma visibilidade no campo educacional, alargando aí a sua atuação. Nas duas reformas de ensino ocorridas no início da República nas quais ela atuou, esses foram os atributos colocados em evidência. Em São Paulo, em 1890, Caetano de Campos se referiu a ela como escritora e conhecedora dos métodos norte-americanos: "Estudou lá, sabe todos os segredos do método, escreve compêndios, sabe grego, latim, em suma é a *avis rara* que eu buscava." (RODRIGUES, 1930, p. 192). Em Minas Gerais, na reforma de ensino realizada em 1906, não foi diferente:

> Tomou posse ontem do cargo de diretora do 2º Grupo Escolar desta capital a ilustre preceptora D. Maria Guilhermina Loureiro de Andrade. [...] uma das nossas patrícias que mais tem se distinguido pelo preparo intelectual, de que dão testemunho os seus magníficos livros escolares e o papel saliente que desempenhou na reforma do ensino público de São Paulo.
>
> Aperfeiçoando a sua educação em New York, onde passou cinco anos a estudar o ensino infantil e as reformas operadas por aquele grande país, tem já D. Maria Guilhermina colaborado no melhoramento da nossa instrução pública.
>
> Agora, porém, será muito mais eficaz a sua colaboração, por estar à frente de um estabelecimento em que se encontram postas em execução, as suas idéias e o seu modo de ver quanto à reforma da instrução no Brasil (MINAS GERAIS, 6 maio 1907, p. 2).

A sua escrita, elaborada para fazer saber um outro, para divulgar os métodos pedagógicos aprendidos por ela com os norte-americanos, possibilitou a sua inserção na campo educacional não apenas como docente, mas também como intelectual. Como aponta Roland Barthes, existe uma ligação fundamental entre o ensino e a fala, da mesma forma que, no mundo moderno, entre o intelectual e a escrita: "Em face do professor, que está do lado da fala, chamemos *escritor* todo operador de linguagem que está do lado da escritura; entre os dois o intelectual: aquele que imprime e publica sua fala." (BARTHES, 2004, p. 385). Maria Guilhermina imprimiu e publicou a sua fala. Nesse movimento, a aliança que ela construiu entre seu papel de professora e de escritora, entre sua fala e sua escrita, fez surgir na sua trajetória o intelectual da educação.

REFERÊNCIAS:

A INSTRUÇÃO PÚBLICA, Rio de Janeiro, 1872-1875 e 1887-1888.

ALMANAQUE ADMINISTRATIVO, MERCANTIL E INDUSTRIAL DO RIO DE JANEIRO, Laemmert, 1844-1915.

ANDRADE, Maria Guilhermina Loureiro de. Organização dos jardins da infância (4ª questão). *In*: ATAS e pareceres do Congresso da Instrução do Rio de Janeiro. Rio de Janeiro: Tip. Nacional, 1884. p. 1-2.

ANDRADE, Maria Guilhermina Loureiro de. Relatório de direção do 2º grupo escolar de Belo Horizonte, fevereiro de 1910. (APM – Secretaria do Interior, Série Instrução Pública, códice 2982).

ANDRADE, Maria Guilhermina Loureiro de. Relatório de direção do 2º grupo escolar de Belo Horizonte, janeiro de 1911. (APM – Secretaria do Interior, Série Instrução Pública, códice 3030).

ANDRADE, Maria Guilhermina Loureiro de. Relatório de direção do 2º grupo escolar de Belo Horizonte, janeiro de 1913. (APM – Secretaria do Interior, Série Instrução Pública, códice 3081).

ANDRADE, Maria Guilhermina. Alocução proferida pela diretora do Externato Andrade, por ocasião dos exames das aulas elementares de seu estabelecimento, no dia 13 de dezembro de 1891. *Revista Pedagógica*, Rio de Janeiro, t. 3, p. 237-241, 1891/1892.

ANDRADE, Maria Guilhermina. Apontamentos de um jornal de viagem. *A Instrução Pública*, Rio de Janeiro, p. 55, 14 out. 1887.

ANDRADE, Maria Guilhermina. Cultura de Kindergarten: lições sobre objetos. *A Instrução Pública*, Rio de Janeiro, p. 68-69, 7 nov. 1887.

ANDRADE, Maria Guilhermina. Educação do Povo. *Minas Gerais,* Belo Horizonte, p. 4-5, 30 maio 1907.

ANDRADE, Maria Guilhermina. *Método de linguagem escrita para as escolas primárias*. New York, Cinccinati: American Book Company, 1899. 72p.

ANDRADE, Maria Guilhermina. Metodologia. *Minas Gerais,* Belo Horizonte, p. 4, 29 maio 1907.

ANDRADE, Maria Guilhermina. *O Kindergarten ou Jardim da Infância*. Rio de Janeiro: Typ. e Lith. de Machado, 1888. 13p.

ANDRADE, Maria Guilhermina. *Preparo da mestra*. 16 de maio de 1900. Arquivo Público Mineiro, Arquivo Particular João Pinheiro, série III, cx. 29, doc. 3678. Manuscrito.

ANDRADE, Maria Guilhermina. *Primeiro livro de leitura.* New York, Cincinnati; Chicago: American Book Company, 1894. 87p.

ANDRADE, Maria Guilhermina. *Resumo da História do Brasil*: para uso das escolas primárias brasileiras. Boston: Ginn & Company, 1888. 231p.

ANDRADE, Maria Guilhermina. *Resumo da História do Brasil*: para uso das escolas primárias brasileiras. 2. ed. Boston: Ginn & Company, 1894. 277p.

ANDRADE, Maria Guilhermina. *Segundo livro de leitura.* New York, Cincinnati; Chicago: American Book Company, 1895. 155p.

ANDRADE, Maria Guilhermina. *Terceiro livro de leitura.* New York, Cincinnati; Chicago: American Book Company, 1895/1896. 240p.

ATAS e pareceres do Congresso da Instrução do Rio de Janeiro. Rio de Janeiro: Tipografia Nacional, 1884.

BARTHES, R. Escritores, intelectuais, professores. In: *O rumor da língua.* São Paulo: Martins Fontes, 2004.

BATISTA, A.; GALVÃO, A.; KLINKE, K. Livros escolares de leitura: uma morfologia (1866-1956). *Revista Brasileira de Educação,* Campinas, n. 20, p. 27-46, mai./jun./jul./ago. 2002.

CARTA de Maria Guilhermina ao imperador D. Pedro II, 2 de março de 1878 (AGCRJ – Instrução Pública, códice 11-4-33).

CARVALHO, José Murilo de. História Intelectual no Brasil. *Topoi*: Revista de História do Programa de Pós-Graduação em História Social da UFRJ, Rio de Janeiro, n. 1, p. 123-152, 2000.

CERTEAU, Michel de. *A escrita da história.* Rio de Janeiro: Forense Universitária, 1982.

CHAMON, Carla Simone. *Maria Guilhermina Loureiro de Andrade. A trajetória profissional de uma educadora (1864-1914).* Tese (Doutorado) – Faculdade de Educação; Universidade Federal de Minas Gerais, Belo Horizonte, 2005.

EXPOSIÇÃO da Indústria Nacional de 1881 – Atas, pareceres e decisões do júri geral. Rio de Janeiro, Typografia Nacional, 1882.

FELTER, S. A. *An introduction to the "Arithimetical analysis", designed for primary schools, containing mental, slate and blackboard exercises.* New York: Charles Scribner, 124, Grand Street, 1863.

FELTER, S. A. *The grammar-school arithimetic*: second boock of the analysis of written arthimetic. New York: Charles Scribner, 1868.

FELTER, S. A. *A manual of arithmetic, designed to accompany the natural arithmetical serie for the use of teachers.* New York: Chas Scribner, 1865.

HAILMANN, William. N. *Cultura de kindergarten no kindergarten ou jardim das crianças*. Tradução de Maria Guilhermina Loureiro de Andrade. Rio de Janeiro: Imp. Mont Alverno, 1887, 54p.

KLINKE, Karina. *Escolarização da leitura no ensino graduado*: Minas Gerais, 1906/1930. Tese (Doutorado) – Faculdade de Educação; Universidade Federal de Minas Gerais, Belo Horizonte, 2003.

LEITE, Francisco Eduardo de Aquino. O ensino da leitura. *Educação,* São Paulo, n. 12, p. 182-195, 1930.

MACIEL, Francisca Izabel P.; FRADE, I. C. A. S. A história da alfabetização nas cartilhas escolares: práticas pedagógicas, produção e circulação em Minas Gerais, (1834-1997) *In*: II CONGRESSO DE PESQUISA E ENSINO EM HISTÓRIA DA EDUCAÇÃO EM MINAS GERAIS. Anais. Uberlândia: EDUFU, 2004. p. 545-557.

MINAS GERAIS, Belo Horizonte, 1906-1919.

MORTATTI, Maria do Rosário. *Os sentidos da alfabetização* (São Paulo/ 1876-1944). São Paulo: Ed. UNESP, 2000.

PFROMM NETTO, Samuel et al. *O livro na educação.* Rio de Janeiro: Primor/ INL, 1974.

PIMENTEL, Thaís Veloso C. *De viagens e de narrativas*: viajantes brasileiros no além-mar (1913-1957). 1998. Tese (Doutorado) – História Social, Universidade de São Paulo, SP, 1998.

RODRIGUES, João L. *Um retrospecto*: alguns subsídios para a história pragmática do ensino público em São Paulo. São Paulo: Instituto D. Anna Rosa, 1930.

SIRINELLI, Jean François. Os intelectuais. In: REMOND, R. (Org.). *Por uma história política.* Rio de Janeiro: Fundação Getúlio Vargas, 2003. p. 231-269.

SIRINELLI, Jean François. Les Élites Culturelles. In: SIRINELLI, J.; RIOUX, J.P. (Org.). *Pour une histoire culturelle.* Paris: Seuil, 1997.

SWINDLER, A. Culture in action: symbols and strategies. *American Sociological Review,* v. 51, p. 272-286, 1986.

TILLY, Charles. Contentious repertoires in Great Britain: 1758-1834. *Social Science History,* v. 17, n. 2, p. 253-280, 1993.

VENÂNCIO FILHO, Francisco. Contribuição norte-americana à educação no Brasil. *Revista Brasileira de Estudos Pedagógicos,* Rio de Janeiro, v. IX, n. 25, p. 229-266, nov./dez. 1946.

WRIGHT, Júlia McNair. *Sea-side and way-side*. Boston, New York, Chicago: D.C.Heath, 1892. 4 v.

ESTEVÃO DE OLIVEIRA: O INTELECTUAL E SUAS BIOGRAFIAS[146]

Carla Simone Chamon

Sou um autor, em primeiro lugar, por minha livre intenção de escrever. Mas imediatamente segue-se que eu me torno um homem que outros consideram um escritor [ou um intelectual], isto é, que tem de responder a uma certa demanda e que foi investido de uma certa função social. Seja qual for o jogo que ele queira jogar, deve jogá-lo com base na representação que outros fazem dele.
(Sartre, 1947)

O interesse por sujeitos que pensaram a educação e que fizeram dela parte de um projeto político e cultural para o País é um tema que tem visitado a historiografia da educação brasileira já há algum tempo. Tomando-os muitas vezes como intelectuais, alguns trabalhos se tem aproximado desses sujeitos seja por meio da análise das suas ideias educacionais, tendo com foco de análise as obras e o *corpus* teórico por eles produzidos e/ou

[146] Este trabalho foi desenvolvido no âmbito do projeto de pesquisa "Processo de Escolarização e Culturas Escolares em Minas Gerais", coordenado pelo Prof. Luciano Mendes de Faria Filho, desenvolvido no Grupo de Estudos e Pesquisas em História da Educação da Faculdade de Educação/Universidade Federal de Minas Gerais, financiado pela Fundação de Amparo à Pesquisa do Estado de Minas Gerais (FAPEMIG) e contou com a colaboração de Matheus Cruz e Zica, bolsista de Iniciação Científica, no levantamento dos dados e das fontes aqui analisadas.

veiculados, seja, mais recentemente, por meio do que Jean François Sirinelli (2003) chamou de rede de sociabilidades, recaindo a ênfase no sujeito e seu grupo de relações. Esse segundo viés de análise se preocupa em encarnar as ideias, estabelecendo nexos entre trajetória, obra e contexto, inserindo o intelectual na meada de relações concretas travadas ao longo de sua trajetória. História que se ocupa dos intelectuais, e cujos pressupostos orientam este artigo, seu objeto de estudo e investigação não são apenas as ideias, mas os valores e os comportamentos implicados na constituição de um grupo de intelectuais.

Em qualquer uma das abordagens citadas, a definição do intelectual e de seu grupo é polissêmica. Participantes ora do chamado "pequeno mundo", de natureza numericamente restrita, ora de uma categoria mais ampla e, por isso mesmo, mais difícil de se definir, os intelectuais oscilariam de pensadores eruditos – *men of ideas* – a produtores, mediadores e/ou organizadores de bens simbólicos e culturais com valor político.

Essa polissemia, que não é exclusiva desse termo, alerta-nos para o fato de que não existe uma definição única e natural para intelectuais, devendo o historiador encontrar estratégias para se movimentar em meio a esse terreno. Nesse sentido, este artigo pretende contribuir com a discussão sobre os intelectuais, menos enveredando por uma discussão conceitual – quem é o intelectual – e mais investigando como, no processo sócio-histórico, um sujeito pode ser representado por seus contemporâneos como intelectual. Ou seja, partindo do pressuposto de que não existe o intelectual, em sentido puro e abstrato, mas que a sua história, como muitas outras, situa-se "num ponto de interseção entre o arquétipo e a conjuntura", "entre imagens herdadas [ou fabricadas] e acontecimentos específicos" (BURKE, 1994, p. 18), este texto procura mostrar como Estevão de Oliveira – escritor, jornalista, professor e inspetor técnico de ensino em Minas Gerais em fins do século XIX e início do XX – foi representado em seu tempo, por meio da pena de seus contemporâneos, como um sujeito intelectual. Para isso, tomo as narrativas biográficas escritas sobre Estavão de Oliveira como objeto de investigação, lançando luzes sobre as representações que essas biografias construíam em torno dele. O que se pretende aqui é demonstrar e compreender de que maneira, e por meio de quais estratégias discursivas, Estevão se fez e foi feito intelectual da República e da educação brasileira.

Estevão de Oliveira possui uma série de relatos biográficos, alguns deles sendo apenas uma rápida notícia sobre a sua trajetória de vida – especialmente os que foram escritos no momento de sua morte e publicados nos jornais da cidade de Juiz de Fora – e outros mais extensos e detalhados. Esses relatos foram escritos em diferentes ocasiões, antes e depois da morte de Estevão, entre os anos de 1896 a 1991, e por diferentes sujeitos, em geral jornalistas e escritores.

Trataremos neste artigo, de maneira mais direta, com sete deles, em virtude de serem representativos do conjunto de relatos encontrados. O primeiro, escrito pelo jornalista José Paixão e publicado em 1896 como prefácio do livro *Pela República*, de autoria de Estevão; o segundo, publicado em 1910 no Jornal *O Pharol*, de Juiz de Fora, por ocasião de sua escolha para integrar a Academia Mineira de Letras; o terceiro relato, escrito por Silvio Romero e publicado entre 7 e 21 de junho de 1912, no Jornal *Correio de Minas* (Juiz de Fora); o quarto, do jornalista e escritor Heitor Guimarães, publicado em 1918 como prefácio do livro *Crônicas e Traduções*, de Estevão de Oliveira; o quinto e sexto, por ocasião de sua morte em agosto de 1926 – um publicado no Jornal *O Dia*, de Juiz de Fora, e outro, de autoria de Abílio Barreto, publicado em 1926 na *Revista da Academia Mineira de Letras*; e o último relato, também de autoria de Abílio Barreto, publicado na Revista da Academia Mineira, em 1953, em comemoração ao centenário de seu nascimento. Sem desconsiderar a diferença de suportes em que foram escritas (jornais, revistas e livros) e as diferentes razões que as motivaram, essas escritas são aqui reunidas por suas semelhanças na estratégia argumentativa e no esforço de repetição dos mesmos atributos para designar Estevão de Oliveira.

É necessário destacar ainda que os sujeitos que escreveram sobre ele e cujas narrativas são aqui analisadas transitaram pelos mesmos lugares que Estevão, sendo também seus interlocutores, e alguns, até, amigos próximos. Heitor Guimarães (1868-1937) e José Paixão (1868-1949) foram jornalistas em Juiz de Fora e membros fundadores da Academia Mineira de Letras, assim como Estevão de Oliveira. Sílvio Romero (1851-1914), além de professor, político e crítico literário, era membro fundador da Academia Brasileira de Letras. Já Abílio Barreto (1884-1957), apesar de não pertencer à mesma geração de Estevão de Oliveira, foi também, entre outras coisas, jornalista, membro do Instituto Histórico e Geográfico e sucessor de Estevão na cadeira de nº 18 da Academia Mineira de Letras.

À excessão de Abílio Barreto, esses sujeitos compartilharam com Estevão a arena política, o trabalho na imprensa e o interesse pela educação e pela república, constituindo parte de sua rede de sociabilidades. Na imprensa, lugar de "fermentação intelectual e de relação afetiva", esses sujeitos não apenas se cruzaram, mas constituíram ali um – o que Sirenelli chamou de microcosmo intelectual – espaço de convivência, de atração, de afinidades, ainda que difusas, de influência e de constituição de identidades (SIRINELLI, 2003).

Nesse sentido, há que se observar que as biografias escritas entre 1896 e 1918, apesar da diversidade de suportes e de motivações, podem ser entendidas como um exercício de autoafirmação de um grupo, na figura de um de seus pares. Exercício que constrói uma imagem que, por sua vez, tende a condicionar o sujeito biografado, ou seja, por meio dessa escrita biográfica que adjetivava Estevão de Oliveira, seus pares o investiam da função social de intelectual, o que, certamente, incidiria sobre seu comportamento, fazendo com que Estevão agisse levando em conta a representação que os outros faziam dele.

> Sem dúvida, essas adjetivações nos remetem para plano das representações instituídas. A insistência em realçá-las se deve ao fato de que longe de invalidá-las como "ilusórias" e "aparentes", reconhecemos a sua força no sentido de que elas condicionam o próprio sujeito que nomeiam. (NUNES, 2000, p. 15).

Se, de um lado, as biografias escritas no período em que Estevão ainda era vivo constroem e condicionam o sujeito, a escrita Abílio Barreto, após a morte de Estevão, revela um esforço de repetição que procura perpetuar essa imagem anteriormente construída.

Por isso, é possível aqui aproximar esses discursos no que se refere às representações que eles constroem sobre Estevão de Oliveira. Pode-se dizer que essas biografias foram escritas, de maneira geral, não como um estudo, mas como "uma homenagem ao autor" e como forma de apontar uma "tradição para ser imitada" (GUIMARÃES, 1918, p. V; VI). Por isso, é necessário não perder de vista, no decorrer da argumentação aqui desenvolvida, que essa operação biográfica, que visava homenagear ou fazer "o elogio da obra e vida" de Estevão, e de inscrevê-lo na "mais alta intelectualidade mineira" (BARRETO, 1926, p. 257; 280), guarda uma intencionalidade.

Certamente que não se trata de tomar essas narrativas como meras tentativas de convencimento de um público – aqueles por quem as biografias seriam lidas –, a respeito de uma figura também pública. Elas são, antes, a expressão de relações sociais travadas, de pertencimentos vivenciados, de sensibilidades partilhadas. Produzidas por sujeitos que transitavam por espaços sociais comuns, participantes, quase todos, de uma mesma rede de sociabilidades, essas narrativas, ao mesmo tempo em que construíam uma memória, guardavam também as marcas fundamentais de um grupo.

O que se quer salientar é que as narrativas biográficas não podem ser tomadas como descrição fiel do sujeito biografado, o que não significa que elas sejam uma farsa ou uma ficção. Longe disso, essas narrativas são uma prática cultural de construção do outro, numa operação de constituição e fixação de uma imagem. Construção alicerçada na escolha do que deve ser lembrado, no hiperdimensionamento de alguns acontecimentos, no apagamento e na omissão de outros, na classificação e na adjetivação do sujeito biografado.

Nesse sentido, os muitos adjetivos elencados pelos biógrafos de Estevão de Oliveira "nos remetem para o plano das representações instituídas" (NUNES, 2000, p. 15). Não podendo ser tomadas como mera ilusão ou aparência, elas nomeiam o sujeito biografado e constroem sua imagem, condicionando suas ações e comportamentos e, principalmente, perpetuando uma determinada memória.

Tal construção que empresta à trajetória de vida uma aparência de coerência e de totalidade, conferindo sentidos e unificando as experiências do sujeito. Ao juntar determinados tempos e espaços constituintes da vida de um indivíduo, a operação biográfica procura imprimir significados a um emaranhado de acontecimentos sem propósito intrínseco, a uma infinidade de possibilidades e de experiências fracionadas, desconectadas, muitas vezes contraditórias e desprovidas de sentido. Nesse sentido, o empreendimento biográfico é um esforço de juntar e costurar essas experiências que não só estavam dispersas no tempo e no espaço, mas nunca se constituíram como uma coisa só, que na história de vida do indivíduo só têm como ponto de interseção um nome e, quando muito, a materialidade do corpo. Foi pensando nisso que Bourdieu (1996) chamou a atenção para a "ilusão biográfica", alertando para o fato de que uma vida, e a história que conta essa vida, não é essa totalidade e coerência que o relato dá a ilusão de ser. Ao contrário, o real é descontínuo, fragmentado e múltiplo, constituído por elementos que se mostram, muitas vezes, tanto aleatórios quanto justapostos, sendo somente na escrita biográfica que uma trajetória de vida surge como unidade e continuidade.

A biografia se prestaria, assim, a construir o passado com coerência, imprimindo nesse passado sentidos e significados que arrancariam os homens da descontinuidade e da fragmentação do tempo sócio-histórico e da vida, criando a ilusão reconfortante de unidade e estabilidade na história. Nas palavras de Angela de Castro Gomes, para quem a multiplicidade e a fragmentação do indivíduo não impedem o desejo e a possibilidade da construção de uma "unidade do eu",

> é exatamente porque o "eu" do indivíduo moderno não é contínuo e harmônico que as práticas culturais de produção de si [e de produção do outro] se tornam possíveis e desejadas, pois são elas que atendem à demanda de uma certa estabilidade e permanência através do tempo (GOMES, 2004, p. 13).

A biografia – a escrita sobre o outro, assim como a autobiografia –, a escrita sobre si, entendida como espaço onde se enunciam significações configura-se como um dos mecanismos sociais "que favorecem ou autorizam a experiência comum de vida como unidade e como totalidade" (BOURDIEU, 1996, p. 185). São esses relatos de vida que promovem uma interpretação do indivíduo, que devolvem ao social um sentido e um significado para a ação de seus sujeitos.

Tomando as biografias sob esse viés conceitual, o que se pretende aqui é mostrar como essas narrativas colaboraram na construção de uma determinada imagem de Estevão de Oliveira. Como essas biografias, ao juntar e significar determinados acontecimentos da sua vida, imprimiram uma interpretação ao real, buscaram controlar um sentido e desenharam a sua figura como a de um intelectual de seu tempo. Partindo, então, da análise comparativa dos relatos biográficos escritos sobre Estevão, procuro compreender como sua história de vida tomou coerência e unidade em cada momento em que foi escrita, mapeando a lógica que concatenou suas experiências, as recorrências e as ausências que constituíram os relatos, bem como os sentidos que elas tomaram na (re)construção de sua trajetória.

ESTEVÃO DE OLIVEIRA POR SEUS BIÓGRAFOS: A TRAJETÓRIA VISITADA

As narrativas biográficas aqui analisadas, escritas seja como prefácio de seus livros, seja como forma de "trazer" à memória a sua figura no momento de sua escolha para integrar a Academia Mineira de Letras ou no momento de sua morte, respondem invariavelmente a uma pergunta: quem é – ou quem foi – Estevão de Oliveira? A construção da resposta obedece, quase sempre, ao mesmo itinerário, com seus biógrafos (re)visitando praticamente os mesmos tempos, lugares e experiências vivenciados por Estevão: origem (social e geográfica), formação, atuação profissional e descrição das obras.

Com poucas variações, essas narrativas nos informam que Estevão nasceu em 28 de janeiro de 1853 na freguesia S. José do Turvo, município de Piraí, província do Rio de Janeiro. De origem modesta, Estevão era filho do Professor Cesário José Cardoso de Oliveira e de Joaquina Maria de Oliveira. Ficou órfão de mãe aos 9 anos de idade e de pai aos 12, tendo sido criado, depois disso, por seus avós maternos. Nesse período, Estevão trabalhou na lavoura com os escravos de seu avô, não frequentando escolas. Seis anos mais tarde, em virtude de problemas econômicos, mudou-se com seu avô para o arraial de Cataguazes, Minas Gerais. Casou-se em 1882 com Maria do Carmo e Oliveira, com quem teve seis filhos: Inimá de Oliveira, Lauro M. de Oliveira, Adélia de Oliveira, Guaraciaba de Oliveira, Julieta de Oliveira e Moema de Oliveira. Morou alguns anos com a família em Campo Limpo (MG) e Cataguazes, estabelecendo-se em Juiz de Fora no ano de 1893, onde permaneceu até a sua morte, em 1926.

Sua formação escolar deu-se tardiamente, segundo seus biógrafos. Aos 21 anos, sabendo apenas ler e escrever, completou seu Curso Primário na escola particular do Professor José Bento Rodrigues, em Cataguazes. Em 1877, então com 24 anos, matriculou-se no Colégio Luiz do Lago, em

Volta Grande, município de Além Paraiba, como aluno de preparatórios, onde estudou por dois anos. Ao lado dessa educação escolar, relatada como precária e descontínua, os biógrafos de Estêvão ressaltam seu autodidatismo, enfatizando a sua iniciativa de estudar sozinho matérias como pedagogia, língua inglesa e literatura latina.

Profissionalmente, Estevão atuou como professor de Ensino Primário e Secundário, inspetor de ensino, jornalista, literato e tradutor dos clássicos latinos. Iniciou na carreira de professor público de Primeiras Letras em 1879, na pequena localidade mineira de Empoçado, sendo transferido, em 1884, para Campo Limpo. Em 1899, foi nomeado pelo governo de Minas Gerais como inspetor extraordinário de ensino e encarregado de ir a São Paulo e ao Rio de Janeiro fazer estudos sobre a organização do Ensino Primário, de cuja viagem resultou um relatório publicado, em 1902, sob o título de *Reforma do Ensino Primário e Normal em Minas,* e que teria orientado, segundo seus biógrafos, a reforma da instrução pública mineira, ocorrida em 1906 sob o governo de João Pinheiro. Depois disso, exerceu a função de inspetor técnico de ensino até 1909, cargo ao qual ele retornou alguns anos depois e permaneceu até a sua morte. Foi também professor de Latim em colégios de Juiz de Fora e fiscal geral dos exames parcelados do Estado.

Defensor da República, da abolição da escravatura e da educação, Estevão de Oliveira trabalhou por trinta e dois anos no jornalismo, tendo feito muitos discípulos nesse meio, além de um grupo privilegiado de interlocutores e amigos. Fundou os Jornais *O Povo* (Cataguazes, 1885-1889), *O Popular* (Cataguazes, 1889-1893), *Minas Livre* (Juiz de Fora, 1893) e *Correio de Minas* (Juiz de Fora, 1894-1914), além de ter colaborado em jornais cariocas e mineiros, tendo-se retirado da imprensa em fins de 1913.

Foi membro fundador da Academia Mineira de Letras, criada em 1910 – renunciando à "imortalidade" pouco antes de falecer –, e membro do Instituto Histórico e Geográfico de Minas Gerais.[147]

[147] É curioso notar que, em apenas um dos relatos biográficos levantados sobre Estevão de Oliveira – o relato do Jornal *O Dia* (Juiz deFora, 12 ago. 1926) –, há uma referência rápida ao título de major que Estevão de Oliveira teria obtido: "Veio a falecer, às primeiras horas da manhã, inesperadamente, o sr. major Estevão de Oliveira, nosso ilustre e distinto confrade da imprensa [...]". Não encontrei nessa documentação as razões da patente, uma vez que em nenhum desses relatos Estevão é associado à carreira militar, nem mesmo quando essa patente teria sido a ele conferida. É possivel levantar a hipótese de que a omissão do título nas biografias tenha relação com a opção

Além da atuação jornalística, Estevão de Oliveira escreveu, em 1884, um trabalho sobre instrução pública, cuja edição se teria esgotado rapidamente, segundo seus biógrafos.[148] Publicou também *Pela República* (1896), livro de crônicas políticas; *Reforma de Ensino Público Primário e Normal em Minas Gerais* (1902), relatório sobre a organização do ensino em São Paulo e no Rio de Janeiro e plano de reforma da instrução pública em Minas; *Crônicas e Traduções* (1908), coletânea de crônica escritas para o Jornal *Correio de Minas*, sob o pseudônimo de Neophito, e tradução de algumas odes de Horácio Flacco; *Rudimentos de História Pátria* (1909), compêndio para uso nas escolas primárias mineiras; *Notas e Epístolas* (1911), coletânea de cartas políticas por ocasião da Campanha Civilista. Traduziu, ainda, *Segundo livro da Eneida* e obras de Cícero, Virgílio, Horácio e Tito Lívio em *Traduções Avulsas* (1924).

Entendendo, pois, que os intelectuais não formam uma categoria homogênea e a-histórica, nosso objeto de estudo não é o intelectual enquanto tal, visto que esse não existe, mas o indivíduo que se constitui e é constituído por seu meio social como intelectual. Assim, em meio a esses dados escolhidos para dizer sobre a vida de Estevão, seus biógrafos pontuam e ressaltam, como veremos, uma série de atributos, tomados por eles como marcas de sua personalidade, numa operação que visava a forjar uma identidade. E é essa identidade, forjada e fixada na narrativa biográfica, que nos permite perceber a prática cultural de construção de Estevão de Oliveira como intelectual por meio de seus pares.

ESTEVÃO DE OLIVEIRA POR SEUS BIÓGRAFOS: A IMAGEM FABRICADA

Dos atributos que emergem das biografias para fazer de Estevão um intelectual, o primeiro deles é o que ressalta sua inteligência, erudição e familiaridade com livros e papéis, sendo considerado como homem de "cé-

de seus biógrafos em ressaltar a sua figura de defensor do civilismo, uma vez que Estevão foi um crítico ferrenho da preponderância militarista na política nacional, desde os primórdios da República. Não sendo gratuita, mesmo que não necessariamente consciente, essa omissão faria parte de construção da identidade de Estevão por seus biógrafos e contemporâneos.

[148] Esse é o único trabalho de Estevão de Oliveira que, até o momento, não conseguimos localizar.

rebro privilegiado", "saber e erudição" (GUIMARÃES, 1918, p. VI, IX) ou como homem de "considerável lastro e cultura intelectual" que soube derramar o "brilho de sua inteligência privilegiada" em suas obras e seus escritos jornalísticos (BARRETO, A. 1953, p. 151). Apresentando Estevão como um dos homens mais notáveis de Minas e do Brasil, Abílio Barreto ressaltava nele o "poder das ideias", a "lógica férrea de argumentação", a "coerência inabalável com os seus princípios", o "furor e correção da linguagem" e a "impetuosidade e impavidez das suas atitudes". Esses atributos, constantes em suas obras e escritos jornalísticos revelavam, segundo Abílio Barreto, "a fibra do lutador e o brilho do intelectual" (BARRETO, 1953, p. 157).

Admirado por sua inteligência e lucidez, não era apenas o fato de ter "cérebro para pensar por muitos", como dizia um de seus biógrafos (PAIXÃO, 1896, p. 6), o que o distinguia em meio a outros homens de cultura. No seu caso, a proclamada inteligência andava de mãos dadas com o compromisso a favor da causa republicana, abolicionista e educacional. Nesse sentido, Estevão não era tido apenas como um homem de ideias, mas também de ideais, uma vez que ocupava o espaço público para defender princípios que não se ligavam a uma classe ou a uma nação, mas que eram considerados por ele e pelos seus pares como universais.

> Toda a sua vida foi um apostolado cívico, para o qual convergiram todos os esforços dele, não só no jornalismo, onde sua personalidade assume por vezes relevo gigantesco, como no professorado e no funcionalismo [...]
> A biografia da vida pública e do pensamento de Estevão de Oliveira é a história deste jornal [Correio de Minas], é o relato de sua interferência em todos os grandes problemas que interessaram [a]o Estado nos últimos trinta anos. [...]
> Toda a sua vida é iluminada pelo esplendor do ideal, pelo qual se orientou na imprensa como na vida particular. (CORREIO DE MINAS, *apud* BARRETO, 1926, p. 263).

Jornalista e homem de ideais, José Paixão (1986, p. 5) o chamou de "jornalista-soldado", uma mistura de ofício e fé, cuja pena exprimia "torrentes de pensamentos, do cérebro, em prol do Bem".

> O "Correio de Minas", um pedaço de seu ser, uma outra alma sua, como ele muitas vezes proclamou, foi sempre uma tribuna do povo, dos fracos dos oprimidos, em defesa dos quais dizia todas as verdades, arrostando

> nobre e desassombradamente com as consequências de suas franquezas. [...]
> Uma vez apaixonado por uma nobre causa, a ela se entregava ardorosamente de corpo e alma, pró ou contra os dominadores do dia, conforme lhe ditava a consciência de jornalista e de político rebelde.
> Então, diante de si não via pessoas, mas idéias a combater e, por isso mesmo, respeitando mais seus ideais do que relações pessoais, rompia muitas vezes com os companheiros de ontem. (BARRETO, 1953, p. 153).

Militância que não se limitava a critérios e interesses particularistas, segundo seus biógrafos, a defesa pública de seus ideais tinha seu preço, como quando foi forçado a abandonar o cargo de professor público, em fins do Império, por se haver declarado contrário ao regime monarquista (BARRETO, 1926, p. 260; Idem, 1953, p. 149). Esse fato, ressaltado por Abílio Barreto nas duas biografias que escreveu, colabora para constituir Estevão como um homem capaz de correr o risco de dizer as verdades e para quem "nenhum poder é demasiado grande e imponente para ser criticado e questionado de forma incisiva" (SAID, 2005, p. 23).

Com uma trajetória comparada a um apostolado cívico, vigilante sobre os princípios que regem as ações no campo político, Estevão foi também apresentado por Silvio Romero como um "homem de caráter e saber", um missionário portador de verdades, cujo objetivo era o de regenerar a sociedade e o sistema político que julgava deturpado. Segundo Romero, Estevão sabia muito bem como revelar "o acre sabor de verdade"; em seus escritos desencarnava a "realidade sobre toda a nossa vida política", de tal maneira que os "sequiosos do verdadeiro" encontravam ali uma "esmola de luz" (ROMERO, 1912, 8 jun. 1912). Estevão é, assim, constituído na escrita biográfica como aquele capaz de apontar as chagas da sociedade. Feliciano Pena, Senador da República, em dedicatória escrita em um livro com o qual presenteou Estevão de Oliveira, assim se pronunciava sobre ele, em 1910:

> A Estevão de Oliveira, que sabe tão nobremente aplicar o ferro em brasa às úlceras desta sociedade corrompida, ofereço, como digna homenagem, os *Anais*, de Tácito, seu predecessor, cuja pena flamejante foi igualmente consagrada à obra saneadora de cauterização de torpezas e misérias sociais. (*Apud*, BARRETO, 1926, p. 273).

As verdades anunciadas por Estevão, por meio de sua pena jornalística, eram consideradas por seus biógrafos como verdades desinteressadas, cujo objetivo não era outro senão a promoção do bem e a defesa da liberdade e da República: "Estevão de Oliveira, por sua prosápia, por suas inclinações, gemina-se a todos esses espíritos eleitos para as grandes agitações em prol do bem comum" (PAIXÃO, 1896, p. 6).

Essa atitude exigia dele um certo grau de autonomia e independência, atributos que, mais uma vez, seus biógrafos não se furtaram a nos relatar, como fez Paixão, aos nos confidenciar que a sua liberdade de espírito e de pensamento, não se sujeitava nem mesmo "à doce escravidão do verso" (Idem, p. 8). Abílio Barreto não fez diferente ao falar dele como homem "coerente, irredutível nos seus princípios, sem a maleabilidade que o mister político exige", acrescentando que ele não se deixava levar por vantagens concretas ou valores práticos: "Não transigiu e por isso viveu pobre e morreu pobre." (CORREIO DE MINAS, *apud* BARRETO, 1926, p. 264).

> Não transigindo jamais com seus princípios de honestidade, bondade e patriotismo, lutou sempre em prol das boas causas e morreu pobre, deixando de si aos pósteros a certeza de uma impretérita fidelidade ao ideal pelo qual sempre se bateu e aos nobres princípios que soube defender com bravura e que eram o primeiro artigo do seu código moral [...] (BARRETO, 1953, p. 153).

Era essa suposta independência diante dos poderes instituídos que lhe conferia autoridade diante de seus pares. Traços dessa independência na trajetória de Estevão são recorrentes nos relatos biográficos, que nos contam sobre a sua iniciativa em exonerar-se do cargo de inspetor técnico de ensino, "abrindo mão de assinalados proventos" (ROMERO, 7 jun. 1912), quando da campanha civilista "para agir livremente como jornalista pelo *Correio de Minas*" (O DIA, 12 ago. 1926). Ou quando por ocasião da tentativa de golpe por parte de Deodoro da Fonseca, em 1891, ele teria sido um dos poucos que não só se opôs publicamente à violação da Constituição, mas arriscou-se, no mesmo período, ao fazer publicar em sua tipografia, de maneira clandestina, o Manifesto de senadores e deputados contrários às medidas do então Presidente da República que tinha por objetivo implantar um regime autoritário no País (PAIXÃO, 1896, p. 9; ROMERO, 8 jun. 1912):

> Nesse tempo, em pleno regime ditatorial, quando todas as tipografias se recusavam compor e imprimir o manifesto dos senadores e deputados ao Congresso Nacional, das oficinas do *Minas* saíram e foram enviados para o Rio de Janeiro [...], despachados como frutas, sete mil exemplares daquele documento. (O PHAROL, 13 maio 1910).

Percebe-se, mais uma vez, como uma das principais bandeiras defendidas pelos intelectuais – a liberdade – se faz presente nessas narrativas biográficas. Ao apresentar Estevão como "um homem que sonhava com homens e coisas superiores à realidade dos momentos atormentados", seus biógrafos nos convidam a tomá-lo como um intelectual, para quem a verdade não é determinada pela sua utilidade e nem a justiça pelas circunstâncias, sendo movido não por lucros ou recompesas, mas pelo "desejo irreprimível de horizontes mais amplos" (SAID, 2005, p. 80).

Esse espírito livre e essa independência de pensador, tão decantados por seus biógrafos, constroem-se nas narrativas como justificativas para o seu temperamento forte, ardoroso e por vezes agressivo (O DIA, 12 ago. 1926; GUIMARÃES, 1918, p. VI). É importante ressaltar que Estevão era, de maneira recorrente, apontado como polemista – algumas vezes como "polemista de pulso de ferro" –, atributo constante nas suas biografias, desde a primeira delas, escrita por José Paixão, em 1896, onde se lê que Estevão era um "talento gumeado para a polêmica, para o ataque na defesa da nossa liberdade, da nossa república" (PAIXÃO, 1896, p. 10). Se aqui o gosto pela polêmica é positivado, traduzindo-se em ataque a favor da liberdade, é Silvio Romero quem nos explica melhor o significado desse adjetivo utilizado para descrever Estevão:

> Vim encontrar em Juiz de Fora um singular tipo de escritor: Estevão de Oliveira. É um jornalista; mas um tal que escreve por si só todo o seu diário, pondo-lhe na primeira coluna infalivelmente um alentado artigo de polêmica política.
>
> E quando falo em polêmica, mui longe estou do sentido pejorativo que lhe dão madraços criticandeiros gosmentos que pululam por este país afora.
>
> [...] a polêmica que tenho em mente é a grande luta das ideias, das doutrinas, dos sistemas, das teorias, feita com alma e paixão, como só a podem praticar os espíritos retos, inteiriços, abalados por nobres aspirações e alevantados incentivos.

> "Polemos" – chamavam os gregos à "guerra"; a palavra ficou em as modernas línguas para significar exclusivamente a luta, a discussão intelectual, coisa nobre entre as mais nobres. (ROMERO, 7 jun. 1912).

É perceptível aqui o significado e as excusas dadas ao seu temperamento difícil: como crítico da sociedade, a ele era permitido esses excessos – que chegavam por vezes a ser caracterizados como rudes – no embate das ideias e na defesa dos ideais, "coisa nobre entre as mais nobres", como disse Silvio Romero.

Como polemista, ao lado do pensamento independente, da clareza da verdade, da defesa de princípios justos, Estevão também era representado não só como produtor de interpretações sobre a realidade social, detentor de um pensamento crítico capaz de produzir diagnósticos, mas também como alguém capaz de prognosticar, de apontar as trilhas para serem seguidas no futuro, papel que se evidenciava em seu compromisso com a educação. Definido como "atrevidamente republicano" por José Paixão (1896, p. 8), a educação ocupava espaço privilegiado na sua agenda de "coisas nobres", sendo Estevão de Oliveira tomado em suas biografias como homem da educação, devotado à instrução:

> Fora dessa especialidade [crônica política], apenas um assunto lhe interessava e no que era igualmente versado – a instrução, devido ter exercido o magistério e vários cargos que condiziam com a instrução pública. (CORREIO DE MINAS, 27 ago. 1926).
> O professorado mineiro teve sempre no pugnaz jornalista um defensor dedicado. Não só defensor, senão também mentor capacíssimo e seguro. (CORREIO DE MINAS, *apud* BARRETO, 1926, p. 264).

Além do destaque à sua atuação não só como professor e inspetor de ensino, as narrativas biográficas ressaltam também o lugar que Estevão ocupava como propositor de políticas e reformas para a educação mineira, sendo sempre mencionado o seu relatório sobre a instrução – *Reforma do Ensino Público Primário e Normal de Minas* –, publicado em 1902, fruto de uma viagem comissionada pelo governo mineiro ao Rio de Janeiro e de São Paulo:

> Quando do governo do dr. Silviano Brandão, escreveu minucioso e brilhantíssimo "Relatório", que foi presente ao Dr. Delfim Moreira, então

> secretário do interior, sendo sobre esse trabalho decalcada a reforma do ensino público em Minas. (O DIA, Juiz de Fora, 12 ago. 1926).

Esse relatório, escrito a partir de observações, comparações e reflexões elaboradas na referida viagem, no qual Estevão de Oliveira analisava a instrução em Minas e propunha uma reforma do Ensino Primário e Normal no Estado, era sempre citado por seus biógrafos (O PHAROL, 13 mai. 1910; ROMERO, 7 jun. 1912; BARRETO, 1926, p. 265; *Idem*, 1953, p. 151). Segundo eles, a proposta de reforma de Estevão teria servido de base para a remodelação do ensino promovida por João Pinheiro e Carvalho de Brito em Minas Gerais, no ano de 1906, o que fazia dele um personagem-chave no campo educacional mineiro, particularmente na definição e organização dos grupos escolares no Estado de Minas Gerais.

Assim, ao lado da causa republicana e da defesa da liberdade, aparece sempre nos relatos biográficos a luta a favor da educação como elemento importante a compor a sua figura de intelectual, reconhecido e investido nessa função por seus contemporâneos.

CONSIDERAÇÕES FINAIS

Entre imagens fabricadas e acontecimentos específicos, a operação biográfica nos permite, pois, captar como um sujeito – no caso, Estevão de Oliveira – passou pelos olhos de um tempo e foi representado por seus contemporâneos. Procurando explicar o passado, fixar uma identidade presente e orientar as leituras do futuro, as biografias aqui trabalhadas mapeam e constroem modos de ser de Estevão de Oliveira e o retratam como um intelectual de seu tempo: homem de ideais, independente, educador social e polemista, que empregava a sua pena a serviço da pureza da república e da democracia, da liberdade e da educação, servindo antes de conselheiro da sociedade do que de advogado do poder.

Nesse sentido, Estevão foi investido da função de intelectual por seus contemporâneos, e em especial por seus colegas escritores e jornalistas, tendo certamente que responder a essa demanda no jogo social. Ou seja, tomado como jornalista e/ou escritor, os biógrafos de Estevão lhe emprestaram atributos para falar de seu papel como intelectual na sociedade, interferindo, com suas representações, na maneira de Estevão agir na arena social. Interferindo também, como é o caso das biografias escritas após a sua morte, na perpetuação de uma memória.

Carregando nas tintas com as quais desenharam e forjaram uma imagem e uma memória, mesmo argumentando seus biógrafos que a exaltação de sua vida e obra seria feita "sem favor e sem lisonja", bebendo apenas "na fonte pura dos fatos" (BARRETO, 1926, p. 257), o que nos interessou aqui foram menos as "verdades" proclamadas nesses relatos do que sua intenção. O que nos interessou foi a representação de intelectual forjada na escrita sobre o outro. Variações na lógica narrativa, omissões ou acréscimos de dados, o cuidado na escolha dos adjetivos com os quais definiam a figura de Estevão, ou seja, a escolha do que e de como contar sobre sua trajetória, assim como a sua repetição nesses escritos, nos revelaram estratégias de construção de uma imagem. Também nos revelaram como o seu compromisso com um ideal de República e o compromisso com a educação se entrelaçaram e o constituíram socialmente como intelectual que soube inventar um lugar para a sua fala, produzindo e fazendo circular interpretações sobre a realidade social, tendo nas suas ideias as armas com as quais intervinha no debate público.

Educador, escritor e jornalista, Estevão de Oliveira ocupou, assim, a cena pública em Minas Gerais no final do século XIX e início do XX para defender, entre outras coisas, um projeto de educação. Educação que era tomada por ele, e por outros intelectuais do período, como um projeto político ou, ainda, parte de um projeto político mais amplo que era o republicano. E é nessa relação entre política e escrita, entre República e educação, que nos é possivel pensar a imagem que se constrói do intelectual de então.

REFERÊNCIAS BIBLIOGRÁFICAS

BARRETO, Abílio, Centenário de Estevão de Oliveira. *Revista da Academia Mineira de Letras,* Belo Horizonte, v. XIX, 1953. p. 148-161.

BARRETO, Abílio, Estevão de Oliveira. *Revista da Academia Mineira de Letras,* Belo Horizonte, v. IV, 1926. p. 257-280.

BASTOS, Elide R.; RÊGO, Walquíria D. L. A moralidade do compromisso. In:

BASTOS, E. R.; RÊGO, W. D. L. (Org.) *Intelectuais e politica:* a moralidade do compromisso. São Paulo: Olho d'Água. 1999. p. 7-41.

BENDA, Julien. A traição dos intelectuais. In: BASTOS, E. R.; RÊGO, W. D. L. (Org.) *Intelectuais e politica:* a moralidade do compromisso. São Paulo: Olho d'Água, 1999. p. 65-121. Tradução de Cristina Prado.

BOMENY, Helena. Infidelidades eletivas: intelectuais e políticas. In: BOMENY (Org.). *Constelação Capanema:* intelectuais e política. Rio de Janeiro: Fundação Getúlio Vargas, 2001. p. 11-35.

BOURDIEU, P. A ilusão biográfica. In: AMADO, J.; FERREIRA, M. (Org.). *Usos e abusos da história oral.* R.J: Fundação Getúlio Vargas, 1996. p. 183-191.

BURKE, Peter. *A fabricação do rei.* A construção da imagem pública de Luís XIV. Rio de Janeiro: Jorge Zahar, 1994.

COELHO, Marcelo. Engajamento e traição. In: NOVAES, Adauto (Org.). *O Silêncio dos intelectuais.* São Paulo: Cia. das Letras, 2006 p. 85-115.

CORREIO DE MINAS. Juiz de Fora, ago. 1926.

GOMES, Angela de C. Escrita de si, escrita da história: a título de prólogo. In: GOMES, A. de C. (Org.). *Escrita de si, escrita da história.* Rio de Janeiro: Fundação Getúlio Vargas, 2004. p. 7-24.

GUIMARÃES, Heitor. Proemio. In: OLIVEIRA, E. *Crônicas e traduções.* Juiz de Fora: Tipografia Brasiliense, 1918. p. V-X.

NÓBREGA, Dormevilly. A Renúncia de Estevão. *Juiz de Fora Hoje.* Juiz de Fora, 27 set. 1991.

NUNES, Clarice. *Anísio Teixeira:* a poesia da ação. Bragança Paulista, S. P: EDUSF, 2000.

O DIA. Juiz de Fora, 12 ag. 1926.

O PHAROL. Juiz de Fora, 13 maio 1910.

PAIXÃO, José. Estevão de Oliveira – perfil biográfico. In: OLIVEIRA, Estevão de. *Pela República.* Juiz de Fora: [s.n.],1896. p. 5-10.

ROMERO, Sílvio. Um polemista mineiro, *Correio de Minas,* Juiz de Fora, 7 a 21 jun. 1912.

SAID, Edward W. *Representações do Intelectual.* São Paulo: Cia. das Letras, 2005.

SARTRE, Jean-Paul. *What is literature? and other essays.* Cambridge, Mass., Havard University Press, 1988.

SILVA, Helenice R. da. A história intelectual em questão. In: LOPES, Marcos A. (Org.). *Grandes nomes da história intelectual.* São Paulo: Contexto, 2003. p. 15-25.

SIRINELLI, Jean François. Os intelectuais. *In*: REMOND, R. (Org.). *Por uma história política.* Rio de Janeiro: Fundação Getúlio Vargas, 2003. p. 231-269.

"A VIDA HÁ DE SER UMA EDUCAÇÃO PERMANENTE". A EDUCAÇÃO ENTRETECIDA NA VIDA DO EDUCADOR FIRMINO COSTA

Juliana Cesário Hamdan
Jardel da Costa Pereira

Este artigo se centra no estudo das concepções educacionais de Firmino Costa (1907-1937) e as formas pelas quais elas se foram configurando, por meio de seus textos escritos, buscando compreender a obra escrita do educador a partir do lugar de produção e de que forma as atividades do educador foram entrelaçando a sua vida.

As indagações que fizemos aos textos de Firmino Costa tiveram por objetivo compreender as formas por meio das quais ele se teria constituído como um educador e autor de obras educacionais e linguísticas. Os movimentos investigativos dessa primeira questão nos deslocaram para uma segunda, a de buscar compreender quais foram as interlocuções com a ambiência cultural do período e de que maneiras elas intervieram em suas produções. Assim, procuramos identificar tanto os conteúdos de suas concepções educacionais, como as formas com que as ideias em circulação na ambiência cultural do período foram apropriadas e postas novamente em circulação por meio das publicações do educador. Vimos que essas foram forjadas entre leituras e práticas educativas como professor do Curso Primário, diretor de escolas ou em palestras proferidas em diversas ocasiões.

A VIDA ENTRETECIDA NA EDUCAÇÃO

Eram tempos de mudanças aqueles da República recém-inaugurada. Mas nem tanto. Havia mais uma tensão entre o que conservar e o que mudar. Seria mais adequado falar sobre tempos de rupturas e continuidades, de um novo que ainda não era, sempre apresentado por oposição a um velho que ainda não havia deixado de existir. Tempos em que se acreditava que as ideias de um vir a ser traziam em si a força de transformação necessária às causas do porvir, defendidas como sendo todas elas as mais absolutamente exigidas para a "nova" sociedade. E, em muitos casos, entre as tessituras das tensões das esferas sociais mobilizadas, essas ideias trouxeram em si germes de transformação, capazes de mobilizar redes de sociabilidades inteiras para a materialização de seus dispositivos, sobretudo na educação.

Há 18 anos da Promulgação da República, numa pequena cidade do interior de Minas Gerais, localizada ao sul do Estado, um professor lutava para ver implementado um grupo escolar em Lavras. Não se tratava de uma "escola isolada"[149] como era o comum naqueles tempos, nem uma escola agrupada de quatro classes, porque ali já existia uma. Mais que isso: tratava-se de uma escola que fosse um modelo para o Estado. É que, entre os aspectos educacionais mais inovadores que foram gestados no pensamento republicano, estavam as concepções educacionais, consubstanciadas na ideia de Grupo Escolar.[150] E, dentre aqueles que lutaram para a consecução da ideia, é provável que nenhum tenha feito da forma com que Firmino Costa o fez.

O quinto de uma família de nove filhos, Firmino Costa Pereira nasceu em 1869, em Niterói, por acaso. Sua mãe, D. Maria Custódia do Carmo estava na cidade para um tratamento de saúde. Mas, assim como seus pais, ele sempre se considerou cidadão de Lavras, pois ali passou toda a sua infância, e depois, boa parte da sua vida adulta. Descendia de uma família

[149] "O Ensino Primário em Minas Gerais, no final do século XIX, era realizado nas chamadas escolas isoladas, que funcionavam em casas particulares, prédios públicos ou até mesmo em espaços cedidos pela igreja." (PEREIRA, 2005, p. 25).

[150] Souza (1998) apresenta uma análise histórica sobre o surgimento dos Grupos Escolares, em alguns países europeus e nos EUA, assinalando algumas características em comum entre esses, tais como a noção de classes e séries, o ensino simultâneo, os programas graduados e concêntricos, dentre outros, mas, sobretudo, a adoção do método intuitivo. Segundo a autora, a "moderna organização da escola primária tornou-se um modelo cultural adotado por vários países, resguardadas as peculiaridades locais. A generalização desse modelo foi rápida e sua universalização situa a escola elementar no centro dos processos de transformação social e cultural que atingiram todo o Ocidente nos séculos XIX e XX" (SOUZA, 1998, p. 22).

de políticos locais pelo lado materno, sendo que sua mãe era irmã de Firmino Antônio Salles, pai de Francisco Salles, que chegou a ser Presidente do Estado de Minas entre 1902 e 1906. Pelo lado do pai, descendia de uma família de holandeses, cujo avô, Karl Joseph van der Zuland, teria vindo para o Brasil em 1815, como comerciante de pedras preciosas, e se casado com Ana Delminda Diniz Costa Pereira, natural de Carrancas, cidade vizinha à Lavras. O casal teve um único filho, o pai de Firmino: Antônio José da Costa Pereira.

Do tio Firmino Salles, Firmino admirava a integridade de uma vida austera, respeitosa e a força de sua vontade política, pois, em 1884, dotou a cidade de Lavras de abastecimento de água potável com a ajuda de seu pai, Capitão Costa Pereira, como era conhecido. O pai de Firmino também exerceu a profissão de comerciante por um bom tempo e, segundo Dias (1985, p. 134), essa teria influenciado bastante a personalidade de seu filho, quando ele assumiu a direção do grupo escolar. Contudo, não parece ter sido apenas o exercício da administração de um comércio local que marcou a personalidade de Firmino, em sua vida familiar. Para ele, o pai era exemplo de homem dedicado à família, comprometido com as necessidades da comunidade local e com aptidão para o trabalho manual, pois fazia os trabalhos de selaria e de marcenaria para atendimento do seu estabelecimento comercial. Provavelmente, foi a partir daí que Firmino atentou para a importância do trabalho para a educação na formação do povo brasileiro. Importância que será reiteradamente defendida e reivindicada para o Grupo Escolar de Lavras, junto do órgão público responsável pela educação, a Secretaria do Interior, e, mesmo depois, permanecendo como referência constante em seu propósito educativo, conforme veremos nos tópicos seguintes.

A admiração pelo seu pai se direcionaria para além do amor ao trabalho e das aptidões comerciais e encontraria nas convicções políticas o seu altiplano. Visto como liberal extremado, o Capitão Antonio Pereira, ex-combatente nas revoltas[151] que antecederam a República, recomeçou a vida em Lavras

[151] Nos anos que antecederam 1842, período em que Dias (1986, p. 135) afirma que o Capitão Costa Pereira retornou à Lavras, ocorreram diversas revoltas em todo o País, geralmente levadas pela insatisfação com as dificuldades da vida cotidiana e as incertezas políticas. Embora o autor não tenha precisado de qual delas o pai de Firmino teria sido ex-combatente, a data mencionada nos

como lavrador, sem jamais deixar de expressar, ainda que no aconchego do lar, seus anseios militares. Todavia, passada a época das revoltas do Império, o entusiasmo com a República era traduzido pela construção do progresso por meio do trabalho. Parece-nos que, também do pai, Firmino herdou um liberalismo já mais moderado, a importância da ascese da vida militar e o desejo de trabalhar pela construção da nação brasileira. Não poderia ter escolhido uma melhor maneira de congregar essa tríplice herança do que na educação, precisamente em suas primeiras configurações, na forma com que apreendeu e deu vida às ideias sobre os grupos escolares.

Se não se pode afirmar que Firmino Costa se originava de uma família humilde, também não é verdade que ele fazia parte das camadas mais abastadas. Seu pai de ex-combatente passou a ser trabalhador da lavoura e depois proprietário de um comércio em Lavras. Pudemos constatar que eles tinham recursos para investir na educação dos filhos, pois Firmino teve, inclusive, a oportunidade de ir para São Paulo, para completar seus estudos.

As leituras sobre a vida de Firmino apresentaram algumas indicações de que seu pai tenha engrossado o coro dos descontentes com a ordem Saquarema, sobretudo se considerarmos sua participação nas diversas revoltas que marcaram o período. Assim, parece-nos que o educador tenha sido formado sob a pujança das contestações presentes sob a ambiência pró-republicana, ainda que de Lavras.

Em seus discursos escritos, é nítida a posição de liberal e de republicano. Segundo Dias (1986), a influência paterna e dos políticos conterrâneos foram decisivas. Nesse sentido, quando Firmino se referia a alguém como liberal, fazia-o com o intuito de elogiá-lo. Além disso, sua forma de exercer a profissão de comerciante, de professor, na direção do Grupo Escolar, suas leituras e sua rede de sociabilidade denotam claramente a opção política liberal republicana, pois "encarou com esperança a implantação do novo regime, como ocorreu a muitos intelectuais de sua geração" (p. 146).

O evidente prazer da leitura e do estudo sistemático, que pôde ser entrevisto por aquilo que Dias (1986, p. 135) considerou como um hábito

---

leva a crer que ele se refira às revoltas "liberais em Minas Gerais e em São Paulo" (FAUSTO, 2003, p. 167 e 564).

cultivado e compartilhado por seu pai, certamente contribuiu muito para a sua formação intelectual e lhe possibilitou a participação nas aulas de renomados professores em São Paulo, onde foi fazer o curso preparatório. Esse curso era destinado àqueles que almejavam e que tinham as condições necessárias para cursarem o ensino superior, mas também era correspondente ao Curso Secundário ou Ginasial. Embora Firmino Costa nunca tenha cursado a faculdade, possuía uma agudeza intelectual que o possibilitava, inclusive, ainda na juventude, elaborar críticas consistentes sobre a forma e o conteúdo com que alguns professores o ensinavam, mesmo considerando-os como competentes. Um exemplo desse fato é apresentado por Dias (1986), segundo o qual Firmino, em um excerto biográfico, aponta sua insatisfação com o ensino da Língua Portuguesa, tanto do ponto de vista do conteúdo como do método. A insatisfação o teria estimulado a escrever uma gramática[152] baseada em novos princípios, elaborados a partir da consulta a vários compêndios de metodologia. Por isso, o autor ressalta que "é importante observar o espírito crítico que impulsionava, desde o início, sua sede de aprender: noutras palavras, a inquietação intelectual" (p. 136).

Além da época dos estudos preparatórios em São Paulo, seu processo de formação intelectual, desencadeado e alimentado pela leitura e pelo estudo sistemático, contou com a contribuição de três intelectuais lavrenses, aos quais ele atribui o fato de ter sido encaminhado para as letras por meio de conversações instrutivas e proveitosas, considerando que, para ele, mais do que conhecimentos, esses senhores possuíam sabedoria. Trata-se de respeitosos cidadãos, com grande influência local. O primeiro deles, era o Dr. Augusto Silva, médico e espírita, com importantes escritos inéditos sobre essa religião; o segundo, o Professor Samuel Gammon, um missionário evangélico norte-americano e Diretor do Instituto Gammon, no qual Firmino foi professor; e o terceiro deles, o Monsenhor Aureliano Deodato Brasileiro, o Padre Licas para os amigos, que era um erudito professor de Teologia e Filosofia.

O que nos chama a atenção nessa rede de sociabilidade de Firmino é a sua habilidade em conciliar as diferenças religiosas em uma época em que havia ainda uma forte presença da Igreja Católica na cultura local. Parece

[152] COSTA, Firmino. *Gramática Portuguesa*. Belo Horizonte: Imprensa Oficial, 1921. 279 p. (Dias, 1986, p. 239).

que a necessidade do diálogo e da reflexão para a implementação da educação fez com que ele as ultrapasse. Além disso, de acordo com Dias (1986), ele "sempre desenvolveu, realmente, uma atitude de tolerância e de respeito às crenças, às opiniões e aos sentimentos do próximo. A valorização da tolerância aparece, ao longo da vida, em muitos de seus escritos, assim como na palavra dirigida aos alunos e colegas" (p. 138). O fato tanto nos sinaliza uma visão mais cosmopolita de sua forma de viver, certamente construída a partir da experiência em São Paulo, como também explica, ao menos em parte, a determinação em perseguir e defender habilmente a laicização do ensino público em Lavras.

Seja como for, a rede de sociabilidade local, que acabou por se estender por boa parte do Estado, também será providencial para a realização de seus propósitos como Diretor do Grupo Escolar de Lavras, sobretudo como forma de mobilização da sociedade local, tanto para a visibilidade desejada para o projeto educacional, como para angariar recursos para ele.

Nove anos depois de ter comemorado a República, publicando um discurso sobre o novo regime na imprensa lavrense, casou-se em 1898, aos 29 anos, com Dona Alice Bueno, oriunda de tradicional família local e teve oito filhos. Além dos exemplos de homens trabalhadores, tais como seu pai e seu tio, pode ser que a necessidade de sustento da família o tenha levado ao exercício de diversas atividades profissionais, tais como a de comerciante à frente da casa comercial do pai,[153] a de Secretário da Câmara Municipal e até a de vereador, além de lecionar. Certamente que o exercício dessas profissões, associadas ao percurso de estudioso, informaram, em grande medida, a sua atividade de Diretor do Grupo Escolar de Lavras, entre 1907 e 1925, e a constituição do seu repertório de ideias e concepções.

Para a sua formação autodidata, entre as muitas leituras e estudos realizados, Firmino Costa privilegiou a literatura clássica portuguesa e brasileira, mas, sobretudo, as obras em circulação sobre estudos pedagó-

[153] O pai de Firmino Costa, Antônio José da Costa Pereira, morreu no ano de 1899 quando, então, o filho passa a ser o proprietário da casa comercial Firmino da Costa Pereira, como passou a ser denominada. Analisando os relatórios do Grupo Escolar de Lavras, Pereira identificou que a aquisição de parte do material, requerido pelo Grupo Escolar de Lavras à Secretaria do Interior, foi adquirida no referido estabelecimento, conforme comprova a nota de compra (PEREIRA, 2005, p. 50).

gicos, tais como as de Pestallozzi, Claparède, John Dewey e de alguns pensadores brasileiros, como Rui Barbosa, dentre outros.

Esse percurso intelectual de estudo sistemático possibilitou a ele assumir a docência das aulas de Português no Curso Secundário, em 1906, no Instituto Samuel Gammon. Contudo, não obstante a insistência do diretor americano para que continuasse com as aulas no instituto, a partir do ano seguinte, nomeado pelo Presidente do Estado de Minas Gerais, João Pinheiro, e tendo Carvalho Brito[154] à frente da Secretaria do Interior, foi nomeado diretor e passou a implementar o Grupo Escolar de Lavras. Tal nomeação representava uma das muitas mudanças ocorridas na educação no Estado a partir da Reforma Educacional de 1906.[155]

As fontes consultadas não nos informam sobre os detalhes do processo por meio do qual ele foi escolhido e designado para essa função. Evidentemente que o fato de ele ser uma pessoa de certa visibilidade na comunidade local, tanto por sua cultura e atividades profissionais, como em função do parentesco com Francisco Sales, que ainda gozava de prestígio nas esferas políticas do Estado, poderia significar um indício da amplitude de sua rede de sociabilidade. Nesse sentido, Peixoto (1999) aponta, ainda, para uma outra possibilidade, quando afirma que "Firmino Costa estava entre as pessoas que ajudaram a levar avante essa Reforma, sendo as suas relações com o Secretário do Interior, Carvalho Brito, muito próximas e amistosas" (p. 188).

[154] Secretário do Interior responsável pelo Setor de Instrução, Tomás Carvalho de Brito já tinha uma intensa vida pública aos 34 anos. Contudo, depois da morte de João Pinheiro, em 1908, Carvalho Brito cai em relativo ostracismo e assume o cargo Estevam Pinto (PEREIRA, 2005, p. 88).

[155] Em substituição ao sistema de quatro escolas isoladas, até então predominante no Estado e também no País, João Pinheiro introduziu a Lei nº 439, de 28 de setembro de 1906, que autorizava ao governo a reformar os ensinos Primário, Normal e Superior do Estado, e o Decreto nº 1969 de 3 de janeiro de 1907, o qual aprovou o Regimento Interno dos Grupos Escolares, inaugurando, inclusive, a adoção dessa nova nomenclatura (MOURÃO, 1962, p. 95-95). Segundo Souza (1998), essa "modalidade de escola primária, denominada *Grupo Escolar* foi implantada pela primeira vez no país, em 1893, no Estado de São Paulo e representou uma das mais importantes inovações educacionais ocorridas no final do século passado. Tratava-se de um modelo de organização do ensino elementar mais racionalizado e padronizado com vistas a atender um grande número de crianças, portanto, uma escola adequada à escolarização em massa e às necessidades da universalização da educação popular. Ao implantá-lo, políticos, intelectuais e educadores paulistas almejavam modernizar a educação e elevar o país ao patamar dos países mais desenvolvidos" (p. 20-21).

Também a relação de amizade com Carvalho Brito propiciou ao educador uma grande visibilidade nos processos de instauração dos Grupos Escolares no Estado, a qual se ampliou ainda mais na gestão dos secretários do Interior Estevão Pinto (1908-1910), Melo Viana (1924-1926) e Francisco Campos (1926-1928). Ainda nos tempos de Lavras, por mais de uma vez, fora convidado a relatar sua experiência de diretor do Grupo Escolar para outros diretores na capital, além das publicações de seus relatórios e do jornal de sua autoria, intitulado Boletim *Vida Escolar*.[156] Por um lado, a indicação de Peixoto (1999) nos informa sobre as possibilidades que a relação de amizade de Firmino com o Secretário do Interior, Carvalho Brito, inicialmente, representou em termos de visibilidade de suas atividades e pensamentos; por outro, remete-nos à relevância das relações sociais, isto é, das redes de sociabilidade para a ocupação de determinadas funções e cargos públicos, posto que, ainda na República, o funcionamento da burocracia estatal permanecia em continuidade com as práticas imperiais. Ao mesmo tempo em que "criava critérios de mérito para seleção de parte de seus funcionários (como concursos públicos) [...] os subvertia, afetada pela lógica afetiva – tanto em sentido positivo, de apadrinhamento, quanto negativa, de recurso à violência [...]" (ALONSO, 2005, p. 76).

A Reforma das escolas públicas, feita em 1906, pelo Presidente do Estado João Pinheiro, criou os grupos escolares. Para o Grupo Escolar de Lavras, o quinto de Minas Gerais, foi designado o Diretor Firmino Costa Pereira, o qual esteve à frente do cargo desde a inauguração do estabelecimento em 1907 até meados dos anos 20, quando, então, é deslocado para a direção de um colégio em Barbacena e, depois, para outras atividades na capital mineira, já sob a Presidência de Antônio Carlos.

Indubitavelmente, a implementação dos grupos escolares nas cidades mineiras foi palco de tensões entre forças e interesses políticos, sobretudo se considerarmos a precariedade da educação no Estado (FARIA FILHO, 2000, p. 28-29). Contudo, Lavras contava com políticos influentes à épo-

[156] De acordo com Pereira (2005), Carvalho Brito, Secretário do Interior, escreveu um parecer no Jornal *Minas Gerais* defendendo o mérito do Boletim *Vida Escolar* para a educação, de autoria de Firmino Costa, como sendo uma importante contribuição a todos os diretores e professores dos grupos escolares. O jornal passou a circular por todo o Estado durante o tempo em que foi publicado (p. 59-60).

ca, tais como Francisco Salles, Pedro Salles, ambos parentes de Firmino, e também com o deputado estadual e médico Zoroastro Alvarenga, os quais deram importantes contribuições às atividades do grupo.

Como expressão da influência política ou mesmo como contrapartida dessa, a imprensa local estava mobilizada para propagar a importância da Reforma educacional em curso no Estado. Somando o parentesco a esse fato, parece que houve, de fato, uma "influência política traduzida no poder de negociação de políticos da cidade, perante o governo mineiro". Pereira (2005) afirma que, por isso, "Lavras passa a fazer parte de um grupo de sete cidades mineiras que, na época, possuíam Ginásio, Escola Normal e Grupo Escolar: Belo Horizonte, Juiz de Fora, Barbacena, Diamantina, São João Del Rei e Leopoldina" (p. 35).

OS PRINCIPAIS ESCRITOS

Primeiramente, tomaremos os relatórios de Firmino Costa enviados à Secretaria do Interior,[157] considerando que se constituíram como um importante instrumento de acompanhamento e controle dos inspetores sobre as novas políticas propostas pela Reforma de 1906, na medida em que um dos grandes problemas educacionais assinalados pelos próprios relatórios sobre a precariedade da educação apontava para a absoluta falta de controle do Estado (GONÇALVEZ, 2005, p. 77).

Ao tomarmos os relatórios de Firmino Costa como instrumentos de análise de seus discursos, estamos seguindo a trilha que nos sinaliza Luciano Mendes de Faria Filho (2000), quando apresenta os significados que os relatórios representaram no contexto da construção de uma nova racionalidade escolar. Segundo o referido autor, ao mesmo tempo em que se prestava a uma maior visibilidade das práticas educativas, permitia também um maior controle delas (p. 17 e 18).

Pelos relatórios de Firmino Costa, pode-se vislumbrar o rigor com que ele exercia a direção do Grupo Escolar de Lavras, não só no estrito

[157] Segundo Pereira (2005), o último relatório do Grupo Escolar de Lavras, assinado por Firmino, encontrado no Arquivo Público Mineiro, foi o de 1917 (p.16 e 349).

cumprimento das funções designadas, mas, em muitos casos, numa forma inovadora e, até mesmo, transgressora de o fazer, como também da maneira assertiva com que informava sobre as deliberações aos seus superiores. Esses dois ângulos de análise nos permitiram, por um lado, entrever a credibilidade e aceitabilidade de suas ideias inovadoras, inseridas na rede de sociabilidade cuidadosamente construída por ele. Nesse sentido, a intenção foi a de apreender a maneira com que informava seus pares, em nível local e estadual, sobre a sua forma de atuação. Por outro, elencaremos alguns aspectos presentes em todos os relatórios, como de resto nos boletins e nos livros do período, que nos informam mais diretamente sobre as concepções políticas que estiveram articuladas à atuação em relação à realização do projeto educacional, tais como a formação para o trabalho, o combate ao analfabetismo, a luta pela matrícula e a frequência das crianças e o funcionamento da caixa escolar, na medida em que poderemos evidenciar, por meio desses elementos, como foi que ele mobilizou as redes de sociabilidade para a consecução da Reforma. Estamos considerando que ele operava a partir de uma tensão entre o anúncio das novas maneiras de conceber a educação, favorecidas pela Reforma, e a denúncia das formas superadas de educar, que ainda insistiam em permanecer, inclusive representadas claramente pela precariedade material, queixa presente de forma mais contundente em alguns dos relatórios.

No Regimento Interno dos Grupos Escolares e Escolas Isoladas aprovado pelo Decreto de nº 1969 em 3 de janeiro de 1907, foram definidas as funções dos diretores dos grupos escolares. Há no referido Regimento uma referência à exigência de comunicação de dados ao Secretário do Interior. Para que isso fosse possível, os diretores deveriam manter sob sua responsabilidade alguns livros de registros, os quais deveriam conter dados de "[...] matrícula; de ponto diário; ponto de entrada e saída; inventário geral; biblioteca; folha de pagamento; visitas oficiais, atas e termos de exames e promoções; compromissos, termos de posse e anotações do pessoal; caixa escolar" (MOURÃO, 1962, p. 164). Somente nas disposições gerais, conforme a disposição do art. 62 do Regimento Interno dos Grupos Escolares, há uma referência mais direta à exigência de boletins, segundo a qual os diretores deveriam remeter ao Secretário do Interior, anualmente, os dados coletados nos livros de registros, acrescentando, ainda, sugestões sobre o ensino e sobre a parte de material de que se necessitava (MOURÃO, 1962, p. 161).

Em 6 de julho, portanto apenas três meses depois da inauguração do grupo, Firmino Costa enviou ao Secretário Carvalho Brito um primeiro relatório informando-o sobre os principais aspectos do processo de implementação do grupo. Embora ainda não se tratasse dos relatórios anuais, já nesse primeiro documento, um aspecto de sua forma peculiar de exercer a função nos chama a atenção. Em uma carta introdutória, na qual ele apresenta o seu relatório, informa-nos sobre o que estamos considerando como uma transgressão com relação à adoção da forma de relatar o cotidiano do grupo. Para justificar a adoção dos relatórios em substituição aos boletins, argumenta, em primeiro lugar, que a remessa com o seu pedido de boletins, de responsabilidade do governo, ainda não havia sido enviada. Inicia a sua missiva, portanto, com uma denúncia, abrindo espaço para, em seguida, apontar as vantagens dos relatórios sobre os boletins. Segundo ele, os boletins seriam limitados para apresentar, de forma mais dinâmica, concisa e articulada, os dados solicitados pela Secretaria.

Conclui a carta deliberando sobre a "nova" forma de enviar os dados, mas também tomando a iniciativa de sugerir a periodicidade, a qual, para ele, deveria ser mensal. Contudo, pelo menos no que diz respeito aos relatórios gerais, a periodicidade anual foi mantida.

Não obstante a sua deferência pelas autoridades, sejam elas locais ou estaduais, Firmino Costa demonstrava muita autonomia em relação à expressão de suas ideias e concepções. Ao mesmo tempo em que defendia e lutava para ver implementava a Reforma, denunciava aquilo que deveria ser alcançado. Isso porque, "[...] possuía espírito muito independente, demonstrado nas críticas que fazia a imperfeições e inadequações dos dispositivos estabelecidos pela Reforma". Desse modo, "[...] ao invés de boletins da vida do Grupo, exigência que fazia fragmentarem-se os dados, preferiu pedir autorização para mandar relatórios periódicos, contendo sempre dados estatísticos do movimento escolar" (DIAS, 1986, p. 164-165).

Os periódicos, boletins ou jornais[158] representavam no Brasil, desde os tempos do Império, uma forma de expressão das elites intelectuais e econômicas, por isso todos aqueles que eram dignos de serem "ouvidos" acabavam por usá-los como veículo privilegiado para a circulação da ideias e debates. Quando, por motivos políticos ou econômicos, não era possível, não era incomum diversos políticos e intelectuais criarem os próprios jornais. Claro está que não havia mesmo muitas outras formas de se expressarem e o jornal atingia mais pessoas, mesmo considerando o número ainda reduzido de leitores. Nesse sentido, só o fato de escrever para um jornal representaria, sem dúvida, uma estratégia prestigiada para a visibilidade das ideias e para a sua circulação.

O fato de Firmino Costa ter publicado e escrito a maior parte dos artigos em um jornal criado por ele, o Boletim *Vida Escolar*, é indicativo de que conhecia bem o poder que o jornal teria para atribuir visibilidade a um empreendimento e sua importância para o convencimento e a conformação a um conjunto de ideias. Desde os tempos que antecederam a República, diversos símbolos foram constituídos para esse fim. Mas, sem dúvida, entre eles, a "palavra escrita e falada" ocupava papel de capital importância (CARVALHO, 1990, p. 139).

Nos trinta e quatro números do boletim publicados com periodicidade quinzenal, entre maio de 1907 e novembro de 1908, primeiramente na imprensa lavrense, é patente a relação entre os conteúdos destes e os dos relatórios. Enquanto os relatórios tinham um caráter oficial e eram destinados aos técnicos e especialistas da educação, o boletim tinha por objetivo informar a comunidade local sobre as atividades e os progressos do Grupo Escolar e o de estimular a participação no projeto educacional. Provavelmente também em troca do reconhecimento público, possibilitado por sua circulação, pela visibilidade propiciada àqueles que assim o fizessem. Mas, por meio da publicação do impresso, o educador esperava contribuir para o conhecimento da história local, apresentando uma nova face de suas atividades intelectuais: a de historiador.

---

[158] Segundo Gomes (2002), em 1912, circulavam no Brasil 1377 periódicos, 149 diários e 677 semanais (p. 270).

Dentre os aspectos mais relevantes no pensamento educacional de Firmino Costa, nenhum deles mereceu mais atenção do que a formação dos professores e o ensino pelo método intuitivo. A presença constante desses tópicos em suas obras nos permite asseverar que os temas poderiam ser considerados como a coluna vertebral de todo o seu pensamento e sua ação educacional. Seria, por assim dizer, o núcleo duro, por meio do qual todas as demais questões orbitavam. Se a sua atuação como educador foi condicionada por uma atuação também política e intelectual, foi, indubitavelmente, no sentido de viabilizar os credos mais profundos acerca de uma prática educativa que, de fato, fizesse diferença na vida das crianças. Por sua vez, a educação das crianças, por esses moldes, mirava a constituição da nação brasileira, para a qual a moral e o civismo representavam, ao mesmo tempo, o objeto e o fim.

Em relação à formação de professores, Firmino Costa a considerava a questão primeira da educação, sem a qual nenhuma reforma poderia ser levada a termo. Em um contexto em que a formação de professores, quando existia, era confundida com o Ensino Secundário, preocupava-lhe a ausência de uma formação de mestres que fosse específica e profissional, sobretudo para o Ensino Primário. Segundo seu julgamento, mesmo a Reforma de João Pinheiro[159] não havia sido satisfatória neste aspecto, pois era excessivamente propedêutica, com poucas atividades práticas, por demais genérica. Assim, não poupou esforços para que as limitações fossem superadas, porque

> a questão da profissionalização do magistério passa a ser o centro de suas atenções [...]. Inicia a crítica à estrutura curricular vigente em Minas, mais próxima da do antigo curso secundário. Era uma formação de humanidades, sem qualquer iniciação à pedagogia ou à psicologia educacional. (DIAS, 1986, p. 184).

Embora considerasse que a formação de professores deveria ser da obrigação do Estado, Firmino lutou em todas as esferas para que o Curso Normal fosse melhorado e a oferta ampliada. No Grupo Escolar de Lavras, implementou a formação de professores para o Ensino Técnico Rural. A oportunidade de formação era oferecida àqueles alunos que se destacavam

---

[159] Sobre o regulamento para a formação de professores e o exercício da função na Reforma de 1906 e da Reforma de Wenceslau Brás, de 1918, consultar Mourão (1962, p. 148, 176, 188).

no Ensino Primário e "os conhecimentos do ensino primário eram revistos e aprofundados, acompanhados da prática profissional. Lecionavam os professores primários escolhidos, destacados especialmente para a tarefa. Os futuros professores freqüentavam também as aulas do curso técnico" (DIAS, 1986, p. 183).

O educador criou também, no Grupo de Lavras, em 1916, o programa da prática profissional, destinado às alunas da Escola Normal Nossa Senhora de Lourdes. Em tal programa, fica clara a atenção aos preceitos atuais da educação para a formação dos novos professores. Dessa forma, a associação dos termos – formação de professores e método intuitivo – vai ganhando espaço em seus discursos e ações educacionais e, pela análise dos textos nos relatórios, boletins e livros, pudemos apreender como ele foi-se apropriando das concepções educacionais, a partir de leituras das obras em circulação, mas, sobretudo, pela implementação de uma prática educativa, em grande parte, por elas orientadas.

Firmino Costa publicou doze obras: *Aprender a estudar* (s/d); *Calendario Escolar* (s/d); *O ensino popular, varios escryptos* (1913); *A educação popular* (1918), *O ensino primario* (1921); *Grammatica portugueza* (1921); *Vocabulario analogico* (1933); *Lexico grammatical* (1934); *Pela escola activa* (1935); *Pestalozzi* (1935); *A liberdade – Discurso de Paranympho* (1937), e *Como ensinar linguagem no curso primario* (1939). Não tivemos acesso à primeira e à última da lista. Nas demais obras, o formato, os títulos e os respectivos conteúdos nos sugerem uma primeira proposta de organização, para fins da análise. Assim, num primeiro grupo estariam as obras escritas visando à instrumentalização direta dos professores, abalizadas pelos preceitos da nova educação. São elas: *O ensino popular, varios escryptos* (1913); *O ensino primario* (1921) e *Pela escola activa* (1935). Nesse grupo, podemos evidenciar algumas continuidades e permanências em relação aos conteúdos abordados, ao público-alvo e às formas de organização interna das obras.

Ainda no primeiro grupo, estariam os opúsculos, obras menores, não menos importantes, cujos conteúdos, na maioria das vezes, já foram publicados em outro livro ou relatório, ou ainda o seriam em artigos, sobretudo na *Revista do Ensino*. São elas: *Calendário escolar* (s/d); *A educação popular* (1918), *Pestalozzi* (1935) e *A liberdade – Discurso de Paranympho* (1937).

Todavia, ainda que o objetivo predominante seja o da formação de professores para as novas proposições educacionais, o que os caracterizaria de forma mais proeminente é menos o conteúdo e mais o formato reduzido das obras. Considerando o conjunto de sua materialidade, funcionaria mais como um facilitador para uma leitura rápida dos professores e, portanto, mais facilmente assimilável. Além disso, foram obras publicadas a partir de ocasiões específicas, tais como discursos em formaturas de normalistas ou a partir de uma palestra do educador. Com exceção de *A liberdade - Discurso de Paranympho* (1937), as três primeiras foram, posteriormente, incorporadas em alguma outra obra maior, daí a razão para as abordarmos em conjunto com os livros mais volumosos.

No segundo grupo, estariam as obras cujos objetivos residiriam na atenção de Firmino para a Língua Portuguesa. Por meio desse conjunto, a face de filólogo do educador, ainda que o foco permaneça sempre na formação de professores, pode ser mais bem evidenciada. Dentre elas, estariam: *Grammatica portugueza* (1920), *Vocabulario analogico* (1933) e *Lexico grammatical* (1934). O conjunto representa certa descontinuidade com o grupo anterior, na medida em que muda o conteúdo e o público-alvo, que se torna mais especializado. As formas do discurso e a organização das obras assumem, por isso mesmo, outra *performance*. Também modifica o perfil dos pensadores com os quais estabelece uma interlocução igualmente diferenciada.

Um aspecto relevante e comum aos dois grupos, como podemos observar pelos respectivos anos de publicação, exceto naquelas obras em que estes não aparecem, é que todas foram publicadas durante a vida do educador, com exceção da segunda edição de *Pestalozzi*, em 1965, publicada pela Sociedade Pestalozzi, com apresentação de Helena Antipoff (DIAS, 1986, p. 239). Até 1921, os livros foram publicados pela Imprensa Oficial de Minas Gerais. A partir de 1933, foram pela Cia. Editora Melhoramentos, de São Paulo, com exceção da primeira edição de *Pestalozzi*, de 1935, que foi pela mesma sociedade acima referida. O fato é um indício relevante da notoriedade que as obras vão alcançando. Primeiro no cenário educacional mineiro e, sobretudo, depois de 1933, no cenário educacional brasileiro.

Contudo, é intrigante o fato de que Firmino tenha ficado entre 1922 e 1933, ano da primeira publicação pela Cia. Editora Melhoramentos, portanto 11 anos,[160] sem publicar nenhum livro. Uma explicação para a questão poderia estar relacionada à intensa publicação de artigos na *Revista do Ensino*. Entre 1925 e 1933, o educador publicou 44 artigos na *Revista do Ensino*.[161] Se é verdade que alguns deles não eram originais, isto é, já haviam sido publicados, no todo ou em partes, em livros, artigos para o *Boletim Vida Escolar* e relatórios anteriores, também houve o caso de que alguns artigos se transformaram, posteriormente, em livros. É o caso do artigo intitulado *Pela escola activa*, de 1933, transformado em livro e publicado em 1935 pela Melhoramentos com a incorporação de novos capítulos.

Outra questão que poderia explicar, ao menos em parte, a ausência de publicações, no período, pode estar relacionada aos novos desafios profissionais aos quais foi chamado a enfrentar. Em 1925, ele se mudou para Barbacena para dirigir o Ginásio Mineiro de Barbacena. Logo em seguida, em 1926, transferiu-se para Belo Horizonte, assumindo primeiro a direção técnica da Escola de Aperfeiçoamento de Minas Gerais e, depois, a direção geral da Escola Normal, em 1928. De acordo com Aguinaldo Costa (1968):

> Convidado pelo presidente do Estado, Fernando de Mello Vianna, Firmino Costa exerce a Reitoria do tradicional Ginásio Mineiro de Barbacena: a sua direção se caracterizou pela renovação dos métodos administrativos e processos pedagógicos. Entretanto, a linha principal de sua atuação se exercia nas relações com o corpo discente, que se afirmavam pela disciplina, tolerância e compreensão: quando ele se afastou da Reitoria, para dirigir a Escola Normal de Belo Horizonte, a convite do presidente Antônio Carlos, os seus ex-discípulos do Ginásio de Barbacena fundaram ali o "Grêmio Cultural Firmino Costa", cujo primeiro presidente foi o aluno Nogueira Resende, hoje deputado federal pelo Estado de Minas Gerais. (p. 11).

---

[160] A última publicação, *Ensino Primário,* foi pela Imprensa Oficial, em 1921.

[161] Biccas (2006, p. 95) catalogou um total de 54 artigos de Firmino Costa publicados na *Revista de Ensino*. Embora sejam coincidentes as datas do primeiro e do último artigos, entre o seu estudo e o nosso, encontramos nos arquivos apenas 46.

Pode ter sido que a complexidade de suas muitas atividades profissionais no sentido de implementação do curso se tenha intensificado e, por isso, ele tenha publicado menos. Todavia, o fato de não ter publicado livros não quer dizer, necessariamente, que não estivesse escrevendo. Haja vista os muitos artigos publicados. Apesar da lacuna, podemos considerar que a grande disposição para o trabalho permaneceu intacta, sobretudo se observarmos que, entre 1933 e 1935, ele publicou quatro livros; portanto, mais de um por ano.

Seja como for, a publicação dos livros representou uma interseção entre os relatórios e os artigos da *Revista do Ensino*. Eles trazem, de forma intensiva, as experiências e reflexões educativas do Grupo Escolar de Lavras, sobretudo os primeiros livros, inclusive diversas dessas experiências já haviam sido apresentadas nos relatórios e boletins e traziam também as oriundas dos cursos de formação de professores, na Escola Normal. Os livros de Firmino nos possibilitaram aprofundar o conhecimento acerca da face de filólogo do educador, seguindo pelas trilhas das concepções e da produção de suas obras mais afeitas ao estudo da Língua Portuguesa. Por meio delas, pudemos constatar o quão estudioso e produtivo Firmino fora e que, quando asseverava a exigência do estudo, quer seja para o progresso pessoal ou profissional das pessoas, quer seja visando ao progresso da pátria, ele o fazia com conhecimento de causa. Ele próprio se constituiu, como educador, por meio do estudo persistente e metódico, para o qual dedicou grande energia de sua vida e conquistou um lugar de prestígio entre a intelectualidade brasileira, dos anos 1920 e 30, mesmo que não tenha sido este o seu objetivo.

Podemos asseverar com alguma segurança que, quando o autor se refere ao estudo, em cada uma de suas obras, estaria querendo dizer "leitura", ainda que se tratasse de uma leitura mais atenta, porque apoiada por anotações das análises e pontos considerados como mais relevantes e, assim, mais qualificada. Por isso, não podemos encerrar o capítulo sem nos deter nos trechos em que a importância do livro e da leitura é reiteradamente defendida, senão como a única, certamente, como a mais importante forma de superar as deficiências de uma educação combalida e historicamente negligenciada. Firmino fazia parte de um grupo de cidadãos engajados que lutava, com as armas da instrução, para ver algumas das mais importantes bandeiras republicanas fincadas no território nacional: a da educação do povo.

A atenção pedagógica do educador ao uso do livro e da leitura para o estudo se assentava sobre o credo de que estes eram portadores de progresso, desde que fossem trabalhados de forma a terem sentidos para os alunos, despertando-lhes o interesse. Diana Gonçalves Vidal (2001) explorou a relação entre a leitura e o estudo, mostrando quais outras possibilidades de progresso intelectual os livros poderiam proporcionar. Nesse sentido, ela assevera:

> O trabalho com os livros, entretanto, [...] não se resumia à leitura. Complementava-se pelo comentário, discussão entre os colegas e com os professores, cópia de trechos selecionados em cadernos, ilustrações desses trechos e resumos. Trabalho inteligente, orientado pelo professor ou pelo bibliotecário, cujo objetivo era cultivar a capacidade mental do aluno, afastando o inconveniente do ensino livresco: a memorização. (p. 228).

Bem ao encontro dos sentidos apresentados pela autora, quando o educador se refere à leitura, está defendendo um tipo de atividade que mobiliza o sujeito por inteiro e para a qual ele deveria concentrar-se, usando o pensamento e também o corpo. Pensamos, neste tópico, em analisar os argumentos por ele adotados para a defesa da leitura e do livro. Estamos considerando que o educador recorria a eles nos discursos, no momento em que precisaria sensibilizar os seus leitores para os prementes desafios do País, defendendo ardorosamente que tanto o livro como a leitura funciona como instrumentos de possibilidades de progresso para o professor, para os alunos e, como consequência, para a nação brasileira. Por isso, também seria importante incorporar à análise as circunstâncias em que a leitura e o livro são defendidos, bem como os autores que Firmino convida para ornamentar e reforçar o discurso. Em suma, estamos partindo da premissa, segundo a qual, assim como outros eminentes contemporâneos seus, Firmino Costa acreditava, de fato, que os livros e a leitura poderiam transformar o País.

A publicação dos 46 artigos na *Revista do Ensino*, entre 1925 e 1935, é reveladora do intento de contribuir para a renovação educacional no Estado. Também é indicativo de que ele e as ideias se tornaram ainda mais conhecidos entre os políticos e o professorado mineiros. Tomando como objeto de análise os artigos, foi possível acompanhar, em boa medida, os caminhos traçados pelas filigranas dos textos, perseguindo determinados elementos por nós considerados como essenciais ao pensamento do educador: a formação e a atuação docente, o ensino da Moral e Cívica por meio do trabalho e o método intuitivo. Nos textos da revista, esses pontos nodais da produção de Firmino se robustecem, recebem outros contornos, cores e formas diferentes de abordagem.

Recorrendo aos artigos de Firmino Costa publicados na *Revista do Ensino*, foi possível mapear as estratégias por ele escolhidas para modificar o estado de coisas da educação pública no Estado. Os textos explicitam o conjunto de práticas educativas, por ele consideradas como encarquilhadas, ao mesmo tempo que anunciam quais práticas poderiam substituí-las e as respectivas gêneses conceituais. A tensão entre o velho e o novo e cada centímetro percorrido no intento da renovação das ideias chega a ser palpável, dados o dinamismo e a vivacidade com que são apresentadas pelo autor em seus textos da revista.

A *Revista do Ensino* cumpriu importante papel para a conformação do cenário educacional mineiro, naqueles tempos em que, tendo Francisco Campos como Secretário do Interior, sob o governo de Antonio Carlos, entre 1926 e 1930, a educação passa a exercer, de forma mais eminente, a função de amoldamento do povo, visando a um maior controle social. Francisco Campos considerava que muitas ideias da educação nova atendiam perfeitamente aos objetivos da educação primária e técnica, então da alçada do Estado. Foi assim que elas serviram como referência para elaboração de sua reforma em 1927, batizada de Reforma Francisco Campos (PEIXOTO, 1982, p. 73).

Para que as novas proposições educacionais alcançassem seu intento, Francisco Campos precisaria contar com certo número de educadores e técnicos dispostos a colaborar com o proclamado progresso social a ser atingido por meio da educação. Entre outras coisas, seria preciso mobilizar educadores com trânsito reconhecido entre o professorado de Minas. Se podemos considerar que o intento de Francisco Campos para a educação mineira alcançou algum êxito, certamente foi, sobretudo, pelo esforço e pela dedicação daqueles que estavam posicionados perto o suficiente do governo e de seus políticos para que pudessem interferir, em alguma medida, na conformação que a legislação foi assumindo. Ao mesmo tempo, longe o bastante, tanto para ouvir os clamores do professado na lida diária com os problemas que uma educação em processo de constituição apresentaria, quanto para transformar os reclames em críticas e emendas exigidas pelo mesmo processo. No nosso modo de entender, era precisamente esse o lugar ocupado por Firmino Costa. Contudo, acreditamos, em função do conteúdo de toda a sua obra que, embora as intenções dele, assim como a de outros educadores, e as de Francisco Campos coincidiam ao tentar empurrar a obra educacional em Minas, fundamentavam-se em motivações radicalmente opostas. No caso de Firmino, o que o mobilizava era a construção de uma nação sob moldes dos progressos científicos, econômicos e sociais.

Depois de dirigir o Grupo Escolar Firmino Costa por dezoito anos, o diretor é convidado a ocupar o cargo de Reitor do Internato do Ginásio Mineiro, em Barbacena, em 1925. Data daí o primeiro artigo publicado na *Revista do Ensino*, ao qual tivemos acesso. Constatando-se o êxito de seus trabalhos à frente do estabelecimento secundário para moços, o educador passa a ser convidado, com muita frequência, a proferir palestras na capital. Pouco tempo depois, quando se instala o governo de Antonio Carlos, é convidado a ocupar a direção técnica do Curso de Aplicação da Escola Normal de Belo Horizonte e, posteriormente, assume a direção geral do referido instituto educacional, além de colaborar sistematicamente para a reforma do ensino, debatendo os temas pedagógicos. A pesquisa biográfica de Dias (1986) complementa com dados relevantes sobre a vida do educador, segundo os quais o diretor teria permanecido nesse cargo:

> [...] até a sua aposentadoria compulsória, aos 68 anos de idade, em 1937. Nesse cargo exerceu ação inovadora do ponto de vista das técnicas pedagógicas e da organização escolar. Na mesma época, esporadicamente, leciona Português nos colégios Isabela Hendrix e Batista Mineiro, ambos de orientação evangélica, sendo o primeiro uma das mais antigas instituições, mantidas pela Igreja Metodista no Brasil. No fim da vida, depois de aposentado como diretor da Escola Normal, exerceu apenas a função de inspetor do Colégio Isabela [Hendrix]. (p. 140).

Antes, porém, o educador consolida a posição de homem nacionalmente conhecido, sobretudo, nos meios educacionais. Os primeiros anos da década de 1930 ainda presenciariam uma ativa participação em eventos de nível nacional, como as Conferências promovidas pela Associação Brasileira de Educação (ABE) e conheceriam as principais obras publicadas do educador, tais como *Vocabulario analogico* (1933) e *Pela escola activa* (1935).

No primeiro semestre de 1939, foi publicado, na *Revista do Ensino*, o Programa de Comemoração do Dia da Árvore realizado no Grupo Escolar Firmino Costa, em Lavras, ocorrido em setembro do ano anterior. Pelo discurso da organizadora do texto, Maria Suzel de Pádua, pode-se entrever que ao menos algumas das lições do mestre Firmino Costa parecem ter dado frutos. As atividades da comemoração deveriam fazer sentido para as crianças e estarem articuladas às demais atividades e conteúdos de ensino. Assim, as festas comemorativas também representariam uma significativa oportunidade de ensino e de aprendizagem (Grupo Escolar "Firmino Costa", de Lavras, Programa de Comemoração, 1939, p. 211, RE, n. 158 – 163, 1º semestre). Enquanto isso, na capital mineira, adoecia o educador.

UM INTELECTUAL DA REPÚBLICA: REFORMA SOCIAL E REFORMA EDUCACIONAL

Na esteira das inovações educacionais do começo do século XX, os grupos escolares tornam-se a tentativa de materializar a promessa do ideário republicano, segundo o qual seria pela educação que se constituiria a nação brasileira. Em Minas Gerais, as localidades mais expressivas nas perspectivas política e econômica foram as primeiras beneficiadas com a implantação dos grupos escolares. Em Lavras, cidade agraciada com a implantação de um deles, Firmino teve um papel preponderante ao mobilizar toda a comunidade para que a iniciativa legal ganhasse forma e conteúdo.

Foi a partir da sua nomeação como Diretor do Grupo Escolar de Lavras, em 1907, o quinto grupo do Estado, que ele se tornou conhecido na esfera estatal, sobretudo pela forma arrojada e incondicional como aderiu às novas proposições educacionais, concretizando-as no grupo sob sua direção. Dentro do rol de inovações, os relatórios escolares acolheram as primeiras expressões escritas das concepções educacionais do educador, debatendo-se com as práticas antigas. Os relatórios funcionavam como instrumentos de conhecimento e controle das práticas educativas em emersão e eram exigidos pela inspeção escolar da Secretaria do Interior. Por meio deles, sistematicamente publicados no Jornal *Minas Gerais*, órgão oficial do governo distribuído por todo o Estado, os educadores e interessados puderam conhecer as primeiras configurações de uma nova educação assumida nas escolas, pela experiência do Diretor à frente do Grupo Escolar de Lavras, o qual, a partir de 1915, passou a se chamar Grupo Escolar Firmino Costa.

Não obstante a grande contribuição que a obra de Firmino e, de forma geral, toda a sua ação educativa deram à educação do Estado de Minas, nas primeiras décadas do século passado, o conhecimento dessas se restringem basicamente aos meios acadêmicos, mesmo assim em termos bastante parcimoniosos, e aos cidadãos lavrenses que enaltecem a sua figura por intermédio da escola que possui o seu nome. Firmino Costa foi um educador que teve uma forte atuação intelectual e política para que as concepções educacionais defendidas por ele adquirissem concretude. Dessa forma, a partir da prerrogativa de "um homem de letras", mobilizou, no âmbito da sociedade local e também do Estado, toda uma rede de sociabilidade no sentido da concretização de seus credos e projetos educacionais que poderiam contribuir para a instituição da cultura escolar que advogava.

Parece-nos que ele tinha consciência do nível de interdependência política e social exigido para a implementação de reformas e de projetos educativos, sem transparecer-nos, entretanto, que havia em sua conduta algum nível de premeditação ou de manipulação de pessoas visando a interesses particularistas. Ao contrário, ele tornava públicas, por meio dos relatórios e artigos, tanto as contribuições daquelas pessoas que mobilizava quanto as formas por meio das quais elas teriam sido acionadas.

Para compreender a atuação intelectual e política de Firmino Costa no contexto pré-republicano e nos anos subsequentes, foi importante considerarmos que, nascido em 1869, ele cresceu sob os auspícios das ideias e dos movimentos que antecederam a República, inclusive dentro de sua própria casa, considerando o posicionamento político do seu pai, de marcada tendência liberal republicana. Tendo permanecido algum tempo em São Paulo, enquanto estudava, também pôde ver mais de perto e com maior intensidade os debates que acompanhavam os últimos suspiros do Império que se desmoronava na Corte ali vizinha. Contudo, mesmo considerando a experiência advinda dessa viagem, parecem ter sido as leituras e as redes de sociabilidade as maiores informantes para a constituição do seu repertório. Foi necessário, portanto, interrogar que leituras estavam disponíveis em circulação no período. Era portador de um grande conhecimento, tanto no campo educacional como no campo da língua portuguesa. Em todas as suas obras está presente o diálogo estabelecido com os principais pensadores da época e também anteriores, disponíveis na ambiência intelectual do período.

Como um "bom" ilustrado, acreditava na educação, mas era um crítico contumaz da qualidade do ensino existente, sobretudo em relação ao seu caráter autoritário, pois acreditava na democracia.

Defendia a descentralização da atuação governista e acreditava firmemente que a riqueza do Brasil estava essencialmente na reforma agrária e que o País só poderia desenvolver-se se investisse na educação de seu povo, visando a uma modernização da lavoura. Chama-nos a atenção que o intelectual, até mesmo para a constituição de seu repertório, assumiu um posicionamento original no sentido de que não se submeteu a um rótulo, permitindo-se um livre trânsito entre as ideias e as doutrinas, adotando-as no sentido que Alonso (2002) informa em seu texto: a partir das necessidades que a inteligibilidade para os desafios concretos lhe exigia. Entretanto, não nos parece que fizesse essa adoção de forma apressada e superficial.

Em diversas ocasiões, referiu-se aos Estados Unidos como exemplo de democracia, trabalhava pela educação popular porque acreditava que daí adviria a transformação social e defendia o desenvolvimento da lavoura, mas não encontramos registros de que era favorável ou não à imigração. Contudo, era defensor da causa abolicionista e, quando pensava em educação popular, pensava na inclusão, sobretudo, dos mais desfavorecidos da fortuna, isso é, os ex-escravos e seus filhos.

A exemplo do que aconteceu com o movimento contestador pré-republicano e que teria contribuído para a formação de Firmino Costa, sua atuação educativa sempre esteve informada pela ótica da aglutinação da dimensão política e intelectual. No nosso modo de ver, tanto a posição de político e intelectual condicionou a sua atuação como educador, como foi, por sua vez, condicionada por esta. Isso nos permite afirmar que a ação educativa estava imbuída da causa social, ou seja, era expressão de um compromisso, que ele mesmo se propôs, com as transformações sociais e políticas, necessárias para a construção da almejada pátria, nos padrões de modernidade e desenvolvimentos exigidos pelas novas racionalidades.

Firmino Costa, durante a direção do Grupo Escolar de Lavras, do Ginásio de Barbacena e da Escola Normal, criou e, naturalmente, participou de diversas organizações, como expressão do credo, bastante compartilhado entre os intelectuais do período, de que pelas associações se poderia enfrentar o problema da educação. Basta citar o caso da Caixa Escolar e o da Assistência Escolar e o papel que elas tiveram junto da comunidade lavrense. Da mesma maneira, a criação do Museu e da Biblioteca, ainda que recomendados pela legislação, assumiram um lugar de propagação da cultura na sociedade local, como de resto também todo o Grupo em si. Para desenvolver a Biblioteca e o Museu, além de estimular a aplicação ao estudo, criou a Sociedade Infantil de Estudo, em 1915, cujo estatuto foi por ele elaborado e publicado em seu nono relatório anual. Defendeu a importância do movimento criado pelo general Baden-Powel na Inglaterra, chamado de *Boys Scouts*, para a educação física e cívica dos jovens (COSTA, 1913, p. 91). Antes disso, participou do Clube dos Republicanos de Lavras e depois disso, esteve ligado a associações, principalmente educativas, de forma bastante atuante, como veremos mais à frente.

Assim como os intelectuais e políticos republicanos na maior parte do mundo ocidental privilegiaram a imprensa como forma de dar maior visibilidade às respectivas causas e, com isso, colocá-las em evidência, restanos apenas reforçar a ideia de que Firmino usou fartamente a estratégia, publicando artigos, livros, boletins e relatórios nos órgãos da imprensa de maior visibilidade no Estado. Para ele, o fato de a matrícula e a frequência terem aumentado substancialmente nos dois primeiros anos do grupo se deveu, fundamentalmente, aos textos de estímulo e das estatísticas sobre o Grupo publicados no jornal (PEREIRA, 2005, p. 59-60).

Sua ação educativa visava, de fato, a uma reforma social com efeitos econômicos e culturais, na medida em que pudesse contribuir para colocar o País nos trilhos do progresso, por meio da educação. À educação caberia a realização da transposição do pesadelo de uma nação de doentes, indolentes e apáticos, para o sonho de um país laborioso, progressista, produtivo e saudável. Nesse quadro, o lugar daqueles que se propusessem a assumir determinadas bandeiras de luta e tivessem condições de sustentá-la por meio de discursos e práticas, mas também com uma rede de sociabilidade a apoiá-lo, era garantido.

A atividade educacional de Firmino Costa quer fosse como diretor, professor ou ainda escritor, direcionava-se para a concretização de uma educação que fizesse frente aos problemas de um país que, nas representações dos intelectuais do período, estava longe de ser uma verdadeira nação, sobretudo, levando-se em consideração o atraso social, político e econômico. Um dos principais instrumentos sociais que poderia modificar esse estado de coisas seria a educação, porém, a educação necessária deveria ser renovada, alinhada às experiências dos países mais desenvolvidos e, mais do que isso, organizada segundo um sistema, um conjunto de diretivas que estabelecesse as bases para o seu progresso.

As inspirações para as novas proposições educativas estavam disponíveis na ambiência cultural do período, em circulação por meio das redes de sociabilidade e da imprensa especializada, e também em jornais de maior circulação, dada a candência da questão educacional no período. Dessa forma, Firmino Costa parece ter absorvido criativamente e transformado em prática as diversas informações, posto que expressou, por meio de textos, conhecimentos bastante contemporâneos sobre os debates educacionais mais atuais, no Brasil, na Europa e nos Estados Unidos. Algumas delas se consubstanciaram em temas ou questões que povoaram seu texto de forma mais intensiva, como a questão da formação de professores, a formação para o trabalho e o ensino da Moral e Cívica e o método intuitivo e, posteriormente, a escola ativa. Tais temas estiveram presentes em praticamente todos os textos do educador, ainda que condicionados pelas diferentes formas pelas quais se deram a ler.

O conjunto de assuntos pode ser considerado como fruto de uma convergência consciente, por parte do educador, entre as suas concepções apropriadas do ideário republicano e daquelas referentes às novas proposições educativas, consubstanciadas pelo método intuitivo, por meio de uma articulação criativa e empreendedora.

A primeira edição da *Revista do Ensino* de 1940 é especial: trata do relato da homenagem póstuma feita para Firmino Costa, na Escola Normal da Capital com a presença das personalidades mais insignes do Estado, tais como Dr. José Osvaldo Araújo, Prefeito da cidade; Dr. Francisco Brant, Reitor da universidade, além de familiares, alunas e professores. Pleno de adjetivos elogiosos, os presentes buscaram enumerar algumas das inúmeras qualidades do diretor, por meio de discursos emocionados. Ressaltaram a relevância e o caráter de uma oficina, implementada no trabalho pedagógico realizado em Lavras, elencaram as principais obras escritas, enlevaram as nobres atitudes e a diligência e distinção com que enfrentava todos os desafios a ele propostos, valorizaram sua inteligência e vanguardismo em relação ao conhecimento e à adoção das modernas ideias pedagógicas e reconheceram a inestimável contribuição generosamente dada à educação pública do Estado. Encerrou a cerimônia, o Sr. Dr. Secretário do Interior, Cristiano Machado. A *Revista do Ensino*, por sua vez, reverenciou "a memória de seu saudoso colaborador" (s/ autor, 1940, p. 3 - RE, n. 170 - 172, jan./ fev./mar.).

Numa perspectiva de representação conceituada por Roger Chartier,[162] Firmino Costa pode ser considerado um "representante" que marcou a construção da vida e da cultura escolar no Grupo Escolar de Lavras, mas também em todo o Estado. Na direção desta organização, o diretor construiu uma teia de relações sociais[163] articuladas política, social e até discursivamente, produzindo historicamente uma escola que, a seu ver, deveria ser modelo para as demais.

Com uma produção significativa de artigos com temas variados pertinentes à Educação, Firmino da Costa Pereira deixou registrado não somente suas ideias e parecer, mas tornou-se um representante moderno das concepções pedagógicas que circulavam no início do século XX.

---

[162] Dos escritos de Chartier, tomemos como referência a representação que surge das relações em sociedade: "[...] *as formas institucionalizadas e objectivadas graças às quais uns 'representantes' (instâncias colectivas ou pessoas singulares) marcam de forma visível e perpetuada a existência do grupo, da classe ou da comunidade*". (CHARTIER, 1990, p. 23, grifo nosso).

[163] É também de Roger Chartier as análises de uma história cultural inserida nas relações sociais, como "[...] objecto de uma história cultural levada a repensar completamente a relação tradicionalmente postulada entre o social, identificado com um real bem real, existindo por si próprio, e as representações, supostas como reflectindo-o ou dele se desviando" (CHARTIER, 1990, p. 27).

REFERÊNCIAS

Obras sobre Firmino Costa

COSTA, Agnaldo. *Professor Firmino Costa*. Guanabara, 1968. 24 p.

DIAS, Fernando Correia. A renovação da escola pública: idéias e práticas educativas de Firmino Costa. *Prêmio Grandes Educadores Brasileiros*: monografias premiadas 1985 – Brasília: INEP, 1986. p. 118-277.

HAMDAN, Juliana Cesário. *Do método intuitivo à Escola ativa*: o pensamento educacional de Firmino Costa. Tese (Doutorado) – Faculdade de Educação, Universidade Federal de Minas Gerais, Belo Horizonte, 2007. 306 p.

LIMA, Almir Paula. Firmino Costa, filólogo e educador. *Revista Lavras Cultura*. Ano I, n. 5, abr./maio 1987, Lavras: Edições FAEPE, p. 20-25.

PEIXOTO, Maria do Carmo de Lacerda. Firmino da Costa Pereira. In: FÁVERO, Maria de Lourdes de Albuquerque.; BRITTO, Jader de Medeiros (Org.). *Dicionário de Educadores no Brasil*. Da Colônia aos dias atuais. Rio de Janeiro: Ed. UFRJ/MEC-INEP, 1999. 496 p.

PEREIRA, Jardel Costa. *Grupo Escolar de Lavras*: produzindo uma instituição modelar em Minas Gerais (1907 – 1918). Dissertação (Mestrado) – Faculdade de Educação, Universidade Federal de Minas Gerais, Belo Horizonte, 2005. 424 p.

Obras consultadas

ALONSO, Angela. *Idéias em movimento*: a geração de 1870 na crise do Brasil-Império. São Paulo: Paz e Terra, 2002. 392 p.

BICCAS, Maurilane Souza. *Impresso pedagógico como estratégia de formação de professores(as) e de conformação do campo pedagógico em Minas Gerais*: o caso da Revista do ensino (1925 – 1940). Tese (Doutorado) – Faculdade de Educação da Universidade de São Paulo, São Paulo, 2001. 3 v.

BICCAS, Maurilane Souza. Impresso pedagógico como objeto e fonte para a história da Educação em Minas Gerais. Revista do Ensino (1925 – 1940). In: MORAIS, Christianni Cardoso; PORTES, Écio Antônio; ARRUDA, Maria Aparecida (Org.). *História da Educação*: Ensino e pesquisa. Belo Horizonte: Autêntica, 2006. 172 p.

CARVALHO, Marta Maria Chagas de; BICCAS, Maurilane de Souza. Reforma escolar e práticas de leitura de professores: a Revista do Ensino. In: CARVALHO,

Marta Maria Chagas de; VIDAL, Diana Gonçalvez (Org.). *Biblioteca e formação docente*. Percursos de leitura. Belo Horizonte: Autêntica, 2000. 91 p.

CERTEAU, Michel de. *A invenção do cotidiano*. Petrópolis, RJ: Vozes, 1994. 351 p. (Coleção Arte de Fazer, v. 1).

CERTEAU, Michel de. *A escrita da história*. Rio de Janeiro: Forense Universitária, 2006. 345 p.

FARIA FILHO, Luciano Mendes de. *Dos pardieiros aos palácios*: cultura escolar e urbana em Belo Horizonte na Primeira República. Passo Fundo, RS: Ed. UPF, 2000. 213 p.

FARIA FILHO, Luciano Mendes de. Instrução elementar no século XIX. In: LOPES, Eliane Marta Teixeira; FARIA FILHO, Luciano Mendes de.; VEIGA, Cynthia Greive. *500 anos de educação no Brasil*. Belo Horizonte: Autêntica, 2000. 606 p.

FARIA FILHO, Luciano Mendes de; SANTOS, Vanessa Alexandrino Oliveira. Instrução pública e modernização do trabalho agrícola: a experiência de Firmino Costa em Minas Gerais (1908-1920). In: FERNANDES, Rogério; LOPES, Alberto.; FARIA FILHO, Luciano Mendes de (Org.). *Para a compreensão histórica da infância*. Porto, Portugal: Campo das Letras Editores, 2006. 362 p.

FÁVERO, Maria de Lourdes de Albuquerque.; BRITTO, Jader de Medeiros (Org.). *Dicionário de Educadores no Brasil*. Da Colônia aos dias atuais. Rio de Janeiro: Ed. UFRJ/MEC-INEP, 1999. 496 p.

GOMES, Ângela de Castro; PANDOLFI, Dulce Chaves.; ALBERTI, Verena (Org.). *A República no Brasil*. Rio de Janeiro: Nova Fronteira: C...P...D..O..C.., Fundação Getúlio Vargas, 2002. 559 p.

JULIA, Dominique. A cultura escolar como objeto histórico. *Revista Brasileira de História da Educação*, São Paulo, v.1, jan.-jun. 2001. p. 9-44.

KLINKE, Karina. *Escolarização da leitura no ensino graduado em Minas Gerais (1906-1930)*. Tese (Doutorado) – Faculdade de Educação, Universidade Federal de Minas Gerais, Belo Horizonte, 2003. 230 p.

MARGOTTO, Lílian Rose; SOUZA, Maria Cecília Cortez Christiano de. A psicologia entre notas, cópias e citações: periódicos educacionais paulistas (1902/1930). In: CARVALHO, Marta Maria Chagas de; VIDAL, Diana Gonçalvez (Org.). *Biblioteca e formação docente*. Percursos de leitura. Belo Horizonte: Autêntica, 2000. 91 p.

MORAIS, Christianni Cardoso; PORTES, Écio Antônio; ARRUDA, Maria Aparecida (Org). *História da Educação*: Ensino e pesquisa. Belo Horizonte: Autêntica, 2006. 172 p.

MOURÃO, Paulo Krüger. *O ensino em Minas Gerais no tempo da República* (1889 – 1930). Belo Horizonte: Centro Regional de Pesquisas Educacionais, 1962. 608 p.

PEIXOTO, Ana Maria Casasanta. *Educação e Estado Novo em Minas Gerais*. Bragança Paulista, SP: EdUSF, 2003. 458 p.

SOUZA, Rita de Cássia. *Sujeitos da educação e práticas disciplinares*: uma leitura das reformas educacionais mineiras a partir da Revista do Ensino (1925-1930). Dissertação (Mestrao) – Faculdade de Educação, Universidade Federal de Minas Gerais, Belo Horizonte, 2001. 355 p.

SOUZA, Rosa Fátima. Espaço da Educação e da civilização: origens dos grupos escolares no Brasil. In: SOUZA, Rosa Fátima; VALDEMARIN, Vera Teresa.; ALMEIDA, Jane Soares. *O Legado Educacional do Século XIX*. Araraquara: UNESP – Faculdade de Ciências e Letras, 1998. 182 p.

VALDEMARIN, Vera Teresa. *Estudando as Lições de Coisas*: análise dos fundamentos filosóficos do Método de Ensino Intuitivo. Campinas, SP: Autores Associados, 2004. 196 p.

VIDAL, Diana Gonçalvez. *O exercício disciplinado do olhar:* livros, leituras e práticas de formação docente no Instituto de Educação do Distrito Federal (1932-1937). Bragança Paulista, SP: Ed. Universidade São Francisco, 2001. 343 p.

VIÑAO FRAGO, Antonio. Historia de la educación e historia cultural. Posibilidades, problemas, cuestiones. *Revista Brasileira de Educação*. Belo Horizonte, v. 1, n. 0, set.-dez., p. 63-82, 1995.

A EDUCAÇÃO NA TRAJETÓRIA DE FRANCISCO MENDES PIMENTEL: DE JURISTA A DOCENTE, DE JORNALISTA A POLÍTICO (MINAS GERAIS, 1890-1930)

Carolina Mostaro Neves da Silva

Francisco Mendes Pimentel nasceu em 1869, no Rio de Janeiro, e morreu nessa cidade no ano de 1957. Ainda na infância, transferiu-se com a família para Minas Gerais, em decorrência das atividades profissionais de seu pai, que naquela ocasião havia sido nomeado Juiz de Direito, em Pitangui. Formou-se em 1889, em Ciências Jurídicas e Sociais pela Faculdade de Direito de São Paulo, instituição cujo prestígio era reconhecido no País, sendo mais que uma escola responsável por formar profissionais da área, era também um núcleo de formação de lideranças políticas e de indivíduos que ocupariam cargos públicos. "Centro de formação da intelectualidade brasileira", a Faculdade, segundo Gonçalves, facilitaria aos acadêmicos "a inserção nas atividades extra-escolares, como nas discussões artísticas, sociais e políticas que ocorriam, sobretudo, na vida jornalística".[164] Além disso, constituiu importante ambiente de difusão de ideias republicanas, embebidas de aspirações liberais, positivistas e evolucionistas, nas últimas décadas do século XIX.

Na Faculdade de Direito de São Paulo, Mendes Pimentel viveu os anos finais do regime imperial. Assistiu à abolição da escravidão (1888) e participou da propaganda republicana. Seu ativismo político emergiu, portanto, num momento histórico de marcantes transformações societárias. Os

[164] GONÇALVES, 2008, p.128-129.

processos de industrialização e urbanização ampliavam-se, ciências e técnicas se desenvolviam, a imigração se intensificava, o que também concorria para que a conjuntura se tornasse propícia à elaboração de projetos e expectativas lançadas no porvir. Alonso afirma que um movimento reformista teria surgido "no momento de mudança social e de crise da coalizão política que sustentava o Segundo Reinado".[165] Nesse contexto, agentes sociais recorriam ao repertório político-intelectual contemporâneo – constituído não apenas de teorias, conceitos e ideias, mas também de modos de agir, de práticas –, selecionando e articulando seus elementos "em busca de recursos para a compreensão da conjuntura e de armas para a luta política".[166]

Nos meios acadêmicos, assim como na imprensa e nas associações, ideias e teorias constituíram instrumentos de luta – como o liberalismo, o republicanismo e a crença na instrução "como condição crucial de formação do cidadão moderno".[167] Essas ideias seriam elaboradas, apropriadas, reinventadas, ressignificadas, na maioria das vezes, de acordo com proposições práticas norteadas pelos interesses dos indivíduos ou grupos. A cena pública seria, então, ocupada por homens portadores de projetos divergentes e concorrentes no que dizia respeito às concepções de sociedade que se desejava consolidar.

Em Minas Gerais, os debates públicos refletiam uma instabilidade política interna marcada, de acordo com Viscardi, sobretudo, pela "oposição entre as elites da Zona da Mata (região responsável pela maior parte da produção de café) e as da região central", polos entre os quais se moviam os políticos do sul.[168] A instauração do regime republicano teria acentuado ainda mais as divergências intraelite estadual, uma vez que os republicanos históricos não ascenderam ao poder.[169] Para Resende, "é em torno da participação na causa da República que se estabelecem as primeiras diferenciações de grupos políticos em Minas" baseadas na oposição entre aqueles

[165] ALONSO, 2002, p. 331.

[166] *Idem*, p. 39.

[167] ROCHA, 2006, p. 134.

[168] VISCARDI, 1995, p. 6.

[169] Cesário Alvim, declarado monarquista, foi indicado por Deodoro da Fonseca para a presidência do Estado.

que participaram da propaganda ou "nasceram politicamente nas fileiras republicanas" e aqueles que, na derrocada da Monarquia, transferiram-se para o Partido Republicano.[170] Contudo, as disputas republicanas indicam mais do que oposições doutrinárias, refletindo e, até mesmo, confundindo-se com os propósitos de detenção do poder político.[171] Nessa ambiência político-social, Mendes Pimentel fazia parte do grupo de "históricos" que projetou inúmeros interesses e ideais no novo regime.

Na Faculdade de Direito de São Paulo, Mendes Pimentel já demonstraria inclinação para a cena pública, realizando suas primeiras incursões na imprensa como colaborador do periódico *O Mineiro*, publicado na cidade de Barbacena, em Minas Gerais, cuja orientação era declaradamente republicana.[172] É possível que essa experiência tenha sido de grande valia para o jovem Mendes Pimentel, que, menos de quatro anos depois de completar seus estudos em São Paulo, criou seu primeiro periódico, *A Folha,* no qual explicita o papel fundamental da imprensa como formadora de opiniões e propagadora de ideias, como "guia prudente dos destinos sociais".[173] O periódico cujo primeiro exemplar destaca a independência em relação a qualquer "partido, seita ou facção",[174] passa a defender abertamente os interesses do Partido Constitucional,[175] refletindo assim o posicionamento de Mendes Pimentel no cenário político estadual, que, em decorrência da aproximação das eleições para os Congressos Estadual e Federal, dividiu-se entre os partidários de Cesário Alvim e aqueles que estavam contra o

---

[170] RESENDE, 1992, p. 57.

[171] Ver a respeito: RESENDE, 1982; CARVALHO, 2000; ALONSO, 2002.

[172] Segundo o próprio Mendes Pimentel, de São Paulo, enviava crônicas que seriam publicadas n'*O Mineiro* sob os pseudônimos Bibliophilo e Silvio Maulio (A FOLHA, 1894). Ver também Oiliam José, 1960.

[173] *A Folha* surgiu em Barbacena, em 15 de janeiro de 1893. Durante quase dois meses, a publicação d'*A Folha* foi semanal, passando após esse período a ser publicada às quintas-feiras e aos domingos. A partir de seu segundo ano, o periódico passa a ser publicado diariamente e torna-se propriedade de uma sociedade anônima.

[174] *A Folha*, 15 jan. 1893.

[175] Quando Mendes Pimentel inicia suas atividades na política profissional, o Partido Republicano Mineiro, fundado no final de 1888, havia-se desagregado, sendo substituído por dois novos partidos: Partido Republicano Constitucional, criado em 1893, e Partido Republicano Conciliador, conduzido por Cesário Alvim. Ver RESENDE, 1982.

ex-presidente.[176] Ambiente de trocas, aprendizados e articulações que possibilitou a Mendes Pimentel um prolongamento da ação, projetando e registrando suas ideias em diversos espaços, certamente o lugar de redator e diretor d'*A Folha* lhe conferiu destaque, contribuindo para a construção de uma imagem de notoriedade intelectual. Fato é que, quando ocorreu a criação de seu segundo periódico, o *Diário de Minas*, ele recebeu diversas saudações que destacam sua atividade jornalística n'*A Folha*.[177]

Divulgando, defendendo e acusando, a imprensa, para Mendes Pimentel, assumia uma feição pedagógica explicitamente direcionada à formação dos leitores. Evocando legitimidade de opinião, ao anunciar *A Folha* como espelho da opinião dos leitores, como somatório de opiniões, Mendes Pimentel pretendia contribuir para a formação de uma consciência política no âmbito da esfera pública. Na apresentação do jornal *Diário de Minas*, que criou em Belo Horizonte, em 1899, mais uma vez ele retornou ao assunto, sendo bastante enfático ao assumir que o seu novo instrumento jornalístico não descuraria "de sua missão social, política e educativa". Considerava seu jornal como um órgão eminentemente político, mesmo sem ter ligação com nenhum grupo partidário, na medida em que teria o "dever de criticar a gestão da coisa pública", de fazer "chegar à apreciação pública os atos governamentais". A imprensa seria vista, então, como uma arena pública para debater questões que dissessem respeito à coisa pública, ao qual Mendes Pimentel recorreu, com maior ou menor frequência, durante toda a sua trajetória, em Minas Gerais. "É ainda o jornal uma escola de civismo", cujo papel educativo constitui ainda mais imprescindível ao se considerar as marcas de um passado de subserviência colonial e de escravidão, em uma sociedade que, até então, não compreenderia o valor da instrução. No alvorecer da República, mestres e jornalistas teriam que atuar na mesma direção, uma vez que "à escola e à imprensa compete primariamente o

---

[176] Em várias edições, por exemplo, publicaram-se críticas a Cesário Alvim, ex-Presidente de Minas Gerais, e ao seu candidato à presidência do Estado, Francisco Bernardino; em contrapartida, defendia-se a candidatura de Bias Fortes, utilizando-se de diversas matérias para enaltecer esse candidato.

[177] Não foi possível precisar a data exata em que Mendes Pimentel encerrou suas atividades n'*A Folha*; no entanto, o periódico circulou em 1893, 1894 e 1897.

trabalho de refibração do caráter nacional".[178] Para compreender a analogia, é preciso considerar que aquele que a produz atuava em ambas as frentes – havia sete anos que era professor do Ensino Secundário, além de docente, a partir de 1899, da Faculdade Livre de Direito de Minas Gerais.[179]

Na época em que criou *A Folha*, Mendes Pimentel vivia em Barbacena, onde também exercia a advocacia, a docência, além de ter sido membro do Partido Republicano Constitucional e parlamentar. Longe de se tratar de um caso excepcional de atuação paralela na imprensa e na política, a trajetória de Mendes Pimentel, nesse aspecto, corresponde à performance característica dos homens públicos do Brasil, no século XIX. Isso quando as agremiações políticas lhes serviam às sociabilidades e ao acesso a funções públicas e posições de governo, e a imprensa configurava-se como canal para a difusão de ideias e projetos, além de instrumento de persuasão, de formação de consensos e dissensos, mecanismo de ação política, de controle da opinião pública e de pressão dos grupos que compunham as elites em defesa dos seus interesses. Segundo Bontempi Júnior, na passagem do século XIX para o XX, torna-se "um elemento comum entre os diversos grupos intelectuais a noção de que eles têm tanto uma responsabilidade política especial como o dever de exprimi-la".[180]

Sua atuação, nos primeiros anos da República, revela o intuito em difundir saberes que concorreriam para a consolidação da nova ordem política. N'*A Folha*, publicou, por exemplo, matérias sobre as eleições, o sistema eleitoral, a representatividade e a importância do voto. Apresentava-se na cena pública, portanto, para debater questões que considerava relevantes para o momento e que não se restringiam ao âmbito de suas atividades profissionais, como advogado e professor – embora sua passagem pela Faculdade de Direito de São Paulo tenha sido fundamental para sua entrada na cena pública, uma vez que lhe conferiu a legitimidade do diploma, além do desenvolvimento de competências, tais como a retórica e o conhecimento jurídico-social.

---

[178] Pimentel, 1899. In: PIMENTEL, 1949, p. 49-50.

[179] A experiência docente de Mendes Pimentel foi iniciada em 1891, quando foi nomeado lente de História no Internato do Ginásio Mineiro de Barbacena.

[180] BONTEMPI JÚNIOR, 2007, p. 81.

Mobilizando-se em favor da República, Mendes Pimentel publicava diversas matérias em defesa da lei, da constitucionalidade, da idoneidade das eleições, de governos efetivamente representantes do povo, e não de interesses particulares. Delineava na imprensa uma íntima relação entre a consolidação de uma república federativa e a necessidade de preparar a população para esse tipo de regime de governo, por intermédio da educação. Estabelecia, por vezes, um vínculo bastante direto entre educação, progresso e república, que levaria a uma interpretação dos problemas enfrentados na consolidação da nova ordem política como decorrentes fundamentalmente da falta de instrução, ou de uma instrução adequada à nova realidade do País.

À frente do *Diário de Minas*, Mendes Pimentel fica por um curto período de dez meses. Tempo suficiente, no entanto, para observar um tom ainda mais crítico, às vezes intransigente, em comparação com aquele encontrado em *A Folha*. A primeira década republicana trouxera muitas decepções para o intelectual, que se considerava um republicano histórico. O País, para ele, estava mergulhado "numa reação letárgica", vivia um "esgotamento cívico", expresso pelo "alheamento popular por tudo quanto diz respeito à coisa pública".[181] Mendes Pimentel se referia, então, à fragilidade do sistema representativo organizado sobre uma estrutura oligárquica que impedia a efetivação de um sistema liberal. Situação "coerente com a mentalidade apartidária, com o personalismo e com a impossibilidade das massas em participarem efetivamente da política".[182] A prática da fraude eleitoral, ao lado da inexistência de um corpo de eleitores cientes de seus deveres e direitos no novo regime, resultaram na formação de grupos políticos que, mais do que qualquer outra coisa, visavam ao poder e que, portanto, dispensavam-se da defesa de doutrinas ou ideias coerentes com suas ações.

Desse modo, a tarefa educativa implantada pelo novo jornal parecia deslocar-se de uma pretensa preparação para o regime republicano para a crítica aos moldes em que a política republicana vinha sendo feita no País, sobretudo, no Estado de Minas Gerais. A ação, nesse momento, para Men-

---

[181] *Diário de Minas*, 19 jan. 1899.

[182] RESENDE, 1992, p. 108.

des Pimentel, era fazer o "regime do povo pelo povo", deixar de ser "um torpe eufemismo para se constituir a prática real do sistema político".[183] Para tanto, o *Diário de Minas* traz inúmeras publicações nas quais discute as ações do governo, constantemente evocando a legitimidade do debate, da crítica, em um regime dito de opinião. Contudo, a participação nesse debate, que se pretendia público, não estava aberta a qualquer membro da República, mas ela estaria condicionada à qualificação dos interlocutores. Por isso, Mendes Pimentel fez questão de exaltar no primeiro número desse jornal a qualidade de seus colaboradores, "artífices da palavra escrita", seriam homens de letras que iriam "imprimir-lhe a feição superior de um verdadeiro produto intelectual".[184]

Deve-se ressaltar que a iniciativa de criação do *Diário de Minas* ocorreu paralelamente ao desligamento de Mendes Pimentel do Partido Republicano Mineiro. No prospecto do jornal, que circulou em 15 de novembro de 1898, foi publicada a notícia de que "em ofício dirigido à Mesa da Câmara dos Deputados resignou seu mandato o dr. Mendes Pimentel, que abandona completamente a política militante e partidária".[185] Desse modo, retornou à imprensa, justamente no momento de renúncia da atuação político-partidária, para debater as ações do governo de Minas, então presidido por Silviano Brandão. Pretendia com isso, mais do que informar, intervir com críticas e sugestões na política mineira. Nesse empreendimento jornalístico, tinha como sócios Arthur Joviano, João Pinheiro da Silva e Sabino Barroso, indivíduos que desfrutavam de grande prestígio no cenário político estadual.[186] Contudo, a manutenção de um jornal de grande formato, publicado todos os dias, como é expresso no nome adotado, parece ter sido dispendioso demais para os seus proprietários, que o venderam em novembro de 1899 para o Partido Republicano Mineiro. O *Diário de Minas* passa a ser, então, órgão do partido.

Mendes Pimentel prosseguiu na imprensa como colaborador do *Jornal do Povo*, publicado em Belo Horizonte. O impresso, dirigido por Aze-

---

[183] *Idem*, 24 fev. 1899.

[184] PIMENTEL, 1899. In: PIMENTEL, 1949, p. 49-50.

[185] *Diário de Minas*, 15 nov. 1898.

[186] *Diário de Minas*, 8 nov. 1899.

vedo Júnior, com quem Mendes Pimentel já havia trabalho no *Diário de Minas*, assumiu posicionamento contrário ao do Partido Republicano Mineiro, destacando que, sob o rótulo de partido, não havia ideais e compromissos condizentes com a doutrina republicana. Mendes Pimentel passou, assim, a fazer dura oposição ao *Diário de Minas* e a seu redator, Francisco Bressane, com quem trava frequentes embates em torno da política estadual. Empreendendo uma crítica mais ferrenha que nos outros jornais, neste o tom se reveste de ironia e rispidez. No entanto, sua atuação assídua na imprensa dura apenas mais alguns meses.[187] Essa atitude decorreu antes de uma opção pessoal de se "recolher ao anonimato", para utilizar as próprias palavras de Mendes Pimentel, do que de qualquer tipo de descrença em relação ao papel da imprensa na cena pública; o fato é que retornou aos jornais diversas vezes em que achou necessário se pronunciar publicamente.[188] Pode-se, então, relativizar esse recolhimento ao anonimato, que representa o afastamento da atividade como jornalista profissional, mas não de atividades na vida pública.

A atuação paralela na imprensa e na docência confluía no indivíduo, que como jornalista utilizaria de sua experiência docente para produzir críticas e lançar propostas em relação à situação da instrução pública no Estado e no País e, como professor, ampliaria seu raio de atuação por meio da atividade jornalística. *A Folha* e o *Diário de Minas* traziam frequentemente matérias que tratavam da temática educacional. No primeiro periódico, a preocupação com a difusão da instrução estava fortemente relacionada à necessidade de consolidação da República e tinha como pano de fundo a noção de que a educação seria o caminho para alcançar o progresso da nação, marca dos diversos discursos republicanos.[189] No limiar do novo regime, Mendes Pimentel apontava a educação como condição para que se pudesse usufruir "do

[187] Nessa época, Mendes Pimentel também teria publicado também no *Farol*, de Juiz de Fora.

[188] Textos de Mendes Pimentel foram publicados, ao longo da década de 1920, no *Jornal do Comércio*, no *Correio Mineiro* e no *Minas Gerais*.

[189] Em Minas Gerais e no Brasil, a ideia de associar instrução e atividades jornalísticas não surge nos discursos republicanos. Na famosa "Carta aos Eleitores Mineiros", de Bernardo Pereira de Vasconcelos, por exemplo, o político mineiro defendia a complementaridade destas duas instituições para a manutenção e o fortalecimento das liberdades civis e políticas. A relação entre república e educação está presente também em discursos de contemporâneos de Mendes Pimentel, como Delfim Moreira, Estavão de Oliveira e João Pio de Souza Reis.

benefício da federação, único governo exeqüível frente à evolução histórica do século".[190] Seria ela a solução para todos os problemas do País, daí a importância que atribuía em chamar a atenção dos leitores para essa temática. Discutia, então, sobre a necessidade de se formar adequadamente os professores, os responsáveis diretos pela difusão da instrução por todas as camadas sociais e, consequentemente, por "alhanar o caminho do progresso [...] amanhando os corações da juventude com as lições de moral, remodelando o caráter nacional por meio de sadia educação cívica".[191] Insatisfeito com a atuação dos governantes no que dizia respeito à expansão da escolarização, n'*A Folha*, Mendes Pimentel traçou algumas linhas de ação com a expectativa de que fossem encampadas senão pelos poderes públicos, ao menos pelos leitores. Assim o foi com a campanha veiculada pelo impresso em prol da doação de livros e jornais para a biblioteca do Internato do Ginásio Mineiro e também com o incentivo à prestação gratuita de serviços à Escola Normal de Barbacena, em virtude dos poucos recursos financeiros que dispunha.

No *Diário de Minas*, a relação entre educação e a concretização do regime republicano já não aparece da forma explicita e direta, como no Jornal *A Folha*. Os anos que separam a publicação dos dois impressos parecem ter sido suficientes para afastar de Mendes Pimentel a preocupação com relação a um retorno monárquico. A República já estava posta, contudo o País ainda teria muito a avançar para conseguir usufruir de todos os benefícios desse tipo de regime de governo. E um dos aspectos mais evidentes a esse respeito consistia na melhoria da instrução pública, questão com frequência discutida nesse jornal por meio dos atos dos poderes públicos. Em vários números, por exemplo, o jornal publica discursos de parlamentares a respeito de um projeto de reforma do Ensino Primário e Normal que estava em tramitação na Câmara estadual. No entanto, naquele momento o maior de todos os problemas do ensino, a causa de sua degradação, seria, para Mendes Pimentel, o ínfimo salário pago ao professorado.

> Onde então a causa da completa decadência do ensino primário no Estado? Neste fato que é incontrastável e iniludível: a mesquinhez dos

[190] A FOLHA 11 maio 1893.

[191] *Idem*, 22 jan. 1893.

> vencimentos do professorado primário em Minas, a ridicularia no pagamento aos serviços desses funcionários. [...] Qualquer trabalhador manual, qual operário de baixa classe, ganha mais que um professor público mineiro.[192]

Para além da imprensa e da docência, o envolvimento na política partidária, inicialmente por intermédio do Partido Republicano Constitucional, também traz informações sobre a relação de Mendes Pimentel com o campo educacional. Em 1895, assumiu mandato na Câmara Estadual, tendo sido membro da Comissão de Instrução Pública e da Comissão Orçamentária.[193] Em seus pronunciamentos, frequentemente aparece o problema da falta de instrução, que incapacitava a maior parte da população de assumir funções públicas. Sem instrução, o indivíduo, quando muito, poderia votar, mas jamais participar diretamente do exercício da política – tarefa esta destinada e restrita às elites letradas. O Brasil seria "um país de analfabetos, o que quer dizer, de incompetentes, donde se vê a escassez de pessoal idôneo para prover todas as funções públicas".[194] Deste modo, a ignorância seria a justificativa para o afastamento de um enorme contingente de brasileiros dos negócios públicos, ao mesmo tempo em que indicaria a impossibilidade de se realizar no País premissas básicas de um regime republicano, como concepção do povo como conjunto de cidadãos de direitos e deveres.[195] A República, mais que qualquer outra organização política, teria que ter como "pedra basilar de seu edifício institucional a cultura popular", mas não a do povo ignorante. Além disso, o combate à ignorância popular contribuiria para a "paz social, para a ordem pública, [pois] difundindo deveres cívicos e a moral social", reduziria a estatística criminal.[196]

---

192 *Diário de Minas*, 17 jun. 1899.

193 Também eram membros da Comissão de Instrução Pública, em 1895, João Pio de Sousa Reis, também docente no Ginásio Minério e colaborador d'*A Folha*, e Francisco Bressane. (*Minas Gerais*, 1895).

194 PIMENTEL, 1895. In: *Anais da Câmara dos Deputados.*

195 A lei eleitoral republicana excluía os analfabetos da vida política. Contudo, o processo de alistamento dos eleitores deixava brechas para a interferência dos chefes locais. Segundo Resende (1992, p. 89), "em todo o processo de alistamento, podia o eleitor ser qualificado sem ter assinado pelo menos uma vez o próprio nome".

196 PIMENTEL, 1895. In: *Anais da Câmara dos Deputados.*

Nessa passagem pelo Congresso Mineiro, Mendes Pimentel apresenta um projeto para a organização do Ensino Profissional Primário no Estado de Minas Gerais (1896), que, embora tenha sido aprovado, não trouxe grandes alterações para a questão da formação do trabalhador, como pretendia seu autor.[197] O referido projeto e, sobretudo, o discurso que faz em sua defesa apontam o tipo de ensino que, para Mendes Pimentel, melhor atenderia às demandas econômicas, políticas e sociais, daquela conjuntura. Em *A Folha*, dois anos antes, ele já chamaria a atenção para a necessidade de uma instrução que atendesse efetivamente às camadas menos favorecidas, que comporiam a mão de obra nacional. Afirmava que ao legislador mineiro, "patriota na dedicação que devota à prosperidade do Estado, [...] liberal na tarefa de organizar democraticamente esta parte da União", caberia a responsabilidade de zelar pelo futuro industrial de Minas e pelo ensino "da grande classe desfavorecida que é o povo em cujo nome exerce funções deliberativas e para cujo bem-estar deve trabalhar assiduamente".[198] Promover a instrução popular deveria constituir uma obrigação do Estado que se pretendia legitimar como representante da nação.

Foi mantendo a crença em tais premissas que, dois anos mais tarde, propõe ao Congresso mineiro a criação de Institutos de Educandos Artífices cometidos ao Estado ou por ele subvencionados, quando fossem de iniciativa das municipalidades ou de particulares. Por esse projeto, seria estabelecido um curso gratuito para crianças pobres com idade entre 9 e 13 anos. O ensino seria composto por duas partes: uma obrigatória, que consistia na aprendizagem de um ofício, aliada ao Ensino Primário, desenho elementar, música, ginástica e instrução militar; e uma facultativa, que seria a aprendizagem de mais de um ofício. Ressalta, no entanto, que tal empre-

[197] Pela Constituição do Estado de Minas Gerais, de 1891, o Poder Legislativo ficava delegado a um Congresso composto por duas Câmaras, dos Deputados e dos Senadores, sendo que os projetos de lei poderiam ser originalmente elaborados por qualquer membro de ambas as Câmaras desde que submetido também ao crivo da outra. Dessa forma, o projeto de Mendes Pimentel sobre a "Organização do ensino profissional primário" apresentado à Câmara dos Deputados é aprovado, em terceira discussão, após receber algumas alterações em sua passagem pelo Senado, constituindo-se na Lei nº 203/1896.

[198] *A Folha*, 30 jun.1894.

endimento deveria caber à União, já que "a incorporação do proletariado à nação é mais que uma questão estadual, é um problema verdadeiramente nacional".

Ao defender seu projeto, apontava a pouca atenção despendida à educação popular, "ponto de fé de todo programa democrático", responsável por alicerçar "fundo na consciência nacional a organização republicana".[199] Compreendendo o governo republicano como expressão das necessidades e vontades de seu povo, Mendes Pimentel lamenta que, até aquele momento, o Estado ainda não se houvesse dedicado a enfrentar tal questão, fundamental para o progresso da nação, apontando o Ensino Profissional Primário como uma via para se promover o desenvolvimento econômico e alcançar o êxito da organização republicana, em Minas Gerais e no Brasil. Aí se apresentam duas questões fundamentais para a compreensão das proposições de Mendes Pimentel para a educação popular: uma, que diz respeito à criação de condições para que a República fosse aceita e se consolidasse pela convicção em sua legitimidade e valor, e outra, que se refere a oferecer ao povo uma educação compatível com sua posição social. A respeito desta última, Pallares-Burke afirma que as "discussões sobre educação popular no século XIX, em vários países europeus, revelam que o direito de todas as classes a uma mesma educação não fazia parte de um consenso e estava longe de ser plenamente assegurado".[200] No Brasil, essa questão se consolida em torno de um sistema educacional que apresenta um caráter dual, distinguindo a formação dos indivíduos que comporiam as elites – secundária e superior – daquela destinada aos que iriam constituir sua mão de obra, ou seja, o povo – formação primária e/ou vocacional.

Justificando a defesa do ensino profissional sob o aspecto econômico, argumentava que, para alcançar a estabilidade da riqueza pública, seria necessário diversificar a produção do País, o que colocava como imperativo a preparação do operariado. Os "indivíduos desprovidos das noções mais elementares sobre a profissão de onde tiram seu sustento" não passariam nunca "da força bruta", sendo "incapazes de justas aspirações", pois lhes faltava o "ensino técnico, artístico ou industrial, sem os quais não podem prescindir

---

[199] PIMENTEL, 1896. In: *Anais da Câmara dos Deputados.*

[200] PALLARES-BURKE, 2001, p. 56

da direção alheia e são incapazes de orientação própria".[201] A aprendizagem de ofícios se associaria ainda ao exercício de um trabalho produtivo, preocupação recorrente nesse período, que indica a necessidade de formar uma mão de obra adequada às novas formas de organização da produção.

Ao ensino profissional caberia incutir nos indivíduos, ainda na infância, hábitos de trabalho, de disciplina, não só condizentes com o exercício de atividades especializadas, mas também com a ordem política e social que se desejava consolidar. Dessa maneira, tal formação profissional seria, ainda, um meio eficaz de empreender uma educação moral e cívica que transformaria o operariado no fator máximo da riqueza e prosperidade da nação. A escola do trabalho seria, assim, também uma escola dos deveres cívicos, o caminho para se alicerçar na consciência nacional a organização republicana e incorporar o povo à nação. Ao regime republicano brasileiro, marcadamente influenciado por ideias liberais e positivistas, impunha-se a necessidade de incorporar o povo e, ao mesmo tempo, fixar os limites dessa incorporação. Desse modo, o Ensino Profissional Primário aparece como eficiente instrumento de controle das relações sociais, sendo a via que possibilitaria a incorporação dos desfavorecidos à República, por meio do trabalho. Sem uma educação na "escola do trabalho e do cumprimento dos deveres cívicos", o operariado seria incapaz de distinguir as boas e más propostas dos grupos políticos, sendo facilmente envolvidos por qualquer *corpus* doutrinário. Para Mendes Pimentel,

> é preciso que nós homens públicos e portanto previdentes, procuremos desde já incorporar o proletariado a nação, é imprescindível que desde já envidemos todo esforço patriótico para educar o operário na escola do trabalho e do cumprimento dos deveres cívicos, para quando o vagalhão do socialismo atravessar de lado a lado o Atlântico e vier quebrar-se estuante às praias brasileiras, o nosso proletariado esteja preparado para exercer seus direitos e cumprir seus deveres e não se subverta, não pereça nos vórtices da anarquia, arrastando consigo talvez a própria Pátria. (PIMENTEL, 1996. In: *Anais da Câmara dos Deputados)*.

Fica evidente a apropriação de aportes positivistas que fundamentam a necessidade de uma ação do Estado a fim de incorporar o proletariado

---

[201] *A Folha*, 29 jun. 1894.

mediante uma política social.[202] Ao lado, portanto, de razões de ordem econômica, figura também uma questão política e social, que consiste no tipo de organização republicana que se pretendia fundar.[203] Naquela conjuntura, o lugar destinado à massa popular, no novo regime, seria prioritariamente o do trabalhador, por isso a preocupação em formar operários dóceis e disciplinados, que respeitassem e engrandecessem a República com o seu trabalho. Cerca de doze anos depois, em fins de 1908, Mendes Pimentel é convidado a participar da comissão que organizou o Instituto João Pinheiro, instituição que buscava "aliar assistência social à infância desvalida e o ensino agrícola", com o intuito de formar trabalhadores.[204].

Também na atuação jurídica de Mendes Pimentel há traços da tarefa educativa por ele abraçada ao longo de sua trajetória. Em 1904, juntamente com Estevão Pinto, fundou em Belo Horizonte a *Revista Forense*, publicação destinada aos círculos jurídicos do Estado, mas que adquiriu caráter e repercussão nacional.[205] Segundo Capanema, para Mendes Pimentel, a revista representava uma espécie de cátedra, por meio da qual o jurista poderia fazer chegar suas ideias e lições a inúmeros "advogados, magistrados e estudantes de direito, a todos os que tinham a ação envolvida ou os olhos postos na vida judiciária".[206] Com a revista, experimentaria um crescente prestígio no meio jurídico, o que levaria a indicação de seu nome para variadas atividades.[207]

---

[202] Segundo Carvalho (2000, p. 27), "a proposta positivista de incorporação do proletariado à sociedade moderna, de uma política social a ser implementada pelo Estado, tinha maior credibilidade que o apelo abstrato ao povo e abria caminho para a idéia republicana entre o operariado, especialmente o estatal".

[203] Carmem Sylvia V. Moraes, em seu estudo sobre a educação no ideário republicano, a partir do Colégio Culto à Ciência de Campinas, aponta que neste ideário "a proposta educacional irá permear e justificar as proposições relativas às outras esferas da vida nacional dando-lhes legitimidade" (2006, p. 145.).

[204] FARIA FILHO, 2001, p. 36.

[205] PIMENTEL, 1949; MAGALHÃES, 1949.

[206] CAPANEMA, 1969.

[207] Foi nomeado membro da Academia Mineira de Letras, em 1909, posição que, no entanto, não aceitou; dirigiu a Companhia de Viação Urbana; participou da fundação do Instituto Histórico e Geográfico de Minas Gerais, tendo sido primeiro secretário, em 1907; participou também do Banco Hipotecário e Agrícola de MG S.A., em 1911; foi um dos fundadores do Instituto dos Advogados de Minas Gerais, do qual foi o primeiro presidente, em 1915; foi nomeado Ministro

Considerando que em cada "caso judiciário há um problema social em equação",[208] Mendes Pimentel argumentava que um jurista deveria ser capaz de ler a teoria à luz das características sociais do meio em que atua, assim como o legislador que, ao prescrever as leis e as normas, observa as condições existenciais da sociedade. Aponta a educação como importante lance de previsão para a criminalidade, na medida em que empreende uma ação civilizadora, difundindo uma moral social. Importância ainda maior deveria ser atribuída à prevenção em sociedades como a brasileira que, naquela conjuntura, passava por consideráveis transformações urbano-industriais, revelando novas necessidades e condições para a vida social. A descoberta do bacilo da tuberculose, por exemplo, levou os legisladores das grandes cidades a estabelecerem posturas que proibiam escarrar nas ruas, nos carros, nos bondes. Contudo, para que uma proibição desse tipo alcançasse seus fins, era imprescindível, para além de uma ação penal, uma medida preventiva, veiculada pela educação. Quando assume a organização do Conselho Penitenciário de Minas Gerais, no governo de Antonio Carlos, Mendes Pimentel propõe uma remodelação da assistência criminal. Observando a elevada porcentagem da criminalidade rural, estabelecia o regime penitenciário misto, industrial-agrícola, possibilitando "aos detentos o habitual teor de vida e as condições de semiliberdade" (PIMENTEL, 1949, p. 9), além do trabalho mediante o pagamento de salário que constituiria pecúlio na Caixa Econômica. O egresso do regime penitenciário deveria, ainda, ter a aquisição a terras facilitada pelo Estado. Por fim, propunha um "sistema de prisões regionais, providas de escolas e oficinas", deixando evidente o valor que atribuía à instrução.

No ano de 1897, Mendes Pimentel foi eleito para a Câmara Federal. Nesse momento, segundo Antonio Olinto do Santos Pires, "apesar de moço e de ter aparecido a pouco no proscênio político de Minas", ele já seria "bastante conhecido no Estado", tendo nome forte dentro do Partido Republicano Constitucional (PRC).[209] No mesmo ano, divergências

do Supremo Tribunal Federal, em 1917, posição também recusada; em 1927, ficou responsável pela organização do Conselho Penitenciário do Estado.

[208] PIMENTEL, 1915.

[209] FLORO, 1898, p. 23.

internas ao PRC levaram Mendes Pimentel, ao lado de Antonio Olinto, à liderança de um movimento dissidente. Elaborou, então, um manifesto dirigido aos republicanos mineiros e publicado no *Minas Gerais*, pelo qual se posiciona de maneira contrária à estrutura de poder oligárquica que se desenhava no interior do partido, questionando a sua institucionalização como partido do governo estadual, uma vez que em suas reuniões participavam exclusivamente os parlamentares. Argumentava que essa situação constituía uma "violação flagrante das boas normas democráticas".[210] Além disso, para Mendes Pimentel, o partido não se fazia valer, na medida em que suas reuniões eram raras, concentrando-se "nas vésperas do pleito eleitoral" para a escolha dos candidatos. Resende aponta que "o fracasso do PRC, como agremiação partidária está no fato de ter reunido sob uma única legenda, fortes lideranças regionais com interesses políticos e econômicos diversos e na incapacidade de ajustar as diretrizes partidárias aos objetivos grupais".[211]

Naquela conjuntura, a dissidência objetivava a criação de um novo partido político que possibilitasse a reorganização do processo sucessório, uma vez que acabaria com o monopartidarismo no Estado. Mendes Pimentel foi o responsável pela elaboração das bases orgânicas desse partido. Surgiu, assim, o novo Partido Republicano Mineiro (PRM), que rapidamente foi encampado por membros do PRC, sob a liderança de Silviano Brandão, pondo fim à dissidência. Nessa passagem, Mendes Pimentel desligou-se do partido, abandonando o mandato em 1898, antes de completar um ano na Câmara Federal. Entretanto, ele se manteve envolvido com política, ainda que de forma indireta, por meio de sua atuação na imprensa.

Nas bases orgânicas do PRM, de 1897, Mendes Pimentel registrou como capital o problema da instrução pública, apontando a necessidade de intervenção nos diferentes níveis de ensino. O desenvolvimento da instrução superior traria a autonomia intelectual do Estado, o Ensino Secundário precisaria ser difundido pelas principais zonas; com o Primário se solucionaria a "primordial necessidade política da educação popular"; e com o Ensino Profissional e Técnico, principalmente Primário, se atenderia "ao

[210] PIMENTEL, 1897. In: PIMENTEL, 1949.

[211] Sobre a organização partidária em Minas na primeira década republicana, ver Resende (1992).

problema social da educação do proletário".[212] Essa preocupação com o ensino irá acompanhá-lo em toda a sua trajetória, em Minas Gerais, na qual durante quase quarenta anos atuou como docente.

Em 1891, foi nomeado lente de História no Internato do Ginásio Mineiro de Barbacena, tendo ocupado cadeiras também na Escola Normal de Barbacena, no Externato do Ginásio Mineiro em Ouro Preto e na Faculdade de Livre Direito de Minas Gerais, o que lhe abriu caminho para se tornar, em 1927, o primeiro Reitor da Universidade de Minas Gerais (UMG). Segundo Mendes Pimentel, a emoção que sentia ao se aproximar da tribuna parlamentar ou ao subir ao púlpito forense jamais se igualou a que experimentava no exercício da docência, a cada vez que assumia sua cátedra.[213] Participou também da organização, em 1913, da S. A. Colégio Belo Horizonte, que depois se transformaria no Ginásio Anglo-Mineiro. A iniciativa, que contava com a participação de docentes ingleses, parece que não teve vida longa na nova capital; contudo, destacou-se por ter erguido prédio próprio, com pavimentos para dormitório, salas de aula, refeitório, sala de ginástica, piscina e campo de esportes.[214]

Já à frente da UMG, em diferentes ocasiões, Mendes Pimentel pronunciou-se em relação ao Ensino Secundário, cuja situação caracterizava como lastimável. Tomado como um fim em si mesmo, educação desinteressada, ou curso propedêutico ao Ensino Superior, o Secundário, para Mendes Pimentel, estava mergulhado em um completo descrédito. Ressaltava que a única reforma republicana que teria produzido alguns frutos nesse nível de ensino teria sido a implantada por Benjamin Constant, em 1890, que instituía o ensino integral.[215] Apesar da curta vigência de tal reforma, segundo ele, foram as turmas formadas nesse período as "mais aptas a se apresentarem para a conquista dos lauréis acadêmicos". A desoficialização do ensino, instituída pela Reforma Rivadávia, em 1911, que estabeleceu "um ensino livre, diversificado e flexível, a realizar-se em estabelecimentos autônomos", porém "em desacordo do meio escolar brasileiro" que ainda

---

[212] PIMENTEL, 1897. In: RESENDE, 1982.

[213] PIMENTEL, 1897. In: PIMENTEL, 1949, p. 69.

[214] DIAS, 1997.

[215] Decreto nº 981, de 8 de novembro de 1890.

não estava organizado.[216] teria representado um duro golpe no ensino do País. Embora essa reforma tenha sido revogada em 1915, na opinião de Mendes Pimentel, nada se teria feito efetivamente para melhorar o Secundário. Aqui, ele se referia à reforma encabeçada por Carlos Maximiliano, então Ministro da Justiça, que buscava restabelecer a interferência do Estado no Ensino Secundário e Superior. Mendes Pimentel menciona ainda o "decreto da gripe", de 1918, que permite aos alunos a promoção, independentemente dos exames finais, nas escolas superiores, faculdades oficiais, Colégio Pedro II, militares e equiparados, permitindo ainda a aprovação em quatro matérias do programa do Ensino Secundário de todos que, mediante "um selo de dez mil réis", requeressem certificado de habilitação nesses preparatórios. Em 1925, o Ensino Secundário é alvo de novas reformas, desta vez para oficializá-lo como "um curso regular seriado em duas modalidades": seis anos para obter o grau de bacharel e cinco para prestar exames vestibular.[217] Segundo Nagle, a intenção da reforma era conceder ao Ensino Secundário "funções mais amplas do que a preparação fragmentária aos cursos superiores".[218] Contudo, Mendes Pimentel criticava a persistência dos exames parcelados para o ingresso no Ensino Superior, mesmo depois da referida reforma. Em discurso na abertura dos cursos da UMG, em 1928, afirmava que a universidade não poderia ser completamente útil à sua terra, se "a matéria que nos derem a trabalhar já nos chegar ingrata ao aperfeiçoamento educacional", referindo-se ao despreparo daqueles que ingressavam no Ensino Superior, naquela época.[219]

Quando foi escolhido para assumir o primeiro reitorado da UMG, Mendes Pimentel já acumulava mais de vinte e sete anos de experiência como docente no Ensino Superior, tendo ocupado por dois períodos a direção da Faculdade de Direito.[220] Por concurso, assumiu a cátedra de Direito Criminal, mas também lecionou Direito Militar e Regime Penitenciário. No processo de criação da universidade mineira, inicialmente, ficou respon-

216 NAGLE, 1974, p. 145.

217 VEIGA, 2007, p. 250.

218 *Idem*, p. 152.

219 PIMENTEL, 1928. In PIMENTEL, 1949, p. 78.

220 Entre 1911 e 1916; e entre 1923 e 1930 (DIAS, 1997).

sável pela elaboração dos dispositivos regimentais e legais e, em seguida, recebeu a nomeação do Presidente do Estado, Antonio Carlos Ribeiro de Andrada, para exercer o reitorado. Era, então, o decano dos professores e, nos anos em que atuou na Faculdade de Direito, angariou grande prestígio não só entre o professorado dessa instituição, como entre os docentes das demais faculdades que constituíram a UMG.[221] Pareceu-lhe natural, portanto, que Antonio Carlos, "com seu intuito de entregar a sorte da Universidade à guarda dos próprios docentes, incumbisse o reitorado ao decano dos professores".[222] A nomeação soava-lhe como um reconhecimento por sua dedicação ao magistério, sendo encarada como uma oportunidade de mostrar àqueles que atribuíam a egoísmo ou covardia seu afastamento da política partidária, que mesmo sem ocupar cargos do governo, seria possível servir ao País, ou seja, empreender algum tipo de intervenção social.

Na Reitoria, Mendes Pimentel buscou organizar a assistência aos estudantes por meio da criação, em 1929, da Associação Universitária Mineira (AUM) e da cobrança de uma taxa adicional à da matrícula, que possibilitaria a efetivação do programa assistencial.[223] Em 1930, apoiou também a criação de uma nova entidade assistencial, a Caixa do Estudante Pobre, que contava com dotação mensal do Conselho Universitário. A preocupação com a assistência aos estudantes pobres que chegassem ao Ensino Superior já acompanhava Mendes Pimentel desde quando assumira pela primeira vez a direção da Faculdade de Direito, levando-o a criar para este fim, em 1912, a Fundação Afonso Pena.

No exame de sua concepção de universidade expressa-se a sua antiga crença no constante aperfeiçoamento humano por meio da educação. No novo lugar social, ele irá destacar a importância desse tipo de instituição para o desenvolvimento da sociedade. "Obra de trabalho e de bondade", de "patriotismo e de humanidade", à universidade caberia dois objetivos principais: a formação profissional e a elaboração científica. Para tanto, argumentava acerca da necessidade de renovarem-se os métodos didáti-

[221] Constituíram a UMG, em 1927, além da Faculdade de Direito, a Escola de Engenharia, a Faculdade de Medicina e a Escola e Odontologia e Farmácia. (DIAS, 1997).

[222] PIMENTEL, 1927a. In: PIMENTEL, 1949, p. 63.

[223] RESENDE, 2005.

cos, substituindo "o monólogo, que dispensa a colaboração dos moços, cuja atitude passiva, lhes estiola a curiosidade, [...], lhes torna fastidioso o trabalho, que deveria ser fonte de prazer e alegria", por outros métodos que fomentassem o espírito de trabalho e a iniciativa nos alunos. O exemplo das universidades alemãs parecia-lhe, a esse propósito, ser de grande valia, na medida em que nelas o "professor não é mais o revelador de conceitos apodíticos", e sim é o "aluno mais experiente" que sugere aos mais moços "temas para as investigações científicas e os assiste e acompanha na elaboração". Contudo, estava ciente da impossibilidade de aplicarem-se acriticamente modelos estrangeiros que não condiziam com a realidade local; a universidade mineira tinha o objetivo de formar profissionais aptos à atividade material e mental no ambiente nacional. Quanto à elaboração científica, argumentava que também deveria seguir as necessidades locais, possibilitando o aumento do "bem estar físico e do patrimônio moral".[224]

A universidade precisaria constituir uma instituição nacional que engrandeceria a nacionalidade, sendo fiel aos valores brasileiros,[225] e ao mesmo tempo local, refletindo as características do povo e do meio que a mantém. Desse modo, aponta para uma responsabilidade, um compromisso social da instituição universitária não só com os mineiros, mas com o País. Para alcançar essas metas, seria fundamental que as faculdades que constituíam a UMG não permanecessem "estanques e impenetráveis" umas as outras, mas que mantivessem em contínua troca de saberes e experiências. Outra característica marcante da concepção de universidade de Mendes Pimentel é a defesa da autonomia didática, uma vez que, além de dispor "de recursos materiais para prover o ensino", seria fundamental "o direito de iniciativa no modo de cumprir sua missão", que permitiria aos institutos se adaptarem às necessidades locais. Sua pretensão não era afastar o governo da supervisão da vida universitária, mas objetivava "maior flexibilidade no quadro de matérias", criação de novas cadeiras, além de desdobrar e mudar a seriação das já existentes.[226] Em janeiro de 1930, a UMG recebeu do governo federal, então dirigido por Washing-

---

[224] *Idem*, p. 65-66.

[225] DIAS, 1997.

[226] PIMENTEL, 1927b. In: PIMENTEL, 1949, p. 76.

ton Luís, o direito à autonomia didática. Após deixar o reitorado, nesse mesmo ano, Mendes Pimentel mudou-se para o Rio de Janeiro.[227]

Em Minas Gerais, após concluir seus estudos na Faculdade de Direito de São Paulo, Mendes Pimentel atuou por cerca de quarenta anos em diferentes campos profissionais, executando variadas atividades. Se o seu posicionamento político alterou-se nesse percurso, resultando no abandono da ação político-partidária, se a sua atuação na imprensa tornou-se cada vez menos frequente, em favor de um relativo "recolhimento ao anonimato", muitos de seus projetos e ideais também mudaram. O jovem que possuía inúmeras expectativas em relação ao regime republicano e que chegou a compor o governo, poucos anos depois fez parte da oposição e, em seguida, optou por não se pronunciar publicamente sobre os atos governamentais. Contudo, manteve sempre relações com aqueles que estavam no poder, o que fez com seu nome fosse lembrado diversas vezes para a realização de serviços para o Estado.

Embora as trajetórias não sejam compostas por um conjunto coerente de experiências e acontecimentos passíveis de serem apreendidos como uma expressão unitária, não há como negar que, na de Mendes Pimentel, a preocupação e o envolvimento com educação são uma marca constante. A exemplo de vários intelectuais de seu tempo, concebeu sua atuação como uma tarefa pedagógica na qual perdura a tentativa constante de empreender uma ação educativa que o leva a mobilizar múltiplos saberes em favor de intervenções em âmbitos diversos da sociedade. Ao ocupar a cena pública, o intelectual entende que expressa uma vontade coletiva na forma de opiniões e ações que indicam concepções acerca da realidade. Uma volição dirigente o impulsiona à ação política e o legitima a atuar como (re)organizador da vida societária.

[227] O reitorado de Mendes Pimentel durou três anos. Em 18 de novembro de 1930, o Conselho da UMG utilizou-se do princípio da autonomia universitária para invalidar o Decreto Federal n° 19.404, que previa a promoção dos estudantes à série seguinte pela frequência, dispensando-os dos exames finais. Decisão que provocou a revolta de muitos estudantes favoráveis ao decreto, gerando grande tumulto, no qual um estudante morre após ser atingido por tiros disparados por um dos filhos de Mendes Pimentel. Diante dos acontecimentos, o reitor, que havia sido contra a deliberação federal, opta por renunciar ao cargo.

REFERÊNCIAS

Fontes

A Folha, Barbacena, 1893/94. Hemeroteca Pública, Belo Horizonte, MG.

Diário de Minas. Belo Horizonte, 1898/99. Hemeroteca Pública, Belo Horizonte, MG.

Jornal do Povo. Belo Horizonte, 1899/1900. Hemeroteca Pública, Belo Horizonte, MG.

BIBLIOGRAFIA

ALONSO, Ângela. *Idéias em movimento*: a geração 1870 na crise do Brasil-Império. São Paulo: Paz e Terra, 2002.

BONTEMPI JÚNIOR, Bruno. Roldão Lopes de Barros: um intelectual?. In: NEPOMUCENO, Maria de Araújo; TIBALLI, Elianda Figueiredo Arantes. (Org.). *A Educação e seus Sujeitos na História*. Belo Horizonte: Argumentum, 2007. v. 1, p. 81-90.

CAPANEMA, Gustavo. Francisco Mendes Pimentel. *Digesto Econômico*, São Paulo, n. 206, mar./abr.,1969.

CARVALHO, José Murilo de. *A Formação das Almas*: o imaginário da república no Brasil. São Paulo: Companhia as Letras. 2000.

DIAS, Fernando Correia. *Universidade Federal de Minas Gerais*: projeto intelectual e político. Belo Horizonte: Ed. UFMG, 1997.

FARIA FILHO, Luciano Mendes de. *República, trabalho e educação*: a experiência do Instituto João Pinheiro 1909/1934. Bragança Paulista-SP: Universidade São Francisco, 2001.

FLORO, Lúcio. *Silhuetas Parlamentares*. Ouro Preto: Tipografia do Estado de Minas, 1898.

GONÇALVES, Irlen Antônio. Um bacharel na secretaria do interior e justiça: o intelectual Delfim Moreira e a reforma do ensino em Minas Gerais. *Revista Brasileira de História da Educação*, v. 16, p. 125-146, 2008.

JOSÉ, Oliam. *A propaganda republicana em Minas*. Belo Horizonte: Faculdader de Direito da UFMG, 1960.

MAGALHÃES, Dario de Almeida. O advogado Mendes Pimentel. *Revista Forense*, Belo Horizonte, n. 123, p.22-27, maio 1949.

MINAS GERAIS. Anais da Câmara dos Deputados 1895. Imprensa Oficial, Belo Horizonte.

MINAS GERAIS. Anais da Câmara dos Deputados 1896. Imprensa Oficial, Belo Horizonte.

MORAES, Carmem Sylvia Vidigal. *O ideário republicano e a educação:* uma contribuição à história das instituições. Campinas: Mercado das Letras, 2007.

NAGLE, Jorge. *Educação e sociedade na Primeira Republica.* São Paulo: EPU, 1974.

PALLARES-BURKE, Maria Lúcia Garcia. Educação das massas: uma "sombra" no século das luzesd. In: VIDAL, Diana Gonçalves.; HILSDORF, Maria Lúcia Spedo. *Brasil 500 anos*: Tópicas em história da educação. São Paulo: EdUSP, 2001.

PIMENTEL, Francisco Mendes. *Organização do ensino profissional primário no Estado de Minas Gerais.* Ouro Preto: Imprensa Oficial, 1896.

PIMENTEL, Francisco Mendes. Discurso de posse no Instituto dos Advogados Mineiros. Revista do Instituto do Advogados Mineiros, 1915.

PIMENTEL, Francisco Mendes. *Jornalista e político, professor, jurista.* Rio de Janeiro: Oficinas Gráficas do Jornal do Brasil, 1949.

RESENDE, Maria Efigênia Lage de. *Formação da estrutura de dominação em Minas Gerais:* o novo PRM (1889-1906). Belo Horizonte: Ed. UFMG, 1982.

PIMENTEL, Francisco Mendes. *Fundação Universitária Mendes Pimentel.* Belo Horizonte: FUMP, 2005.

ROCHA, Marlos Bessa Mendes da. Projeto nacional e escolarização: a transição para a república e suas primeiras décadas. In: MORAIS, Cristianni Cardoso; PORTES, Écio Antônio; ARRUDA, Maria Aparecida (Org.). *História da Educação*: ensino e pesquisa. Belo Horizonte: Autêntica, 2006. p. 133-143.

VEIGA, Cynthia Greive. *História da Educação.* São Paulo: Ática, 2007.

VISCARDI, Cláudia Maria Ribeiro. Elites políticas em Minas Gerais na primeira República. *Estudos Históricos*, Rio de Janeiro, v. 8, n. 15, 1995. p. 39-56.

VISCARDI, Cláudia Maria Ribeiro. *O teatro das oligarquias*: uma revisão da política do café com leite. Belo Horizonte: C/ Arte, 2001.

APRESENTAÇÃO DOS AUTORES

LUCIANO MENDES DE FARIA FILHO

Luciano Mendes de Faria Filho é formado em Pedagogia pela Universidade Federal de Minas Gerais (UFMG), instituição na qual concluiu também seu Mestrado em Educação. É doutor em Educação pela Universidade de São Paulo (USP) e realizou estágio pós-doutoral no Departamento de História da Pontifícia Universidade Católica do Rio de Janeiro, sob a supervisão do professor Ilmar H. de Mattos. É professor associado da Faculdade de Educação da Universidade Federal de Minas Gerais (FaE/UFMG), onde atua na graduação e no Programa de Pós Graduação. É pesquisador Bolsista do Conselho Nacional de Desenvolvimento Científico e Tecnológico (CNPq) e da Fundação de Amparo à Pesquisa do Estado de Minas Gerais (FAPEMIG) (PPM-II) e um dos Coordenadores do Projeto *Pensar a Educação, Pensar o Brasil – 1822/2022.* É autor, dentre outros, do livro *Dos pardieiros aos palácios* (EdUPF,2000) e coorganizador do livro *500 anos de educação no Brasil* (Ed. Autêntica, 2000).

MARCILAINE SOARES INÁCIO

Graduada em Pedagogia pela UFMG, mestre em Educação pela mesma instituição. Atualmente é doutoranda do Programa de Pós-Graduação Conhecimento e Inclusão Social da FaE/UFMG e bolsista do CNPq. Desenvolve pesquisa sobre a relação entre educação e política em Minas Gerais no período regencial, focalizando as associações políticas, literárias e filantrópicas. É pesquisadora do Grupo de Estudo e Pesquisa em História da Educação (GEPHE) da FaE/UFMG e integrante do Projeto

Pensar a Educação, Pensar o Brasil – 1822/2022, coordenado pelos professores Luciano Mendes de Faria Filho (FaE/UFMG) e Tarcísio Mauro Vago (EEFFTO/UFMG). É uma das autoras do livro *Escola, política e cultura* (Argumentum, 2006).

CARLA SIMONE CHAMON

Carla Simone Chamon é graduada e Mestre em História e Doutora em Educação pela UFMG, professora do Centro Federal de Educação Tecnológica de Minas Gerais (CEFET-MG), pesquisadora do GEPHE e do Núcleo de Estudos de Memória, História e Espaço (NEMHE).

CAROLINA MOSTARO NEVES DA SILVA

Graduada em História pela UFMG; mestranda do Programa de Pós-Graduação da FaE/UFMG; pesquisadora do Grupo de Estudos e Pesquisa em História da Educação (FaE/UFMG); integrante do Projeto *Pensar a Educação, Pensar o Brasil – 1822/2022*, coordenado pelos professores Luciano Mendes de Filho e Tarcísio Mauro Vago.

CECÍLIA VIEIRA DO NASCIMENTO

Mestre em Educação pela Faculdade de Educação da UFMG e doutoranda pela mesma Faculdade. É professora da Fundação Educacional do Vale do Jequitinhonha (FEVALE), pesquisadora GEPHE/FaE/UFMG e integrante do Projeto *Pensar a Educação, Pensar o Brasil – 1822/2022*, coordenado pelos professores Luciano Mendes de Faria Filho (FaE/UFMG) e Tarcísio Mauro Vago (EEFFTO/UFMG).

FABIANA DA SILVA VIANA

Pedagoga (2003) e Mestre em Educação (2006), formada na Faculdade de Educação da UFMG. Atualmente, aluna do curso de doutorado dessa mesma instituição, investigando as relações entre famílias mineiras e escolas primárias, nas primeiras décadas do século XIX. Pesquisadora GEPHE/FaE/UFMG e integrante do Projeto *Pensar a Educação, Pensar o Brasil 1822/2022*, coordenado pelos professores Luciano Mendes de Faria Filho (FaE/UFMG) e Tarcísio Mauro Vago (EEFFTO/UFMG).

JARDEL DA COSTA PEREIRA

Mestre em História da Educação pela Faculdade de Educação da UFMG, sob a orientação do professor Tarcísio Mauro Vago, com a dissertação: *Grupo Escolar de Lavras: produzindo uma instituição modelar em Minas Gerais (1907-1918)*. Professor de História da Educação da UNILAVRAS – Universidade de Lavras e Pesquisador do GEPHE/FaE/UFMG.

JULIANA CESÁRIO HAMDAN

Doutora em História da Educação pela Faculdade de Educação da UFMG, sob a orientação do professor Luciano Mendes de Faria Filho, com a tese: *Do método Intuitivo à escola ativa: o pensamento educacional de Firmino Costa (1907-1937)*, em 2007. Pesquisadora do Grupo de Estudos e Pesquisas em História da Educação (GEPHE) da Faculdade de Educação da UFMG e integrante do Projeto *Pensar a Educação, Pensar o Brasil – 1822/2022*, coordenado pelos professores Luciano Mendes de Faria Filho (FaE/UFMG) e Tarcísio Mauro Vago (EEFFTO/UFMG).

MARILEIDE LOPES DOS SANTOS

Graduada em Pedagogia pela Universidade Federal de Minas Gerais e mestre em Educação pela UFMG. É professora da Rede Municipal de Ensino de Belo Horizonte, pesquisadora do Grupo de Estudos e Pesquisas em História da Educação (GEPHE) da Faculdade de Educação da UFMG e integrante do Projeto *Pensar a Educação, Pensar o Brasil – 1822/2022*, coordenado pelos professores Luciano Mendes de Faria Filho (FaE/UFMG) e Tarcísio Mauro Vago (EEFFTO/UFMG).

MATHEUS DA CRUZ E ZICA

É doutorando na Faculdade de Educação da UFMG. Tem experiência na área de Educação, com ênfase em História da Educação, atuando principalmente nos seguintes temas: Masculinidade, Literatura e História da Educação. É membro do GEPHE e integrante do Projeto *Pensar a Educação, Pensar o Brasil – 1822/2022*, coordenado pelos professores Luciano Mendes de Faria Filho (FaE/UFMG) e Tarcísio Mauro Vago (EEFFTO/UFMG).

ZELI EFIGÊNIA SANTOS DE SALES

Graduada em Pedagogia pela Faculdade de Educação da UFMG (2001) e Mestre em Educação pela FAE/UFMG (2005). Atualmente é professora no INCISOH/CEIVA. Coordenadora do Curso de Pedagogia do Instituto de Ciências Sociais e Humanas mantido pelo Centro de Educação Integrada do Vale do São Francisco (CEIVA) em Januária-MG. Pesquisadora do GEPHE FaE/UFMG.

A Coleção *Pensar a Educação, Pensar o Brasil* é fruto de uma parceria entre a Mazza Edições e o Projeto *Pensar a Educação, Pensar o Brasil – 1822/2022.* Este Projeto, desenvolvido em parceria por docentes e discentes da Pontifícia Universidade Católica de Minas Gerais, da Universidade Federal de Ouro Preto (UFOP) e da UFMG, envolve ações de ensino, pesquisa e extensão que buscam refletir sobre o lugar da educação no âmbito dos projetos de Brasil delineados ao longo de nossa história. Fazem parte do Projeto um Programa de Rádio, levado ao ar toda semana na Rádio UFMG Educativa, Seminários Anuais sobre temas relevantes para a educação Brasileira e a presente Coleção.

Integram a Coleção, três séries: *Série Seminários, Série Estudos Históricos e Série Clássicos da Educação Brasileira.*

A *Série Seminários* publica os textos apresentados nos Seminários Anuais do Projeto, dos quais participam os mais importantes pesquisadores em educação do país. A *Série Estudos Históricos* publica trabalhos de história da educação e de áreas afins que contribuam para alargar o entendimento sobre lugar da educação no âmbito dos projetos de Brasil delineados ao longo de nossa história. A *Série Clássicos da Educação Brasileira* traz resenhas introdutórias às principais obras sobre educação brasileira publicadas no Brasil, elaboradas pelos principais pesquisadores em educação do país.

O objetivo da Mazza Edições e do Projeto *Pensar a Educação, Pensar o Brasil – 1822/2022,* é que a Coleção contribua para a discussão da educação brasileira e, por meio desta, da constituição da própria sociedade brasileira.

Este livro foi composto em tipologia Adobe Caslon Pro e impresso em papel offset 75g/m^2 (miolo) e Cartão 250g/m^2 (capa), no mês de novembro de dois mil e nove.